专家博士（后）智库丛书

U0507479

中国文化产业创新发展研究报告

（2018）

主　编　朱云鹏　张荣东

副主编　李晓玲　吴堃

　　　　龚　勋　叶传平　秦立建

安徽大学商学院

安徽大学创新管理研究中心（IMRC）

中合博士后智库科学研究院

安徽京铁科技发展有限公司

合肥博库智能科技研究有限公司

联合出品

Research Report on
the Innovation of China's Cultural Industry
(2018)

中国财经出版传媒集团

经济科学出版社

Economic Science Press

图书在版编目（CIP）数据

中国文化产业创新发展研究报告．2018/朱云鹏，
张荣东主编．—北京：经济科学出版社，2019.3
（专家博士（后）智库丛书）
ISBN 978 - 7 - 5218 - 0360 - 0

Ⅰ．①中… Ⅱ．①朱…②张… Ⅲ．①文化产业 –
产业发展 – 研究报告 – 中国 – 2018 Ⅳ．①G124

中国版本图书馆 CIP 数据核字（2019）第 048984 号

责任编辑：于海汛 李 林
责任校对：杨晓莹
责任印制：李 鹏

中国文化产业创新发展研究报告（2018）
主编 朱云鹏 张荣东

经济科学出版社出版、发行 新华书店经销
社址：北京市海淀区阜成路甲 28 号 邮编：100142
总编部电话：010 - 88191217 发行部电话：010 - 88191522
网址：www. esp. com. cn
电子邮件：esp@ esp. com. cn
天猫网店：经济科学出版社旗舰店
网址：http：//jjkxcbs. tmall. com
北京季蜂印刷有限公司印装
710×1000 16 开 17.25 印张 260000 字
2019 年 4 月第 1 版 2019 年 4 月第 1 次印刷
ISBN 978 - 7 - 5218 - 0360 - 0 定价：60.00 元
（图书出现印装问题，本社负责调换。电话：010 - 88191510）
（版权所有 侵权必究 打击盗版 举报热线：010 - 88191661
QQ：2242791300 营销中心电话：010 - 88191537
电子邮箱：dbts@ esp. com. cn）

《中国文化产业创新发展研究报告 (2018)》

前　　言

2018 年是中国改革开放 40 周年，40 年风雨，40 年辉煌，中国经济社会发生了巨大的变化，实现了从生活贫困、不足温饱到总体小康并向全面小康迈进的历史性跨越。中国已经成为世界仅次于美国的第二大经济体、第一大工业国、第一大货物贸易国、第一大外汇储备国、第一大投资国、第一大消费国。当日历掀开新的一页，进入新的历史刻度时，习近平总书记在党的十九大提出了新的奋斗目标：在全面建成小康社会的基础上分两步走：第一个阶段，从 2020 年到 2035 年，在全面建成小康社会的基础上，再奋斗十五年，基本实现社会主义现代化。第二个阶段，从 2035 年到本世纪中叶，在基本实现现代化的基础上，再奋斗十五年，把我国建成富强民主文明和谐美丽的社会主义现代化强国。

40 年来，中国人民不提升发展目标，适时调整经济结构和生产消费的转型升级，在追求物质满足的同时，自始至终也在追求精神文明的富有，重视文化产业的发展，注重打造“硬实力”和“文化软实力”的和谐统一。

40 年来，从放开市场（开启文化市场窗口）到发展相关产业再到谋求有质量的发展，这一切重大的改革都离不开党中央的重要决策。2006 年我国第一部文化发展规划——《国家“十一五"时期文化发展规划纲要》和2009年第一部文化产业专项规划——《文化产业振兴规划》，明确推动"国有文化企业转制"、实现"规模化、集约化经营"；确定"重点文化产业门类""重大文化产业项目"，加快"文化产业园区和基地建设"，最终实现"在重点领域取得跨越式发展"的目标；从2013年的《中共中央关于全面深化改革若干重大问题的决定》、2014年国务院出台的《关于推进文化创意和设计服务与相关产业融合发展的若干意见》，再到2017年工业和信息化部、财政部联合下发的《关于推进工业文化发展的指导意见》，提出要通过5~10年时间，涌现一批体现时代精神的大国工匠和优秀企业，工业产品的文化元素充分展现，工业文化产业成为经济增长的新亮点。在这一系列纲领性政策的引导下，我国文化产业发展一路高歌猛进，促进了旅游业的发展、文化产品市场的繁荣，推动了互联网、数字技术、人工智能等与文化、审美、艺术的高度融合，提升了国家软实力和精神文明，丰富和改善了人民生活，在就业、税收、创新创意、GDP增长等方面为中国经济乃至世界经济的繁荣发展做出了巨大贡献。

2017年10月18日党的十九大召开，习近平总书记在报告中做出了中国特色社会主义进入新时代的伟大论断，"我国社会主要矛盾已经转化为人民日益增长的美好生活需要和不平衡不充分的发展之间的矛盾"。由此，人民占主导的需求已经从满足物质生活需求为主，转向以满足人民美好生活需要的精神需求为主。作为文化建设重要方面的文化产业，就必须担当起社会建构、文化建设的主要任务，实现从文化自觉到文化自信，推动中华民族文化的伟大复兴，这是新时代所赋予我国文化产业发展的重要使命。

十九大报告指出，"文化兴国运兴，文化强民族强；文化自信是一个国家、一个民族发展中更基本、更深沉、更持久的力量。"十九大描绘了未来美好蓝图，开启了中国特色社会主义新时代。对于我国文化产业来说，新时代意味着我国文化产业将从粗放的铺摊子式的发展模式向高质量、高层次、精细化发展模式转变，成为中国创新驱动发展战略的有力支撑。

美丽中国，美好生活，展望未来催人奋进！在这样的时代背景引导下，我们开始编撰《中国文化产业创新发展研究报告（2018）》，期望推动文化产业的相关研究，集中博士（后）、专家等高端人才的智慧和研究成果，为促进文化产业与国民经济的深度融合，进一步拓宽文化产业新的发展领域，释放出文化领域稳增长、促改革、调结构、惠民生的重要力量，推动文化产业成为"十三五"国民经济支柱性产业而建言献策，添砖加瓦！我们从2017年5月通过中国青年博士群等渠道开始陆续发出征稿函，向全国征集文化产业创新方面的研究成果和研究动态。感谢全国各地博士（后）、学者专家们的积极参与，大家纷纷呈现最新成果，编委会共计收到来自全国各地有效稿件40余篇，经过选题设计和组稿，再经过初审、中审和编审、最后出版社的三审，反复修改编撰，形成最终的定稿，大家的辛苦终于换来了《中国文化产业创新发展研究报告（2018）》的顺利出版，今天她与大家见面了。

这部报告的突出特点应该是我们倡导的文化、创新主题和学术严谨性，在发来的稿件中，经过编委会的反复审核选择，有些作品质量很高但内容不符要求，有些作品选题很好但是内容欠缺，为保障论文的高质量、原创性和主题的一致性，尊重学术规范，我们在近40篇有效稿件中最终录入了其中的15篇，组成了本报告的核心内容。

报告的正文共计分为四个部分，第一部分为"政策研究"

篇，录入了"文化产业促进政策比较研究""安全视角下国际文化贸易格局与中国文化产业地缘战略研究""国家创新战略的文化支撑研究""基于政府公开数据的京津冀文化产业带布局研究"，以突出体现我们编写这部报告的主要目的之一，期望通过高端人才的思想和观点，探索中国文化产业发展的政策支持，为相关部门制定文化发展的科学决策提供有价值的学术服务，促进更好的发挥政府推动文化产业发展的重要作用。第二部分为"文化产业"篇，录入了"产业视角下中华优秀传统文化产业发展新思考""安徽红色军事文化资源的产业化开发研究""中部地区文化产业发展现状及路径选择——以武汉市文化与科技融合发展为例""西部地区文化产业发展路径研究""民族文化传承与生态文明建设——以毕节试验区为例"，集中展示了部分地区文化产业发展过程中的问题思考、特色文化资源的产业化开发等研究成果。第三部分为"文化与金融"，通过"城市创意文化生态社区：创意街区升级转型的资本路径""加强金融文化建设，促进金融生态治理""中国文化旅游特色小镇开发运营中的金融产品配置策略"等研究成果，体现文化产业发展与金融创新密不可分的互动关系。第四部分为"城镇文化市场"篇，文化产业发展是社会的、多元化的，产业共融渗透到各行各业，近年来的特色小镇发展更是让文化产业从城市走向乡村，文化市场日趋活跃。"文化品牌管理：医疗联合体的整合重构""我国电视产品流通渠道结构失衡的原因与治理研究——基于营销渠道理论视角""合肥等五大创新型城市评价分析"等展示了文化产品市场的多视角研究。

文化研究是一个很宽泛的范畴，《中国文化产业创新发展研究报告（2018）》仅仅编录了15篇相关成果，它们只是众多文化研究成果的点滴，因此在接受广大读者审阅的时候，我们祈求的是充分的肯定，未敢奢望最好的评价，尽管作者和编者都是认真负责的，只有经历过的人才理解写作研究的辛劳，我们希望大家谅解的是报告肯定还存在某些方面的不足。比如，由于稿件提交日期不一致，让一些急切一睹为快的学者们等的时间有点长；再比如，报告涵盖的研究面有限，一些重大社会问题、精彩热点等成果体现还是不足等等。殷切期待大家多提宝贵意见，我们今后将不断改进，努力满足读者需求，提高成果录入质量，共同把工作越做越好！

希望这部报告能够给您带来思想的启迪，希望更多的人才，更多国内外的高校、企业、机构越来越强地凝聚在一起，推动中国经济的高质量发展和文化产业的繁荣，让拥有五千年灿烂文化的中国成为世界精神文明的璀璨殿堂，成为各国人民对美好生活的向往之地！

让文化自信引领中国的未来发展，坚持人民有信仰，国家有力量，民族有希望！

辉煌四十年，筑梦再扬帆。美丽中国梦，伟大复兴路！

《中国文化产业创新发展研究报告（2018）》编委会

2018 年 12 月

目 录
Contents

1 政策研究

63 文化产业

政策研究

文化产业促进政策比较研究

潘　峰*

【摘要】 文化产业在当今现代化、全球化世界中，具有较强的价值链特性，已成为各国经济增长的重要驱动力和重要出口产业。我国文化产业通过多年发展虽取得一定成绩，但是，相较于先发国家仍有一定差距。面对文化产业竞争的复杂性，必须通过吸取其他国家的先进经验，为我国文化产业竞争力提升提供借鉴，以期它山之石，可以攻玉。

【关键词】 文化产业　创意产业　产业政策

2016 年我国文化及相关产业增加值比上年增加 13%，我国文化产业增加值占 GDP 比重首次超过 4%。同时，这一产业吸纳了大量的劳动力，2015 年底，我国文化产业法人单位共吸纳就业人员 2041 万人，相比上年增长 6%，占全社会就业人员的比重为 2.6%，比上年提高 0.1 个百分点[①]。我国文化产业尽管发展迅速，但是相较于西方国家来说，仍有一定差距。理查德（2010）在《创意阶层的崛起》一书中指出，在经济领先的欧洲国家，文化创意产业占就业总人口的 25% ~ 30%。在美国，整个文化创意产业的薪酬占全美所有产业薪酬将近一半多达 1.7 兆美元，相当于制造业和服务业薪酬的总和。基于文化产业对经济推动和就业吸纳的潜力，作为政府必须加以关注并借鉴国外先进经验，扬长避短。

---

* 潘峰（1978 ~　），男，山东潍坊人。北京交通大学中国产业安全研究中心博士后，管理学博士，主要研究方向为物流管理与工程、劳动经济学。

① 2016 年全国文化产业及相关产业增加值数据。

一、文化产业中的政府

文化产业与传统的实体产业不同，其是跨越传统文化、现代文化、地方文化的一国综合实力体现。文化发展历来不仅和国家历史密切相关，还和国家的地理位置、人民的生活习惯密切相关，亦可能随着军事政治的关系向外扩展。在当代经济全球化的国际背景下，文化产业将传统的文化艺术和其他人类智能、创造力、技能相结合，创造具有经济产值的产业，以带动就业机会。英国早在1997年布莱尔政府时期，就提出了创意产业这一概念，并成立了"创意产业筹备小组"，针对文化产业进行相关发展政策规划，从而创造了将近200万就业机会，该国的文化产业亦成为仅次于金融业的第二大产业。据世界银行2013年统计，美国、欧洲和日本的跨国公司囊括全球文化贸易量的2/3以上，全球50家媒体娱乐公司占据了当今世界上95%的文化市场。基于文化产业的重要性，各国政府立足本国国情，针对性地发展各具特色的文化产业，不同阶段制定了相应的促进政策。20世纪80年代末期，当时北美及西欧政府推动一系列由文化旗舰计划引导都市再生计划：包括将艺术、休闲及博物馆结合，举办活动及特殊庆典等，这些文化产业措施带动地方经济发展，借此展现文化特质及地方遗产，成功地引领当地都市再生计划，成为欧美各国推动都市再生的重要策略。

地方自身特点的不可取代及经验累积，所形成的文化产业独特性，在21世纪全球化的竞争中如何凸显地方特色，是文化产业竞争最为重要的关键因素。因此全球化及地方特色化成为新经济时代彼此互为依存的两个主体，这种新的名词又称为全球地方化。全球化是同质化的过程，全球地方化乃是展现地方区别化的特点，文化产业发展便是展现地方区别化的特质。文化产业与传统产业的差异，在于文化产业所呈现的地方文化独特性，为全球同质化现象所无法消磨。这一全球产业文化的竞争中，政府有目的、计划的主导关键，通过有效的文化产业政策推动，加速产业文化推广，尤其是符合地方自身特点的产业政策的形成。国外文化产业起步较早国家的经验教训，对于我国这一后发国家来说，有着重要的意义，本文主要选取文化产业取得重要成就的先进经验进行比较分析，扬长避短，为我国文化产业的发展提供借鉴。

二、各国文化产业的政策比较

各国政府多将文化产业放在重要的地位，其中英国、法国、韩国文化产业政策颇具代表性。其推动文化产业的发展，多采用从上到下的方式，政府关注于政策法规的完善，并协助经营团队应对无法解决的问题，将资源集中在友善经营环境的创造，满足产业发展需求上面，并不介入企业的具体运营。

（一）英国政府文化产业发展政策

1. 成立专门的运营机构

文化产业在英国称为创意产业（Creative Industries），创意产业的概念最早就是由英国提出。从1997年开始，英国即拟定创意产业发展策略，并成立创意产业策略小组。由布莱尔政府以发展知识经济为政策方向，把创意产业作为国家重点发展产业，1998年英国政府的文化、媒体与运动部，提出创意产业的定义：创意产业源起于个人的创造力、技能和才能，透过产生与开发为智慧财产之后，具有开创财富、就业的潜力。2001年的《创意产业报告2001》，正式将创意产业区分为十三类。2007年9月，依据英国文化、媒体与运动部的统计，创意产业在2005年缔造1290亿英镑的产值，占英国GDP的8.2%，成为英国仅次于金融业的第二大产业。

英国文化创意产业的成就斐然，与政府的政策支持息息相关。第一，英国透过客观详尽的基础研究，作为制订产业政策的重要依据；第二，由于信息化的影响，科技大幅改变多媒体工业，降低厂商成本，提高产品质量，也使得消费者消费习惯改变；第三，透过国际间、政府各部门、政府与业者之间良好的合作与沟通联系，是文化创意产业发展的因素之一；第四，协助业者寻求资金与筹措资金；第五，以法令提升产品的水平或拓展与他国合作。此外，英国政府对于产业、艺术与小区合作的推动十分用心，透过组织合作促成产业发展。英国除政策工具与方案推动外，政府与民间保持良好合作与沟通是其产业发展成功的关键因素。更难能可贵的是英国政府透过创意产业发展，结合地方需求，以地方文化产业发展方式来带动地方的再发展，增加就业机会，改变当地居民的生活形态。

2. 文化政策带动都市再生

英国政府依据地方文化特性，打造地方文化创意产品，通过文化产业政策，提供市民对于文化设施之需求，与地方文化经济活动参与的积极性，提升个人与团体的表现机会，以及促进地方文化空间扩展。依据比安基尼和卡恩斯（Bianchini and Kearns，2011）研究，基于地方社群网络的弹性运用与紧密连接的特性，文化政策将都市中心角色转为提高市民认同，以地方社群网络为基础，推动文化政策可充分展现地方的活力。

英国几乎所有城市都将文化政策放在都市政策之首要考虑，并且经过几十年的推动卓有成效。英国人对于许多老旧工业城市，以强化其观光中心作为发展目标。20世纪80年代中期，文化政策方向转变为以高度重视文化政策对于都市经济与实质环境再生所具备潜在贡献的文化经济政策，强化文化资源对都市经济的衍生效益。文化经济政策不能只考虑就业及经济增长，必须同时关注其对生活质量的改善、社会关系的凝聚，以及社区发展等方面带来的改善。20世纪90年代初期，文化观光业发展已成为英国许多城市发展之主要策略，例如利物浦世界遗产的阿尔伯特码头，政府致力建设雪菲尔的文化产业区、伯明翰的国际会议中心，以及伦敦政府当局在Dockland所主导的都市更新等计划。90年代末期，英国的文化政策以地方性为主导的地方文化产业的开发，例如雪菲尔、新堡、格拉斯哥及曼彻斯特等城市，以地方特殊性的建构及保存，对抗全球性的跨国同质化过程。这些计划推动文化产业的发展，皆与地方历史紧密结合。不但带动都市再生，并且改变了居民的生活形态。

文化政策已成为欧美先进国家都市再生及地方营销的主要策略。英国的文化政策强调文化意义的多样性需求，政府不干预文化活动，只给予适当的补助支持。英国政府秉持自治原则，完全将权力下放给地方政府机构，使地方机构可以快速整合地方资源，很快得到预期成效；以由下而上的观念，成为市民社会与政府机关合作方式的运作机制。此外，英国透过跨领域的整合，透过建立联系网络的平台，产生交流与对话，彼此了解与交换想法，形成跨领域的产业合作，经由许多不同部门或机构合作与结盟，由政府与民间自发性形成的俱乐部、基金会、协会、委员会等各种类型的组织合作，例如由政府补助、与艺术教育政策相关的政府机构的创意伙伴关系，透过学校与专业机构、艺术家、专业人士等的长期合作，推广创意学习，建立起学校系统与外界专业资源间的合作管道，建立合作机制与模式。

（二）法国地方文化产业推动政策

弗思（Firth, 2013）认为，文化产业具有的特征包括在生产活动中融入创意，活动涉及象征意义的产生与传达，该活动的产品含有某种形式的智慧财产。这些定义中的可复制性或某种形式的智慧财产，已经隐含文化商品的概念。法国由于有悠久的文化历史，几个世纪以来一直以法兰西文化自傲于世界。在法国的官方报告中早已使用文化产业一词，使用产业的概念，着重的是传统文化事业中特别具有可大量复制性的产业。因此，法国政府对于文化产业的协助与推动，多放在个别的文化产业上。此外，法国在文化产业上的策略，除了举办各类艺术节外，对于艺术创作有不同类型的资质。

法国文化政策的源起可溯自十六世纪法兰西一世以王室力量推动艺术文化发展，经十七世纪路易十四王朝至十九世纪拿破仑帝国，文化成为君王及贵族展现艺术品味的象征，两者扮演着赞助与保护的角色。第三共和期间法国人民前线阵营提出由国家制定文化政策、让文化普及各阶层民众等理念，推动了第四共和对文化政策、文化组织、文化活动的重视，1958年进入第五共和，法国文化政策的进入成熟发展期。法国文化部于1959年成立，是当时欧洲第一个中央级文化行政机构，首任文化部长安德烈·马尔罗表示文化部的职责要让最大多数的法国人民能够接触人类文明，特别是法国文明。同时保障文化资产并鼓励艺术创作。

为了推动文化普及法国，各省府在人口超过十万的城市设置文化之家，推广戏剧、音乐、舞蹈、造型艺术等活动，此举已揭示文化行政主导权不再也不应集中于巴黎，文化去中央化的理念，成为日后文化主事者奉行圭臬。法国对于地方文化产业发展政策可以归纳为：（1）创造对于文化产业的有利环境与诱因；（2）扩大对文化领域的投资；（3）提升对本国文化产业的信心；（4）扎实管理文化产业的训练；（5）建立推动文化产业的有效机制。

（三）韩国地方文化产业发展政策

韩国政府把文化产业作为国家发展的重要产业之一，观念与政策的确立，采取一连串有效的实际措施，如透过文化经费预算的提高、明订法律、成立产业基金、成立项目组织等，从制作、研发、生产、营销等各阶段，政府都积极发挥协助的功能，此外，更积极从各界延揽专业人才。政府鼓励文化产业的中小企业创业，也积极寻找地方特色产业作为积极发展的地区，政府对于文化创意产业发展具有通盘考虑与制订产业政策的方向，聚集相关从业者并与民间合作，拟定政策与相关组织引导产业发展，政府采取强势主导的方式推动产业政策发展与经济成长。韩国文化产业的发展始于 1996 年，当时金大中在竞选总统时指出，21 世纪，文化就是国力，文化不仅有提高生活质量的作用，而且正成为创造巨大附加价值的产业。金大中当选后，政府认为文化产业既有文化的重要性，并具备经济上的重要性及提升国家竞争力的意义。文化产业发展初期以国家战略角度从政府组织及产业支持等方面加以扶持。1997 年韩国爆发金融危机之后，韩国政府意识到单纯依靠重工业来支撑整个国家经济是不足的，因此开始关注信息、娱乐产业等与文化相关的产业，从人才、研发、直到完成后的国际营销等方面，采取一连串行之有效的策略，作为韩国经济成长的助力。

1. 韩国文化产业的相关政策

1997 年 8 月韩国政府制订新创产业培育特别法，针对数字内容、网络、信息科技产业等新创产业，提出奖励政策来协助产业发展。1998 年起更推动包含中小企业在内的新创产业发展政策，包括税制支持政策、资金支持政策、人力资源协助政策。由于政策再加上信息网络的快速普及化，使得新创产业蓬勃发展。韩国政府积极投入信息基础建设，扩散与流通社会价值，信息传播基础建设与社会中的结社力量相结合，形成产业发展的主力。

1999 年，韩国国会通过文化产业促进法，制定对于文化、娱乐及内容产业的协助。此外，透过法律明文规定国家与地方自治团体必须在资金与技术方面支持文化产业，文化首长也必须就拟定文化产业之培育、扶植措施与其他相关机关首长协议。2001 年更设立文化产业振兴学院（KOC-CA），致力于文化产业的发展。韩国政府在文化产业领域的投入，由韩国观光部的数据可以看出，从韩国文化产业预算占政府总预算的比例，可凸显出韩国政府在经济危机之后对于文化产业促进政策上的推动。2001 年韩国文化产业的总市场值约达 120 亿韩元，出口值也有 3.28 亿美元之多，占韩国出口总值的 0.22%。2010 年韩国文化产业规模达到 72.58 万亿韩元，约占当年 GDP 总量的 6.2%。由此数据可知，韩国政府致力推展的文化产业有着不错的成绩。

透过营造文化创意环境、深根推动文化创意产业、培育文化创意产业所需专门技术及专业人才、协助产业开发新型文化创意技术等工作，并采取奖励措施，以技术支持、支持中小企业创业、协助文化创意所有人制作文化产品、扶植广播事业、协助跨国合作、协助地方政府设置文化产业工业园区、免除文化产业业者相关工业园区各项行政费用与租税优惠等，可以窥见韩国发展文化产业的目标。韩国为扩大优势与响应外来之竞争优势，调整发展文化创意产业的策略，融合创作力量，将"产业－产业""产业－学术""产、政、研""产、学、艺、技"与"产、学、艺、技、政"五轨（5 Synergy Effect）予以整合，共商韩国未来发展方向，加强创意内容之研发，推动产业革新，超越国际企划、制作及物流水平，确保国际市场竞争力。

2. 韩国文化产业的相关策略

第一，重视并培养文化产业的复合型人才。所谓复合型人才是具有多方面才艺的高级人才。多方才艺表现在表演艺术的天分、熟悉管理技巧、不断创新的高级人才。人才培养方面也必须估计各种不同领域人才的品质和数量，以取得表演艺术的团体人才库。为了达到这一目标，需要有培养人才的策略规划，分别从教育和培训师资入手，引导企业和文化产业，共同构建培养人才的管道以及相关的文化产业的相关法规。

第二，打造在国际文化市场上的品牌印象。韩国的知名品牌例如三星、现代以及著名影星、歌星，都是全球知名的代表性品牌。打造国际文化产业的品牌，需要吸取国际上的经验，也需要长期的、国家高度的、策略性的经营模式。韩国采用的品牌策略，主要是深耕娱乐明星和喜剧的现代化市场，逐步建立娱乐产业的基础建设。韩国通过国家主导的投资机会，强力协助文化产业的发展。新闻媒体也发挥推波助澜的效果，使韩国在20年间建立了全球性的知名度。

第三，规划有地方特色的文化产业项目。文化园区的建设在政府的大力支持下产生良好的效果。例如韩国民间发起的坡州市2个著名文化项目：坡州出版城和Heyri艺术村。政府参与之后，开始提供各种补助支持，鼓励相关出版业企业进入艺术村。出版城同时鼓励市民积极地参与到日常的建设中，将书文化融入居民的日常生活文化园区。

三、我国文化产业的不足与政策之借鉴

通过各国地方文化产业发展的现象分析，政府政策推动为地方文化产业持续发展的重要动力。政府扮演的协助角色，透过协商与沟通方式制订政策与措施，透过跨领域的整合，建立联系网络的平台，建构创新产业网络体系，成为地方文化产业创新发展的有效动能。相较于文化产业的先发国家，我国文化产业中存在着一些不足之处。

（一）我国文化产业发展的不足之处

首先，文化产业包含了"文化产业"与"创意产业"，但是两者的发展策略并不尽相同。目前相当多的地方主管部门仍缺乏对两者的理解，忽略创意产业作为文化产业内核的作用。从概念上来说，文化产业指生产和销售的商品或服务，在开发过程中具有体现、传达文化表现形式的特殊

性、用途或目的的产业，如表演艺术、视觉艺术、文化资产、广播、出版、影视、新媒体与音乐产业等。而创意产业则是指注入文化元素、但产出主要是功能性的产品的产业，如建筑、设计及将创意元素融入的次产业如平面设计、服装设计与广告等方面。忽略了二者之间的关联性，或者只是强调单纯传统的文化产业发展，忽视内核创意产业的提升，只会重现过去，重量不重质的老路，将限制文化产业发展的可能性。

其次，我国文化产业统计架构仍不完整、对产业的掌握不够清晰。依国际间的建议，文化的经济面向，应统计包含产业活动、文化职业、产品、有形与无形的国际贸易统计分类、政府职能分类、用途别与个人消费分类等。欲了解文化产业的整体发展全貌，必须理解这些相关的统计分类方法与内容，但目前我国的统计架构仍不完备。目前文化产业价值链也呈现断裂情形。我国文化产业虽拥有许多创意人才，但创作、生产、传播、展示、销售等的生态链不够完整，降低了产业发展的潜力。文化产业的生态链分析，可结合 UNESCO 文化循环概念与国际行业标准分类来进行。分类后将有助于理解各项产业之产业链的营业额、从业数，并可进一步与国际标准职业分类进行就业人数的估算，同时，也可作为产业发展的规划，进行区隔以避免过度竞争。

再次，在文化产业园区方面，仍缺乏对园区发展脉络的理解。目前我国文化产业园区多为消费导向的文化产业园区，而缺少生产导向的园区；虽有助于文化商品的消费，但对创意人才与新创公司的育成并无太大的帮助。此外，文化园区的成功并非投入资源即可达成。文化产业园区可分为消费导向、生产导向与混合型等类别。园区的发展策略与地区产业转型息息相关，若未理解其间关系，园区的营运将事倍功半。

另一个重要问题是国家层面缺少整体文化产业的策略思考。我国文化产业政策大幅聚焦在经济层面，限制了文化产业可能的外部效益。国家推动文化政策有多样的目的，如学者曾提出国家论、公民论与市场论等视角，反映了文化政策的多重目的（McGuigan，2001）。其中，国家论聚焦在国家认同与荣誉，其目的为发展认同与民族文化；公民论述则强调文化权利的实践与公民权利在文化政策中的角色；而市场论述则集中在文化带

11

来的经济性。而目前文化产业政策多考虑文化的经济议题，缺少了更为前瞻的国家战略层次的议题，局限了更宽广的外部效益。目前我国产业发展面临极大的瓶颈，原赖以为重的劳动代工产业，随着劳动用工成本的提升，以及地方政府转型升级政策的引导之下，过去传统的产业重心，在其他国家的竞争下，市场逐渐萎缩，产业转型迫在眉睫。而文化产业的附加价值相当高，应当引起各级政府的高度重视。

（二）各国经验借鉴

通关英、法、韩三国产业文化的建设，其主要立足于软件环境和硬件环境的建设上面，值得我们加以关注，并在相关政策、法规的完善上加以借鉴。从发达国家文化产业发展的趋向，可以看到发展文化产业的发展方向；从部分地区发展文化产业的成功经验，可以找到发展文化产业的现实路径。

1. 硬环境的建设

（1）发展网络与园区营销咨询良性互动。

（2）中小型文化企业的扶植与技术培训。

（3）极力争取世界文化活动的举办权。

（4）善用营销手法。

（5）促进城乡文化产业交流。

（6）税制支持政策、资金支持政策、人力资源政策。

（7）推动地方文化经济政策。

2. 软环境建设

（1）政府介入主导与计划性开发。

（2）大学人力与科技的专业人才培养。

（3）闲置空间再利用与基础设施。

（4）产业园区专区规划与企业基础硬件设施的协助。

（5）将具有历史意义的文化内涵建筑保留、开发。

（6）最根本的经营环境改善，构建与企业友善型的经营环境，消除制度障碍。

3. 深挖本地资源，创见特色品牌是文化产业发展的现实路径

大量研究表明了一种共识，文化产业的发展首先要与当地产业相结合、相融合，实现"创意引领、创新发展"。要牢牢把握互联网经济、绿色经济、创意经济的时代潮流，变发展劣势为发展优势，实现"扬长避短、后发赶超"。要充分发挥政府、市场和群众三方面的积极性，在发展方式上"抓住重点、打出亮点"，深挖本地资源，创见特色品牌是文化产业发展的现实路径。

一国文化产业的发展在借鉴国外先进经验的基础之上，要从自身文化特点上挖掘竞争潜力，寻求自身文化、身份的认同，笔者在欧洲乡村小镇的访问中，深刻感受到这一点，每一个小镇都有自己颇具特色的文化旅游产品，自身卡通人物形象，自身特色旅游项目，文化产品之多样让人叹服。文化产业的发展不能一窝蜂地快上快干，也不能裹足不前。需要各级政府立足现实统筹把握，不但要重量也要重质，更多看重文化产业的溢出效应，对整个社会文化内涵提升上的潜在收益。

主要参考文献

［1］理查德·佛罗里达，司徒爱勤译. 创意阶层的崛起［M］. 中信出版社，2010.

［2］Bianchini F and P. Kearns. *Cultural Policy and Urban Regeneration the West European Experience*. Manchester University Press，Manchester，2011.

［3］Firth S. Being in the world：globalization and localization，in M. Featherstone（ed）. Global Culture，London，2015.

［4］Prahalad. *The Future of Competition*，Harvard Business School Press，2004.

Comparative Study on Promotion
Policies of Culture Industry

Pan Feng

Abstract：In today's modern and globalized world, cultural industry has strong value chain characteristics. it has become an important driving force for economic growth in various countries and an important export industry. Although our country's cultural industry has made some achievements through years of development, there is still a certain gap compared with the first-mover countries. Facing the complexity of cultural industry competition, we must learn from the advanced experience of other countries to improve the competitiveness of our country's cultural industry.

Keywords：Cultural Industry Creative Industry Industrial Policy

安全视角下国际文化贸易格局与
中国文化产业地缘战略研究[*]

付瑞红[**]

【摘要】 国际文化贸易格局研究是分析国际文化形势与制定文化产业国际化战略不可或缺的内容，直接关系到中国能否确保可持续的文化产业发展安全问题。安全视角的国际文化贸易格局分析重视国家间贸易力量对比和变化态势，基于文化贸易又不局限于此，涉及主要行为体的文化力量、文化贸易关系和文化规则，其特征和趋势呈现全球化、不均衡、地区化和集中化。美国和欧洲发达国家在国际文化贸易格局中依然居于主导地位，但新兴经济体在文化贸易中的实力增强。中国文化产业国际化战略的布局和政策制定要与文化贸易格局发展趋势相符，重视文化产品贸易的社会和文化价值效应。地缘战略布局层面，东亚市场由于区域合作和文化相近应成为中国文化产业国际化的首要地缘市场，有着巨大的潜力和发展空间。

【关键词】 国际文化贸易格局　文化产业　地缘战略　东亚

国际文化贸易格局成为各国文化产业发展和安全维护所面临的重要外部环境，其不同于国际文化贸易，是由国际文化贸易力量对比、相互关系和贸易规则所构成的国际文化贸易发展态势。国际文化贸易格局的发展变化属于文化产业发展和安全领域的战略研究，是判断国际文化、贸易形势和制定国家文化贸易政策不可或缺的视角。

* 基金项目：国家社科基金青年项目——"中美在亚太地区构建新型大国关系研究"（编号：13CGJ022）。

** 付瑞红，（1974年~ ），女，河北秦皇岛人。法学博士，燕山大学文法学院副教授，主要研究方向为国际战略、中美关系和文化安全。

一、国际文化格局的安全视角

国际文化贸易是指受知识产权保护的文化产业和文化服务的跨国贸易活动，是国际贸易的重要组成部分。国际文化贸易格局基于国际文化贸易发展又不局限于此，其演变和发展趋势主要由三个要素所决定：国际文化贸易主要行为体的实力对比、国际文化贸易关系变化及国际文化贸易规则。国际文化贸易主要行为体是指能对国际文化贸易格局发挥独立作用并具有重要影响力的国家或地区组织，如美国、中国、日本及欧盟等。国际文化贸易关系主要指国家之间文化产品的跨境贸易，涵盖电影、电视、演出、会展、图书等具体行业的国际公司、贸易环境和文化政策等相关内容。国际文化贸易统计存在多元指标体系，不同的国际组织对文化贸易对象认知上存在一定差异。联合国贸发会议及联合国教科文组织发布的相关报告中对国际文化贸易统计框架有较大影响力，并被视为通行标准。文化贸易是有形文化产品和无形传递内容的文化产品的进出口贸易行为，分为硬件和软件贸易，共有 10 类文化商品和服务：文化遗产、印刷及文学作品、音乐、表演艺术、视觉艺术、电影和摄影、广播电视、社会文化活动、体育及游戏、环境和自然。国际文化贸易格局包括文化产品的流动之外，还包括国际文化贸易规则和规范，包括被普遍接受、用来约束 WTO 成员国间贸易的多边规范，以及其他用于自由贸易协定、经济合作的地区多边组织的规定，也包括其他法律规范对文化产业贸易的影响，如联合国教科文组织关于《文化多样性公约》中的规则。

国际文化产业贸易格局分析是国家文化产业国际化战略制定的需要。目前文化产业国际化战略研究更多关注经济视角，侧重对外贸易的规模和发展速度，忽视文化产业的双重属性和任务所引发的安全视角。文化是政治，政治也是文化。文化和权力的关系研究在于个人或群体依托文化发展战略行动的能力。以文化产业为主要形式的文化发展和贸易在本质上具有权力和安全的含义。安全视角的国际文化贸易格局分析重视国家间贸易力量对比和变化态势。环境是制定战略的一项客观依据，只有在认识环境的客观限制和要求的基础上，才有科学的战略规划。安全视角下的文化产业战略是在国内和国际背景下运用自身实力和资源达到目标的谋划。文化产业的特殊性使其所面临的秩序环境主要是以文化产品竞争为核心的国际贸易格局，是一个充满生机的动态竞争环境，变化速度快，更加多元化，传统的国家、市场和公司的界限越来越模糊。文化产品的全球与区域贸易包含着复杂的文化、经济和科技间的互动关系。全球性资源的再分配刺激了文化商品的全球流动和文化形态的对撞。全球化过程、经济一体化和文化交流的增加为文化产业发展带来了更多的市场需求，文化产业的发展和文化产品的丰富又进一步促进以贸易关系为主的国际文化贸易格局的形成。经济全球化带来的资本、技术、人才、知识和信息等生产要素跨国界的流动与配置必然会在不同程度上带来各国民族文化和价值观的改变，也不可避免地发生文化冲突与融合。对当代国际文化贸易格局的判断正确与否，把握发展趋势准确与否直接关系到一国文化政策的选择。文化产业发展和国际化战略与国际文化贸易格局的变化趋势具有越来越强的相关性。我们不能仅从国内视角，更不能仅从一种产品、一个企业甚至是一种文化产业政策的局部意义上来思考文化产业发展和安全，而要基于国际文化贸易环境现状和趋势的分析。

二、国际文化贸易格局的特征与趋势

基于国际贸易数据的分析，国际文化贸易格局的特征与演变趋势主要体现在全球化、不平衡化、地区化和集中化四个层面（如图 1 所示），这一特征和趋势不但受产业自身发展内在规律的驱使，也受具有时代特征的全球化竞争、地区一体化等外部因素的影响，同时还受国家的文化政策和地区文化合作的影响。

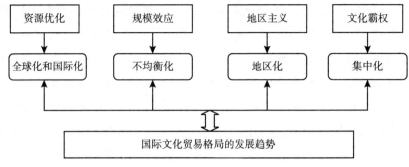

图1 国际文化贸易格局的发展趋势

（一）贸易格局的全球化趋势

世界经济的总体趋势是自由贸易和开放市场。面对新型生产、流通和消费形式，文化商品和服务也不例外，国际文化贸易格局越来越具有全球化特征，主要体现在文化产业发展政策的普遍关注、文化产业主体、市场和消费的全球化、文化产业从业人员的全球化流动。

世界各国逐渐意识到文化产业对于经济和文化的重大作用，都把文化产业作为国家的战略性产业来扶持，通过各种措施和手段，确立并逐步完善文化产业发展体制，包括制定一系列法律法规、出台保障和扶持文化产业发展的政策、调整和完善官方文化管理体制等措施加以指导、管理和监督，进而确定文化产业在各国发展中的地位。美国早已认为创意时代正在取代资本时代，加拿大早在20世纪70年代通过决议，将多元文化政策作为政府基本国策，日本、韩国分别于1995年、1998年确立了"文化立国"方针，澳大利亚政府从1994年将发展创意产业作为一项国家战略加以实施，并成立了布里斯班大学创意产业研究中心，作为澳大利亚联邦政府直接支持的国家级创意产业振兴机构。新加坡早在1998年将文化创意产业定位为21世纪的战略产业，出台《创意新加坡》计划，又在2002年全面规划创意产业的发展战略，决意打造"新亚洲创意中心"。21世纪以来，包括中国在内的广大发展中国家也都从国家战略的高度重视文化产业。文化产业的主体越来越具有跨国性。文化产业内部及同其他产业之间不断整合，文化传播集团成为文化产业的主体，这些集团是跨媒介、跨行业、跨地区和跨国运营的。目前全球的媒体市场主要被少数跨国媒介集团垄断，包括时代华纳、迪士尼/美国广播公司、新闻集团等，这些巨型媒介集团都是包括广播、电视、报纸、杂志、出版、电影、唱片、娱乐、互联网、体育、零售、广告等众多产业在内的超级信息传播集团，已成为跨国、跨行业的全球化产业集团。经济全球化首先是市场全球化，它对文化的直接影响是市场利益导向和市场法则在文化领域的普遍运用。文化商品生产和全球范围的流动使附加于商品之上的文化成为世界性的，尤其体现于消费文化层面。此外，随着文化产品贸易的国际化发展和国际移民的流动引发大规模的人员流动，使各民族文化随着文化主体的流动而互动。由经济全球化带来的人员国际流动已经成为影响全球文化发展和国际文化贸易发展的一个重要途径。

（二）不平衡的文化贸易

文化产品和服务的国际贸易是极不平衡的，其实质是各国之间贸易力量对比相差悬殊和文化产品流通的不平衡。在国际文化产品的进出口中发达国家都居于主导地位，尤其是美国、英国、法国、德国和日本，这些国家是全球文化产业最主要的研发中心、利润中心、生产中心和贸易中心，也是消费中心，在全球文化产业进出口贸易中，文化产品进口占总额的一半，文化产业出口占总额的1/4。发达国家消费者不断增长的实际收入和不断变化的文化消费偏好共同促成了文化产业的持续增长。文化产业在带动发达国家就业、贸易和经济发展方面发挥日益重要的作用。文化产品流通的不平衡与各国在文化产品生产和服务方面的能力和资源存在巨大鸿沟有关。从文化产品的生产而言，规模经济是导致全球文化贸易失衡的局面。发达国家具有规模优势和技术优势，但发展速度确慢于发展中国家和转型经济体。文化产品进出口高度集中于少数几个国家的现象减弱，但发达国家在文化贸易格局中的优势地位没有根本性的改变。

从文化产品的贸易结构而言，发展中国家的文化产品出口总额在有些类别中已接近或超过发达国家的出口贸易额，如传统手工艺品、设计、新媒体三大类别，而在文化价值突出的电影视听艺术、表演艺术、印刷、视觉艺术与发达国家的出口总额相差甚远。艺术和工艺品是发展中国家最重要的创意产品，占世界市场的 60% 左右，设计和新媒体有巨大的发展潜力，出口稳步增长，大约占到全球市场份额的 50%。电影、印刷行业中的书籍、报纸、表演艺术中的音乐等文化产品依然是发达国家占据出口市场的主导地位，这些产业是文化安全的核心部门。

（三）文化贸易格局的地区化

文化产业的兴起与发展在地理上存在一种集聚效应，文化贸易的地区分布状态和商品流向体现地理区位特性。地区化是与文化贸易全球化并行不悖的发展趋势。虽然全球文化市场中居于主导角色的是发达经济体，但这些发达经济体的文化产业发展往往聚集在某一个地理区域或存在制度性安排的地区贸易组织中，文化产业贸易发达的国家也相应地处于地区文化格局的核心地位。在文化贸易行为体实力和贸易规则影响下，文化贸易格局呈现地区化趋势，主要集中在三个地区，欧盟、北美自由贸易和以"10＋3"为核心的东亚。全球出口市场的 80% 和全球进口市场的 75% 都集中在这三个地区。

区域经济一体化是国际文化贸易地区化趋势的主要原因。区域合作组织内有关贸易自由的优惠政策有利于推动文化产业的发展。区域经济合作越发达，文化产业就获得较好的发展环境和动力。区域性合作组织内的经贸合作，往往以贸易自由化的方式进行，通过取消成员之间的贸易壁垒，创造更多的贸易机会，促进商品、服务、资本、技术和人员的自由流动，推动和促进文化产业发展。国际文化贸易的地区化趋势也取决于文化产品输出过程中的"文化折扣"现象。在国际文化贸易中，因文化背景差异，国际市场中如电视剧、电影等文化产品会因其内含的文化因素不被输出国观众认同或理解而带来产品价值的降低。文化产品的输出地区首先是与自己本国文化具有相似性的文化地缘国家，本国所在的地区就成为文化产品输出的首要区域选择。文化亲近是地理距离、共同语言及文化贸易历史等因素的一个综合函数。因此，国际文化产业贸易的地区化趋势既是地区主义发展的结果，也是文化产品生产和消费特性所影响的结果。

（四）集中化趋势——美国在贸易格局中的优势地位

美国在国际文化贸易格局中具有明显的主导性优势和垄断地位。美国是世界第一大文化产业强国，文化产业在其国内产业结构中位居第二，仅次于排在首位的军事工业，在出口方面则是第一大产业。在全球文化贸易领域，尤其是电影、电视节目和音像制品方面，美国有绝对优势甚至是垄断地位。全球上映的电影有 85% 都是由好莱坞制造的。在国际文化市场上，美国文化产业贡献值占 31.65%，日本占 12.43%，德国占 6.24%，中国占 6.11%，其他国家占 43.58%。美国在全球文化权力格局中居于核心地位，以文化产业为表现形式的文化权利和价值观念得到大多数国家的认同。在国际文化贸易格局中，没有任何可以与之抗衡的竞争对手。

美国在国际文化贸易中具有不可置疑的优势地位，美国推行的文化战略使文化全球化在不同领域之间存在关系紧张局面。国际文化战略格局主要包含两对矛盾：以美国为主的西方资本主义文化价值体系扩张和广大发展中国家文化价值体系独立发展的矛盾；美国消费主义为核心的大众流行文化同世界各民族文化之间的矛盾。美国是从政治意识形态和国家权力的角度来推动文化产业发展的。文化产品的输出已经成为美国文化霸权主义对别国进行灌输思想和移植观念的主要渠道，人们在消费来自美国文化产品时，会受到蕴藏在其中的美国价值观、生活方式和思维方式的影响。在国际文化产品贸易中，美国的绝对优势地位不仅对第三世界国家的文化和文化产业构成威胁，而且对其他西方发达资本主义国家如法国、加拿大等国的文化和文化产业同样构成威胁。如在 20 世纪 90 年代的法国，美国电影在法国电影市场所占的比例超过了 58.7%，巴黎 6 个频道每年播放 1300 部影视作品，其中 1000 部来自美国。法国因此评论说，美国电影就像恐龙一样正把利爪伸向"世界公园"，长此以往，我们的文化将面临灭绝的危险。美国将文化战略作为重要国家战略之一，把文化霸权视为主导世界的重要资本，文化战略和政治战略已经不分彼此，美国向外输出的不仅是文化产品，还有文化价值观念和文化发展模式。

三、基于安全的中国文化产业地缘战略

基于安全视角的文化产业国际化战略强调其战略性和综合性，把握国际文化贸易格局的演变趋势，不仅要重视文化贸易的经济规模和经济效益，还应重视文化贸易的社会和文化效应。

（一）中国文化产业国际化的现状与问题

中国文化产业国际化成就显著，产业政策日趋完善、产业发展速度快、规模大。2010年中国已经成为世界第一大文化产品出口国。目前我国文化贸易政策已经形成点面结合、互为补充的政策体系，对外贸易方向和目标都逐渐明确。从规模和发展速度来看中国已经成为文化贸易大国，文化产品出口竞争力加强。中国缺少文化贸易的权威和系统的统计资料，但商务部对于中国核心文化产品的统计结果显示，2001～2011年间，中国文化产品对外贸易年均增长速度达到18.3%，2017年增长11.1%。

然而，中国文化产业国际化依然在政策、产业和文化效应层面存在问题。中国文化对外贸易政策可操作性不强，缺乏过程管理和效果监督。中国文化"走出去"工程大多由政府投资或资助，甚至由政府委派工作人员经营或直接经营，带有强烈的政治色彩和计划性，规模和影响力大，但资源配置效率较低，效益难以持续。在文化产业对外贸易政策实施过程中，审批项目注重资源的有效分配，却很少考虑实施效果，忽视文化贸易的经济效益和社会文化效益的达成与评估。中国文化产业发展规模大，速度快，但国际化依然不足。文化产品国际市场的出口贸易额远远小于国内市场。目前，我国文化产业还是一个比较典型的内需产业。从文化产品输出结构而言，一半以上是"文化硬件"，是我国庞大制造业和丰富劳动力资源支持下的文化创意硬件产品对外贸易；而不是基于创意和内容的文化产业软件产品的走出去。目前，中国文化产品消费群体主要以儒家文化圈和海外华人为主，文化产业国际化难以影响西方国家对中国的固有偏见和对崛起中国能力、意愿的误解。从文化效应而言，文化产业国际化的影响主

要有体现在国外消费者对中国文化产品的接受和了解程度。以德国为例，据相关调查数据显示，德国受访者最感兴趣的中国文化产品依次为文化旅游、艺术品、电影、绘画和书法，最不感兴趣的有表演艺术、电视片、教育培训和期刊。62%的被调查者中在一年里没有看过中国电影，观看过中国电影的德国人对中国电影评价不高，超过半数的受访者并不认同中国文化很有价值、电影具有娱乐性、电影充满异域风情、中国人很幽默。89%的受访者在一年里没有读过中国出版的德语书籍，对书的主题不感兴趣、借阅和购买不方便是排在前三位的主要原因。有近88%的受访者在一年中没有看过中国艺术家的演出，排在前三位的原因是没有获得演出信息、没时间和对演出主题不感兴趣。中国文化产业对外贸易发展的规模和速度与所取得的社会文化效益之间差距较大。文化产业对外贸易的文化影响力和国家形象提升的文化效益的实现需要更多的差异化产品、更广的营销渠道、更细的国际文化的市场划分及基于更系统的文化软实力评估数据的政策规划。

（二）文化产业地缘战略政策与布局

文化产业国际化对于提升国内文化产业发展的水平和质量、增强中国文化的影响力和传播国家形象具有重要的战略意义。中国文化产业国际化战略要认真研究对外文化贸易的目标市场，把握好"走到哪里去"的对象问题，研究怎样走出去的路径问题。

文化产业国际化是经济战略的重要组成部分，强调在市场经济条件下的企业主导行为，需要政策和市场机遇的双重促进作用。国际文化消费市场规模不断扩大，文化产业具有规模经济效益，各国都把开拓国外市场当作提升文化产品利润率的主要途径。改变贸易逆差，扩大出口，增强中国文化产业的国际竞争力是一项紧迫任务，尤其要重视具有知识产权原创性产品的出口，增加文化产品的附件值，要重视培育外向型文化企业乃至文化跨国公司的成长。在政策层面完善文化外贸制度：充分认识国际文化市场的演变趋势和贸易规则，积极参与国际文化贸易竞争，制定并实施灵活、宽松、自由的文化外贸政策；制定长远的国家对外文化贸易规划，并分别规划各个门类的国际化战略，尤其重视文化产业核心门类，也要注重发挥国有、民营和各种社会文化力量按照国际惯例开拓国际文化市场的角色；建立保护文化产业和文化外贸的法律体系，尤其注重版权法的发展和完善；完善我国内部的文化外贸市场环境，坚持非歧视、公开透明的原则，为文化企业创造公平公正的市场环境，保障文化企业和文化产业"走出去"的国内环境。

我国文化产业国际化战略发展首先要与国际文化贸易和国际文化市场的发展规律相符，发展趋势趋同，具体表现在融资方式、生产制作、发行渠道以及消费方式等方面的趋同；也指在思想观念、主题、类型和方法等方面与国际市场接轨。我们的文化产品走出国门要跨的第一道坎是减少"文化折扣"的负面影响，只有与国际市场文化产品运作模式和理念接轨，才能增强竞争力。如果中国的文化产品不考虑外国观众的欣赏习惯和价值观念，中外的语言、文化、风俗习惯和价值观念障碍，会使"文化折扣"值趋于增大，会直接影响中国影视类文化产品在海外的市场份额，也不利于中国国家形象建设和软实力的提升。通过政策引导促使科技开发与时尚创意相结合，在内容和技术两个层面上扩大全球文化贸易的优势，一方面需要文化产品质量向国际水平靠拢，产生出更多的精品项目，另一方面需要政府通各种手段予以支持和激励，生产出更多的具有国际竞争力的文化精品，精品项目有更多的机会走向国际市场。

发展对外文化贸易参与国际文化竞争需要对国际贸易市场保持关注和高度敏感性。基于对全球文化贸易市场的敏锐分析和分类把握是出口市场的区域定位和相应的战略措施制定的前提。目标市场是评估及选择所要进入的市场区域。文化产业在选择其目标市场时，通常可以有三种市场区域选择战略：无差异化策略、差异化策略和集中化策略。无差异化策略是不考虑各市场区域的差异，而以整个文化市场为对象，提出一样的市场服务，企图以单一的产品或单一的行销策略来服务市场。差异化策略是以若干市场区域为目标，并分别为各区域设定适合的产品和行销策略，容易获得观众的认同，却因制作的多元化而导致成本提高。集中化策略是针对单一区域市场的需求，谋求较大的市场占有率。在文化产品走向国际市场时，往往依据文化产业实力的强弱选择某个策略或选择几种策略的结合。如美国文化产品走向世界时，更倾向于无差异化策略，向世界讲述美国的故事和内容，宣传美国的价值观念和文化。中国文化产品走出去应选择综合性策略：差异化和集中化策略，针对不同市场推出差异化的文化产品，同时把文化产业国际化战略集中于东亚地区。文化贸易格局的地理趋向是国家实施文化产业国际化战略的地缘因素。东盟和中日韩为核心的东亚地区是国际文化产品贸易格局中的重要市场，也应成为中国文化产业走出去的首要地缘市场。

在国际文化贸易格局中，东亚的地位越来越重要，其发展速度是引人注目的，2008年，东盟和中日韩三国出口占全球文化市场的26.41%，进口则占9.31%。金融危机之后，东亚地区文化产业发展速度加快，在全球文化产品出口市场中发挥更重要的角色，2013年占全球文化市场的46%，出口总额为968亿美元，接近于第一大出口市场欧美49%的份额；文化产品进口市场虽然欧美市场依然占比61.7%，但东亚进口市场增长较快，占全球文化产品进口市场份额的26.1%，是全球第二大文化产品进口市场。而中国2013年文化产品的出口市场中，中国香港占出口总额的一半，而东亚其他主要出口对象国日本、新加坡和马来西亚仅占4.8%。东亚和东南亚国家的文化市场有很大的发展潜力和空间，尤其是中日韩三国已经基本完成了从文化"输入"到文化"输出"的转变，东亚地区在文化产品和服务的国际贸易方面对于全球而言比以往任何时候都更为重要。文化产业发展战略目标的一致性在东亚区域经济合作不断密切的背景下更加强化，经济文化发展的互补性带来了更多的文化产业合作空间和潜力，东亚汇聚了文化产业发展的巨大资本、先进的技术和研发能力，有巨大的文化消费和生产市场。在与中国文化有着天然亲和力的朝鲜、韩国、日本、新加坡、马来西亚、泰国和越南等国家，中国的文化产品遇到文化折扣的现象较小。我们应关注国际文化贸易的地缘目标——东亚市场，对各有关国家的法律和贸易关税、文化消费特点、对进口文化商品的接受程度等进行大量的研究，促进对东亚地区核心文化产品的出口。

主要参考文献

［1］Anne Swidler. Culture in Action：Symbols and Strategies ［J］. American Sociological Review，1986（2）.

［2］李怀亮. 论国际文化贸易的现状、问题及对策 ［J］. 首都师范大学学报，2003（12）.

［3］Colin Hoskins，Rolf Mirus. Reasons for the US Dominance of the International Trade in Television Programmes ［J］. Media，Culture and Society，1988（10）.

［4］李怀亮. 当代国际文化贸易与文化竞争 ［M］. 广州：广东人民出版社，2005.

［5］转引自欧阳坚，丁伟主编. 国际文化产业发展报告 ［M］. 北京：商务印书馆，2005.

［6］向勇. 国际文化格局中的中国推广策略 ［N］. 中国文化报，2012 - 05 - 19.

［7］韩源. 中国国家文化安全形势评析 ［J］. 当代世界与社会主义，2004（4）.

［8］张骥等. 文化与当代国际政治 ［M］. 北京：人民出版社，2003.

［9］中华人民共和国商务部. 中国文化贸易统计 2012 ［M］. 北京：中国商务出版社，2012.

［10］齐勇锋，蒋多. 中国文化走出去战略的内涵和模式探讨 ［C］. 吴承忠、［美］尼扎·阿瑟亚德主编. 国际文化管理. 北京：对外经贸大学出版社，2012.

［11］王异虹. 中国在德国的文化软实力调研分析 ［C］. 中国对外文化贸易年度报告 2012. 北京：北京大学出版社，2012.

［12］UNCIAD. Creative Economic Report 2010 ［EB/OL］. http：//www.

unctad. org/en/docs/ditctab20103_en. pdf.

［13］ UNESCO Institute for Statistics. The Globalisation of Cultural Trade：A Shift on Consumption ［EB/OL］. 2016，http：//www. uis. unesco. org/cul-ture/Documents/international-flows-cultural-goods-report-en. pdf.

Study on International Cultural Trade Pattern from the Perspective of Security and Geopolitical Strategy of Chinese Cultural Industry

Fu Ruihong

Abstract：The study of the international cultural trade pattern is an indispensable part of analyzing the international cultural situation and making out the internationalization strategy of the cultural industry. It is directly related to the vision whether China can ensure the sustainable development safety of cultural industries. The analysis of the international cultural trade pattern from the perspective of security emphasizes the contrast and change of trade forces between countries. The international cultural trade pattern includes but not limited to cultural trade, which involves the cultural power, cultural trade relations and cultural rules of main actors and it shows characteristics and tendency of globalization, imbalance, regionalization and centralization. The United States and some developed countries in Europe still occupy the leading position in the international cultural trade pattern, but the emerging economies has strengthened their power in cultural trade. The policy formulation and layout of the internationalization strategy of Chinese cultural industry should be consistent with the development trend of the cultural trade pattern, and more attention should be paid to the social and cultural value effects of cultural product and trade. About geostrategic layout, East Asia should become the premier geopolitical market for the internationalization of Chinese cultural industry due to its regional cooperation and similar culture. The market of East Asia has great potential and development space.

Keywords：International Cultural Trade Pattern　　Cultural Industry　　Geostrategy　　East Asia

国家创新战略的文化支撑研究

陈小方[*]

【摘要】 在文化研究中有两种观点，即文化流动论和文化积淀论。文化流动论强调文化横向和纵向流动的本质，强调文化发展不仅仅取决于存量，更取决于增量的本质，强调文化流动带来的广泛的经济和社会意义，强调文化流动对挑战边界、推动创新的重要作用。文化积淀论强调文化积淀的意义在于：第一，文化积淀下来就是文明；第二，文化积淀是文化传承的基本方式；第三，文化积淀是民族和国家的根本凝聚力；第四，文化积淀所形成的传统与习惯对每一个人的影响都无与伦比。因此，在国家创新战略中，文化流动和文化积淀是国家创新战略的重要支撑。一方面要强调文化流动的意义，在各种文化乃至信息的流动、碰撞、交流中去获得创新的推动力和无限灵感；另一方面，也要光大五千年文明古国的文化积淀，守住中华民族的根脉。

【关键词】 国家创新战略　文化机制　社会机制　文化沉淀论　文化流

一、引言

纵观全球城市，社会创新的产生条件都会包括：文化生态、文化观念等方面的多元、开放及宽容。在新的技术范式下，创新城市一定是善于沟通的城市，通过各种各样的交流渠道，既能进行局部社群交流，又能进行全球交流，然后在这些渠道之间建立关联。因此，从发展性资源角度促进文化流动并建立紧密关联，将有利于社会创新的生发。本文将重点阐释文

* 陈小方（1978 年～　），男，安徽望江人。管理学博士，清华大学社科学院经济所博士后，钦州学院经济管理学院副教授，主要研究方向为农林经济管理。

化流动理论的基本内容及现实意义，文化流动与文化创新的关系；从历史角度论述文化流动与文化创新之间良性互动机制是如何生发的；进而探讨在国家创新战略中，文化应如何发挥有效支撑作用。通过历史叙事与当代生活表现，分析移民、经济、文化产业、技术和城市五大关键要素与文化流动相互作用的机理；分析文化流动的支持条件，并就如何促进文化流动与五大关键要素之间的良性互动提出建议；并进一步延伸至对如何形成创新自觉、创新自信、创新自强等重要问题的探讨。本文也将从文化概念的追溯寻找积淀论生成的意义，同时对积淀论为创新自觉、创新自信、创新自强所造成的压制和错误指向，进行批判性思考；既正面阐述文化积淀的积极作用，又提醒大家注意文化积淀论亦存在理论缺陷及发展困境。因此，我们需要辨证看待文化流动对创新的推动及守住文化根脉的现实意义，正确认识文化流动带来的机遇与挑战；需要处理好全球/地方、现代/传统边界流动与碰撞所带来的种种矛盾和问题；需要将文化流动作为一种发展性动态资源，引领社会创新向可持续、并更关注于人的生存和发展的方向前进；需要利用好文化流动带来的动力资源，又守住文化根脉维护文化自信，成就"新的传统，活的文化"，这将是以文化发展支撑国家创新战略的一个不可忽视的重要议题。

二、创新自觉、自信、自强形成的文化机制和社会机制

美国经济学家泰勒·考恩认为文化交流的黄金时代通常产生在处于严重不平衡状态的动荡背景之中，而不是那些平静的波澜不惊的时代。当今全球经济迅猛发展，文化也在加速流动中更为活跃。而文化流动中，移民、经济、文化产业、技术和城市五个要素是最为关键的，它们与文化流动相互作用，为创新的生发提供了所需的文化机制和社会机制。

（一）移民

人是文化的基本载体，无论是处于流动中的，还是已经发生移居的人口，他们都是文化流动的具体承载者。我们可以看到世界文化中心往往都

是具有吸引力的移民城市，来自不同文化背景的移民造就了多种族、多宗教、多元文化、多阶层的包容性社会，移民为文化的发展提供了内在的丰富性和生长力。尽管移民现象在世界各地自古就有，但是规模空前的移民浪潮则出现在近代商业革命和工业革命发生之后。如今，积极、主动、自愿与欢愉更是成为当代移民的主体，他们主动从传统迈向现代、从乡村到城市、从地方到世界，这一过程不可避免地与全球化进程相重合。因此，伴随着移民的全球流动，它正在改变着许多国家或地区社会的经济、贸易和政策体系，并在一种文化旅行中创造着新的文化和文明形态。

移民的大量聚集使移民文化得以产生。移民文化往往表现出鲜明的商业意识、勤劳务实的性格、重效率快节奏的作风和兼容并蓄的心态。从四面八方涌入的移民，在创业安家的过程中，以追求个人成功、幸福生活为奋斗目标，独立进取、积极竞争，在强烈的个体观念和自我意识基础上形成了渐趋一致的价值取向——开拓创新、奋发有为的移民文化价值观。移民文化从精神上讲就是以理性主义为指向的，是对生活中别处和未来的向往，是对新的生活和梦想的追求和创造。许多移民个体都有对过去不满、对未来憧憬，他们满怀创业激情和创新欲望。许多移民个体汇聚起来，就形成了巨大的创新力量。移民文化对新兴城市创新发展的影响，我们从近代上海、香港及当代深圳的现代化进程中可见一斑。

樊卫国（1992）在《晚清沪地移民社会与海派文化的发轫》一文中，探讨了上海移民社会与海派文化形成的关系，他认为海派文化是在西方文化浸淫下传统艺术与文化的一种歧变，它具有明显的上海区域文化的个性。与资本主义发展同时生长起来的晚清上海移民社会，其激烈的生存竞争、奢靡的世风、炽盛的娱乐文化为这种变革提供了适宜的社会氛围和生长环境，同时又给其以深深的浸染。海派文化的核心是开新脱旧，从某种意义上说，见异思迁、较少因袭的移民是海派文化滋生的"天然土壤"。海派文化也如多棱镜似的折射出沪地移民的社会习性和文化性格。王京生、尹昌龙（1998）在《移民主体与深港文化》一文中认为，成千上万的外来移民，不仅是深港文化的创造主体，也是其现实载体。从移民主体的视角切入，并且结合对移民社会生成和移民主体构成的分析，就可以在更深的层次上探讨深港文化的发展脉络、内在机制、根本特性以及含蕴其中的文化精神。他们认为，深港移民社会的特征，既有"熔炉"的一面，也有"多元"的一面。"熔炉"即呈现出融合的、动态的、碰撞的状态，而正是在此基础上，新的文化整合才得以完成，并产生力量。

移民带来的不全都是积极的一面。澳大利亚学者斯蒂芬·卡斯尔斯（1999）在《全球化与移民：若干紧迫的矛盾》一文中认为，随着当代移民的迅速增长，移民不可避免地在民族国家或地区内部形成文化多样化，改变身份认同，模糊传统的界限。移民问题，尤其国际移民成为绝大多数国家社会转型过程中非常关键的因素。因此，社会转型需要处理好接纳和排斥的矛盾、市场与国家的矛盾、财富增加与贫困化的矛盾、网络和个人的矛盾、全球与地方的矛盾、经济与环境的矛盾、现代性与后现代性的矛盾、作为国家公民和作为全球公民的矛盾，以及自上而下的全球化和自下而上的全球化的矛盾。移民引发的社会问题具有普遍性，如何将矛盾化解，吸纳其中的积极力量，对于国家或地区均尤为重要。譬如，科技人才及其掌握的经验知识的流动，是当今衡量创新系统知识流动量的一个重要指标，它对当前创新与技术导向的经济成长也越发显得重要。美国自建国以来，一直通过借助移民和科技人才流动政策，来推动美国的经济繁荣与科技发展。尤其二战后，美国政府依据国内国际形势的变化，对移民政策进行了多次调整和改革，通过移民法的不断修正来吸引他们所需的科技人才和各类专业精英，充分利用人才所携带的技术、智慧和资本来加快美国经济和科技发展。好莱坞许多大腕也都是通过宽松的人才政策引入美国的，比如卓别林、希区柯克、施特罗海姆和我们非常熟悉的华裔著名导演李安等。来自不同国家的人才贡献给美国的不仅是其本人的才华，而且还带去了风格各异的文化。这些都给美国文化繁荣发展输送了巨大的创造力和生命力。

（二）经济

全球化突出了世界体系和全球经济的相互依赖性。加拿大学者保罗·谢弗指出在20世纪六七十年代可能被限定为国家和地区的事件，如今类似的事件每天都在持续不断地影响着全世界所有的人民和国家。这种状况主要归因于国际贸易和金融、货币和银行业、商业、信息和信息技术、大众传播媒体、全球化、计算机化的巨大进步，归因于一个高度互动的世界的形成。其中文化与经济的互动是当今世界不可忽视的重要特征。20 世纪90 年代，西方发达国家开始步入后工业社会，以知识为核心的创意经济和信息科技的发展，是全球经济形态转型的动因，它们加速催生了新的生产系统和地方经济架构上的变革。

理论界早期的讨论在经济发展中逐步呈现，如约瑟夫·熊彼特（Joseph A. Schumpeter）的长波理论以及他将技术创新看成是资本主义发展的核心推动力的理论，对美国及欧盟许多经济政策的制定有着重要影响。丹尼尔·贝尔（Daniel Bell）的后工业理论，也指出经济发展的动力已经不再是有形的资本，而是以科学知识为表现形式的人力资本。以保罗·罗默（Paul Romer）和罗伯特·卢卡斯（Robert Lucas）为代表的"新经济增长理论"，进一步强调知识积累，技术进步对于经济增长所具有的决定性作用。可见，社会增长模式所依从的资源发生了巨大的改变——价值增值不再是来自传统的物质改造的生产活动，而是来自技术创新和国家知识资本的提升。

在这样的背景下，一些国家公共政策开始把文化视作创新来源，并等同于民族的创造力，关注的重点是其为国家带来的经济竞争优势。文化政策议题转向于更多地关注于文化实用性和功能性生产形式的经济活动，并在市场领域中从群体文化走向更为强调个体"创造性"的文化。将文化作为一个生产要素的政策导向，迅速影响全球。对于地方来说，这个领域受到历史、地方内生潜力、城市对全球商务和旅行的吸引力、文化消费者的价值观以及文化生产者基于个人的创意才能等等因素影响。因此，地方多样的创意经济始终处于流动性资源支配下，不仅具有全球共性特征，而且也具有许多差异化的地方要素。

当前创意经济的发展有赖于文化资本的保护和文化资产资源的孵化、转换。同时，未来产业的基础资源也不再仅仅局限于文化资产资源，技术导向型创新、软创新、艺术创意及信息与通信技术（ICT）支持等，对产业未来创意资本的形成将显得尤为重要。促进相关领域的研发、技术设备的建设及文化艺术创造力的培育，成为政策战略重要的基础性工作。其中"文化生态多样性"及"公共文化生活"是文化经济领域发展尤为重要的外部环境，需要政府在文化公共领域的投资。公共文化服务体系建设、文化艺术发展、文化遗产传承及保护以及地区文化氛围的整体营造等，都应该被视为鼓励和支持文化经济发展战略的重要组成部分。一个地区文化生态的繁荣、发达，公民素质的提高，必然引领整个社会文化消费水平的提升，同时也带动行业领域创意人才核心竞争力的增强。这是一个相辅相成的过程。

（三）文化产业

20世纪70年代，西奥多·阿多诺（Theodor Adorno）和瓦尔特·本杰明（Walter Benjamin）关于"文化工业"的观点差异及其引起的对大众文化的激烈争论，已经在理论和实践上被超越。以文化产业强国美国为例。20世纪20年代广播业、电影业等开始萌芽并迅速成长起来，到第二次世界大战前后，美国文化产业各个主要分支都基本在一种自发、独立状态下形成并发展壮大。二战后，新兴技术，如计算机、通信卫星、微电子、光纤通信、激光、数码等的出现，更是为文化产业的发展提供了巨大动力，文化贸易也逐步全球扩张。80年代中晚期，文化产业才真正在全球范围内获得重视。被阿多诺赋予否定性色彩的"文化产业"开始获得新的、积极的意义。联合国教科文组织对文化产业做出这样的定义："将无形的具有文化本质的内容的创作、生产与商品化过程相结合。这些内容通常受著作权法保护并可以采用产品或服务的方式。"

文化产业的发展使文化资源的力量获得突显。区域文化资源包括历史、产业及艺术遗产，而代表性资产有建筑、城市景观或地标等。此外，还有符号、公共生活、节庆、仪式，或是故事、嗜好与热情，以及呈现在手工艺、制造与服务上的种种地方特色产物和固有传统。它不仅体现在民族的历史、习俗与传统知识中，更是与现代知识、科技融合在一起，并通过将构想化为实际可行的方案来发挥其经济价值。文化产品经济价值的实现过程，伴随着跨地区贸易的扩张与流动，文化产品承载的价值观及生活方式越来越影响各个地方的文化生产能力。人们不禁质疑这样的流动是促进了地方文化的创造活力，还是减弱了世界文化的多样性？美国经济学家泰勒·考恩指出，所有成功的文化都带有综合的特点，只有不断与外界保持吸收、交流的状态，文化才能持久更新，而不致于走向自我封闭。文化的活力来源于广纳四海，博取众家之长。割裂文明与外界的关系，一味坚守"伟大的传统"，最终只能伤害文明自身。因此，如何将这种"创造性破坏"转换成一种积极的力量，不断丰富、繁荣文化显得更为重要。

不可否认，在文化间的交流碰撞中，相对弱势的文化可能需要面临更多的调整和转化。当今文化产业所代表的文化制造能力和传播能力，影响着文化的流向，并将决定一个民族或国家在世界上的影响能力。如何发展我国的文化产业，增强中国文化在国际文化贸易市场上的竞争力，成为必须探讨并亟待解决的重要问题。推动中华文化通过商业渠道即市场开拓走出去，是未来扩大中华文化全球影响力的重要发展方向。中国有丰富的文化资源，但从文化资源转化成高附加值的文化生产力，还有很大的距离。需要我们的相关政策在投资和创业技能，技术升级，基础设施，机制和法律框架等方面予以加强。当前中国文化产品的国际传播效果和影响力也是不容乐观的，如何将我们的文化通过易认知、易接受的表达方式来讲好故事，做好产品和传播，亟待我们加强研究。

（四）技术

对技术与文化之间关系的研究有久远的历史。现代研究中刘易斯·芒福德的《技术与文明》（1934）是研究技术与文明互动关系的开山之作，对历次科技发生重大突破中的文化资源和道德后果问题进行了相对悲观的研究。曼纽尔·卡斯特在其著作《网络社会的崛起》（2000）中将"技术"定义为"物质文化"，并从积极的一面探讨技术对文明发展的作用。他认为使用信息技术的能力以及在某种程度上包括生产信息技术的能力，已经成为一项发展过程中所需要的基本工具。正是这类技术工具创造了当今世界的"网络社会"和"流动空间"，使文化的流动比以往任何时候都要更加便利和快捷，文化的流量也获得爆发性增长。同时，新的技术带来不断变化的文化生产和消费模式；数字融合促进文化流动新模式的产生；技术进步实现的时空压缩，使世界变得越来越小。我们可以看到技术进步正在矫正文化流动中地方与全球、边缘与中心之间的不平衡，也有可能改变发达国家、发达地区在文化流动中的主导格局。处在传统文化版图边缘的国家或地区，有可能在文化的极速流动中成为新生力量、新兴节点，甚至新的中心。

联合国教科文组织在《世界报告：着力文化多样性与文化间对话》（2010）中指出，技术进步和文化流动的大趋势推动了新媒体的发展，并正在创造一个更加复杂、流动性更强的全球媒体市场，使全球媒体版图不断变化，认为这种变化具有三大特点：互通性、互动性、融合性。这种看似微观的视点，实际上反映了任何一次大的技术进步对文化的革命性影响，文化的发展面临又一次新的机遇和挑战。新兴城市如何利用技术给文化流动带来的革新，曼纽尔·卡斯特认为："从根本上说，如果作为文化特色之源的城市要在一种新的技术范式中生存下去，它就必须变成沟通无阻的城市，通过各种各样的交流渠道（符号的、虚拟的、物质的），既能进行局部交流也能进行全球交流，然后在这些渠道之间架起桥梁。信息时代的城市文化将地方身份和全球网络聚到一起以恢复权力和体验、功能和意义、技术与文化之间的相互作用"。

技术可以促进知识流动，进而生发创新。吴建中（2015）主要从信息通信技术角度探讨知识是如何流动的，知识的流动是创新产生的关键要素。他认为，要让知识流动并增值，第一要利用技术让它们从各自分散和独立的状态下释放出来，利用现代资源描述方式，增加与其他资源之间的关联，使之处于可检索、可获取、可利用的有序状态，为开放和共享知识创造条件。第二，要保持知识流动的通畅性，不仅要无障碍地开放和共享，而且其发布和传播形态也应呈现流畅性。第三，要创造合适的交流环境，使空间、技术和人三者处于和谐状态。第四，要促进知识交流与共享。把握好知识分享和知识产权保护之间的尺度有利于科技创新和经济发展。第五，要推动知识最大限度地开放。开放也是一种资源和红利，只有不断从外部吸收物质与能量，与外界开展频繁交流，才能更有活力和竞争力。

借助技术的力量，文化流动的速度、规模乃至质量都有持续不断的提升，并引起了文化流动一系列新的变化。文化流动在以前主要依靠人的流动，但随着文化传播的载体和媒介的变化，使新技术、新媒体的作用和人的作用一样重要，甚至更加重要。我们可以看到新一代消费者开始使用网络、移动电话、数字媒体等媒介；文化体验范围不断扩大，也将消费者从文化信息的被动接受者变成文化内容的积极创造者。今天，任何一个人都可能成为"产销者"，即交互式文化内容的生产者和消费者的结合。"产销者"的出现进一步激励了文化的交流和互动。"技术融合、媒体融合和路径融合的数字融合，为发展新的生产和经销体系打开了机遇之门，这些新体系可能促进文化生产中的民主和多样性的真正扩张，并创造新的流动模式和机遇"。

（五）城市

5000 年前的城市只不过是少数人聚集之所，是"神灵的家园"；当今时代，城市已成为大多数人生活的地方，并成为"人类改造自身的场所"。联合国人口专家说，到 2025 年，地球上近 2/3 的人口将在城市中居住。自 21 世纪起，城市所扮演的角色显得越来越重要。对于全球极具影响力的城市，卡斯特等学者从全球流动空间的角度，视其为世界范围内"最具有直接影响力"的节点以及中心。"Global Reach，Local Touch"，强调的即是一个城市作为全球枢纽的同时，也必须将本地资源与全球资源连接并调动起来，尤其是将周边区域带动起来。

文化既让生活在城市中的人们感受到生活意义所在，同时又是一种发展性资源。我们可以看到，许多城市都把文化战略作为发展的着力点予以加强。新加坡借助"心件"建设，加强社会和谐、政治稳定、市民合作精神、价值观和人生态度等重塑；亚特兰大则利用"城市再生"计划，唤起对人本身的关注的文化理念等等。刘易斯·芒福德（2009）在《城市文化》一书中认为："仅仅从城市的经济基础层面是没有办法去发现城市的本质的。因为，城市更主要是一种社会意义上的新事物。城市的标志物是它那目的性很鲜明的、无比丰富的社会构造。城市体现了自然环境人化以及人文遗产自然化的最大限度的可能性；城市赋予前者（自然环境）以人文形态，而又以永恒的、集体形态使得后者（人文遗产）物化或者外化"。

从这个意义上，芒福德认为"城市是文化的容器"，"这容器所承载的生活比容器自身更重要。"城市的文化运行产生出人类文明，因而城市是文明社会的孕育所；文化则是城市和新人类间的介质。城市根本功能在于文化积累，文化创新，在于留传文化，教育人民。查尔斯·兰德利（2000）在《创意城市：如何打造都市创意生活圈》一书提出的城市要创造性地进行自我开发、找到自身独特的发展潜能、开发文化资产，提出"以文化为创意行动的平台"等观点。他还提出，文化的生命力和活力与一个城市和其市民赖以存在的东西的维护、尊重和庆祝有关，包括身份认同、记忆、传统、社区庆典，以及能够表现城市不同特色的产品、工艺品与象征等的生产、分配和消费。查尔斯·兰德利的观点具有开创性，将创意城市打造与文化创新结合，为新兴城市的发展提供了一条新路。

对于现代城市来说，人口流动现象极为普遍，城市文化通过多元化的再现与综合，有了更多创新的可能性，获得一种更有实效性的统一体。但如果处理不好，其文化的疏离性也很明显。因为在人口的迁徙和变化中，地域的亲密联系丧失了。崭新的城市文化亟须建立一种活跃的日常联系和面对面交流基础上的亲密性。同时，人的归属感等精神层面对于城市凝聚力显得极为重要。它可以使居民对他们的城市产生深深的眷念，产生有别于其他地方的独特感情。这种具有共享性的认同意识可以把城市各个阶层的居民凝聚在一起，其中包括来自公共部门、私营企业、非营利性团体等各种性质的机构和市民个体。

三、对文化积淀论的重新思考

两千多年前，"文化"还保留了与"耕耘"相关的原初含义。中世纪和文艺复兴时代仍然没有独立或明晰的"文化"概念，当时的文化与主宰文艺、美术、音乐的希腊女神缪斯密切相关。17世纪到18世纪，"文化"的含义演进为"心灵、艺术、文明的教化"，扩大成对人类的教化。18世纪的启蒙思想家和哲学家在探讨文化时，主要思考的是文化与自然、文明与野蛮的关系问题，并没有涉及某种具体的"文化"。将"文化"对象化的过程在19世纪达到高峰，并持续影响至今。

英国学者爱德华·伯内特·泰勒（1992）在《原始文化》中指出："文化，或文明，就其广泛的民族学意义来说，是包括全部的知识、信仰、艺术、道德、法律、风俗以及作为社会成员的人所掌握和接受的任何其他的才能和习惯的复合体"。此定义对文化的理解产生了深刻的影响。它不仅对有关文化的性质、范围、意义和实质的当代观念有强大的冲击，而且它还在文化的观念和定义的历史演变中形成了一种理解文化的根深蒂固的传统。

从19世纪到20世纪上半叶，不同的文化学派层出不穷，但文化的流动性没有受到足够的关注。尽管不乏对不同文化之间相互影响的观察，但对文化的理解所形成的传统，最实质之处在于一个共同的看法："文化是一个特定群体的意义、价值与生活方式，文化因而是一个独立存在的实体"。然而，文化作为一个有限、独立自足的实体，这样的概念已不能让我们了解全球化的流动性特质。许多西方学者开始反思其中的局限性。罗宾斯（1997）在《世界正在发生什么》一文中指出了全球化的"日常生活"特性，隐含着对把文化当作一个界限分明的实体的传统理解的修正。在全球流动性格局中，"我们的日常生活与思考方式已被束缚在一个更广泛的影响之内，它超越了语言、领土的界线，也超越了特定社群、社会、国家的信念的界限"。苏珊·谢区和珍·哈吉斯（2003）在《文化与发展》中也认识到将文化视为独立存在的实体的片面性，提出当代文化发展中呈现的流动性及多样化的特质。

全球文化之流所具有的流动特质，逐渐侵蚀了把文化视为是独立自足的、有范限的实体这样的概念——无论是"地方的""区域的""国家的""全球的"等这样的范畴界定，都已失去了效力。"文化"现在被较为准确地理解为"是一种复杂的、多向度的文化互动与互连，其将地方与全球同时编织进形色万千的形态与结构之中。现代性，已变得具有流动性与多样化的气质，而非是一个内涵一致、单一的终结点"。

由此可见，在全球化语境中，理解文化的传统方式已经丧失了应答和解释当代文化问题的效力。我们需要启发理解文化流动内涵的新范式，认识到文化在时间上不仅仅是被继承的，更是被创造的。《21世纪议程》（1992）是第一部着眼于全球的文献，确立了各城市承诺支持文化发展的基本原则。其中明确指出，文化既是传统价值的中心，也是通过特殊表达来实现创新的中心。如何实现文化引领创新，需要我们重新思考文化积淀及文化流动在当前的价值影响。

法国里尔市曾获得过2004年欧洲文化之都，当时负责文化事务的副市长卡特琳·居朗女士公开表示："可持续发展，首先是人们行为的改变，即文化的改变。这要求我们在个人福利和集体未来的整合观念中，去重新审视遗产、财富和资源等概念。文化创建了一座城市全部组成部分之间的联系，这就是文化的重要性。"南非学者内维尔·亚历山大在2007年提交给联合国文化多样性世界报告专家咨询委员会第二次会议的论文——《文化反思：传统与现代相结合》中也曾指出："最重要的问题是避免沿着从名词转变为动词的语法连续体，把抽象概念具体化。这种把概念具体化的'问题'在于，它一般会巩固某种既有的现实，而掩盖了它正在变成什么"。

尽管对文化的理解开始发生变化，但我们仍看到：在中国乃至全世界，文化积淀论仍主导着人们对各种文化现象、文化成果的判断。如何避免文化积淀论对创新自觉、自信、自强的压制和错误指向？这需要我们能辩证地看待文化积淀论的作用和缺陷。

文化流动理论属于基础理论方面的一些探索和创新。原来指导着我们文化工作的基础理论，是长期以来从"学院"到民间都已形成作为共识的文化积淀论。众所周知，凡是中国人都以自己的文化为自豪，我们有五千年的文明史，中华文明是世界上唯一没有中断的文化，其实质就是指我们的文化积淀是最充分的。同时，我们在平时谈论、评价一个地方的文化时，总是把有没有文化作为一个标准。这个标准就是时间刻度，一看到古老的城市就认为有文化，文化大有可为，如西安、北京、洛阳、开封等等。而当看到某些新兴城市，被称为"文化沙漠"，因为没有文化积淀，没有文化传承。

党中央要求文化自觉、文化自信、文化自强，如果没有文化，这个城市哪来的自觉、自信、自强？所以，必须找到有文化的根据。认真思考上面所谓的文化积淀论，便看出问题来了，那就是所谓有文化的地方，有些文化真是让人看不上；而所谓没文化的地方，往往爆发出今天所展现出来的巨大能量。因此，文化积淀论既有作用，又有缺陷，不是指导一切文化工作的基础理论。

（一）文化积淀的重要性是无与伦比、不可替代的

主要体现在五个方面：

1. 文明是靠文化积淀形成的，文化积淀就是文明

学界一直在争论文化和文明的区别，其实从本质上看，文化积淀下来的东西就变成了文明，文化凝固起来就是文明，这是文化积淀最重要的作用。我们说五千年的文明，就是因为我们有五千年文化的积淀。

2. 文化传统和文化遗产是靠文化积淀传承的，文化积淀是文化传承的基本方式

只有积淀下来，文化才有东西能够传承、续接并弘扬，文化传统是通过一代一代的传承下来，如果没有积淀就文化成为无源之水、无本之木。

3. 民族和国家是靠文化积淀凝聚的，文化积淀是民族和国家的根本凝聚力

说我们都是中国人、中华民族，不仅仅是因为黑头发黑眼睛黄皮肤，根本的是因为有共同的文化，站在共同的文化积淀之上，有一致认同的文化价值观和形成的文化传统、文化习惯、文化风俗，这是打断骨头连着筋、深入血脉的东西，是中华民族生生不息的根本凝聚力。这就是文化积淀的重要作用。

4. 个人是受文化积淀长久的潜移默化影响的

每个人一生下来就在特定的文化氛围里，首先是中华文化的氛围，其次是所在地的文化风俗、文化习惯，还有父母身上的文化教养、文化品质，直至走上社会受到的影响都是文化积淀所营造的氛围。

5. 文化积淀也是一种稀缺资源

美国学者戴维·哈维（2014）指出，城市寻求垄断地租是建立在对历史的叙述、集体记忆的解释和意义，以及重要的文化实践等基础之上的。独创性、真实性、特殊性和一种特定文化的审美观是获得垄断地租的基础，因此历史积淀下来的文化等"集体符号资本"最能获得垄断地租。在创意城市理论之父查尔斯·兰德利的城市发展策略中，我们也可以看到文化积淀形成的文化遗产，在创意时代同样具有不可替代的作用。

可见，文化积淀的作用是无与伦比的。但正因为无与伦比，往往容易被夸张地绝对化，认为文化积淀无所不能，成为衡量文化能不能发展的唯一标准。这就是所谓的真理往前再跨一步就进入了谬论。

（二）文化积淀论存在六大误区

实际上，文化积淀更重要的作用是文化的历史性作用和文化资源作用，而对现实文化而言，存在六个方面的缺陷：

第一方面，它没有认识到文化积淀也能够窒息一切生动、活泼的文化行为和经济行为，变成沉重的历史负担；文化的革新恰恰来自文化积淀的沉重包袱的解脱。一些历史上发达的城市，现在让它变革起来，特别是在观念和制度方面创新就相当困难。因为文化积淀本身形成了永远不可磨灭的文明成果，但同时也造成了历史的局限性，压制新思想、新观念的产生，对创新产生了很大的负面作用。

如我们在享受五千年文明的时候，也要承受五千年来变革之中的艰难。中国的历史和现实如此，从古代到近代的变革为什么那么难，源于观念、源于体制，其背后的根本原因就在于文化积淀。中国的文化基因很好，君子以自强不息，一直在追求着强健、发展、运动和光明的目标。但由于几千年来一层层的文化积淀，造成了既成的格局、既成的观念，因此，中国历史上的变革艰难，很难树立起来崭新的观念。

第二方面，它不懂得文化是活的，文化处在不断变化过程之中，文化的发展和进步就是要不断挑战传统的界限，而不是对传统的坚守和对积淀的膜拜。任何时候，文化也要与时俱进，因为空间在变、时间在变，人们的社会生活方式、生产方式在变，文化也必须要变。而文化积淀看不到这种活的变化的东西，忽视甚至歧视这种活的文化。

第三方面，它过分倚重文化存量，漠视文化流动带来的增量。一说起文化，就是有多少年的历史，出过什么文化名人，有多少古代建筑，而对于文化增量不去挖掘，处在一种盲目的自满和乐观之中。而文化流动论认为，文化发展不仅取决于存量，更取决于增量，文化增量必须靠流动得来，这是文化流动理论一个非常重要的内容和关键点。

第四方面，它看不到文化的发生和进步并不是线性的，而是具有多彩的形式和丰富的可能。文化因为多样性而显得更加生机勃勃，而积淀的结果，造成本来丰富的文化，在积淀以后也变得凝固和单一了。

第五方面，文化积淀所形成的文化成就，并非像树木那样，植根在那里，就在那里一直繁茂地生长。如某种文化是一个城市所创造出来的，所以这个城市永远享受这种文化的优先权，根本不是这回事。在中国产生的很多好东西，今天被韩国和日本所借鉴，相反在中国却有些忽视和不起作用。因此，并不是文化积淀所在地产生的东西一定是长久的，并且起着决定性作用。

第六方面，它无法解释为什么那么多文化积淀相对落后的城市或地区能够后来居上。如"文化沙漠"不仅指以前的深圳，在20世纪20年代，上海也被认为是"文化沙漠"；到了六七十年代，中国香港还被认为是"文化沙漠"；就连纽约立市一百年时，欧洲人甚至认为它是"文化沙漠"，尽管当时纽约已有了一种庞大的城市发展气势，有了庞大的产业基础。一个共同规律，凡是新兴城市几乎都曾经被戴过"文化沙漠"的帽子。

文化积淀论最主要的问题，就是阻碍着新观念、新方法，使我们自得其乐而不求发展。批评文化积淀论，主张文化流动论，实际上是为了新的文化观念、文化事物、文化发展，为了创新开放和文化的多样化。要推动文化的加速流动和聚合，创造刚健、可持续的文化，这是今天文化能够走向繁荣的重要途径和环节。一个没有历史文化的地方陡然兴起，甚至成为文化重镇、文化中心，只有一个出路，那就是文化向这里流动。

四、文化流动对创新推动及文化根脉守护的重要性

21 世纪是文化的时代，联合国教科文组织从大量的调查研究中发现，成功的经济效益并不一定使得文化转换到基于个人主义和竞争的西方式价值观。在日本，武士礼仪准则和怀德堂教育机构在一个以集团责任、公司忠诚、人际信任和默认契约为基础的经济中发挥了作用。在韩国，企业行为中利用了儒家传统，其他具有社会特征，而非商业贸易概念的文化传统。"越来越多的声音开始质疑把发展等同于利益最大化和物质积累的做法"。这一视角仍是从经济层面看待发展问题，社会发展的模式一定不是单一的，西方的发展道路不是人类唯一的选择。在全球化时代任何地方经验，既要受本地文化传统影响，又会直接面临各种流动资源所带来的文化冲击。事实上，跨文化交流也不是一种新现象，而是世界文化发展的常态。文化流动为多种文化艺术观念并存提供了动力，创造出我们正在经历的这个文化繁荣的时代。所以，正视文化流动的积极作用，在发展道路上固守传统精华并顺应时代选择是推动创新发展、延续文化身份必须坚持的方向。

我们倡导文化流动绝不是要否定传统文化或本地文化，它并不是一个文化同质化的故事。美国印度裔学者阿尔君·阿帕杜莱（Arjun Appadurai，2012）认为，文化这一概念最有价值的特征就是差异的概念，它是事物间对比的而非自身的特质。"这里不是将文化视为个体或群体的特质，而是将文化更多地当作一种启发性的工具，讨论境遇化的、具体化的差异"。以此观察全球文化流动，我们可以发现不同社会对全球化影响下的现代性材料的运用各不相同，对外来文化的借鉴与学习，特定区域仍然基于自己的历史经验之上进行创新。全球文化流动正在被地方实践涵化或以

和合共生的模式发生作用。这一过程并不是全球化的产物，早在文化发生交流之时就已开始，可见地方文化本身绝不仅仅是地方的，它也是一种历史发展的产物。在经济全球化与信息化加速发展的时代，地方文化的形塑最终又会受全球性的动力影响。拒绝文化流动，排斥其他文化与载体，必将故步自封，本质上这也是与世界潮流逆行。

如何看待文化流动与文化积淀两个不同论点？我们要认识到两者并不是"有你无我""我对你错"的关系，两者是观察文化本质和文化作用的两个角度。文化流动论强调文化横向和纵向流动的本质，强调文化发展不仅仅取决于存量，更取决于增量的本质，强调文化流动带来的广泛的经济和社会意义，强调文化流动对挑战边界，推动创新的重要作用。在国家创新战略中，一方面要强调文化流动的意义，在各种文化乃至信息的流动、碰撞、交流中去获得创新的推动力和无限灵感；另一方面，也要避免传统文化被急剧的城市化进程以及高度的流动性冲散，学习外来文化的同时，也要光大五千年文明古国的文化积淀，守住中华民族的根脉。

文化流动对创新的推动，主要体现在：其一，文化流动可以塑造价值创新能力。一种文化要想保持活泼的生命力，要保持观念的辐射力，就必须要有一种价值创新的能力，通过价值创新，形成文化发展的领先优势。其二，文化流动可以促进制度创新能力。文化的中间层就是制度层面，制度包含了一种文化处理人和人、人和事、人和自然等关系的基本能力。制度文化最能反映一种文化自我管理、自我调整的能力。其三，文化流动可以增强适应时代变化的应变能力。当前经济社会变化快，而意识形态和文化的变化相对迟缓。因此，要推动文化发展，必须要在文化对时代的适应和表现能力方面有所创新。与时俱进的文化可找到更大的生长空间，有无限的生机和活力。其四，文化流动可以加速科技的创新能力。现代文化生产已经在相当程度上依赖于科技的开发和高新技术成果的运用，因此，科技创新能力的强弱将直接影响到现代文化生产的质量水平与传播效果。其五，文化流动可以提高传播与沟通能力。我们需要看到流动性带来了资源的汇集，但同时携带的文化异质性可能会阻隔人与人之间的沟通，阻碍人际交往与协助。因此，我们需要思考如何着眼于人本身，在流动中建构亲密关系、编织社群网络，这样文化流动不但不会削弱沟通，反而会达致连接、交融进而获得共享。

文化流动与守护文化根脉看似矛盾，且往往也有人批评流动性所带来的全球市场对传统文化的破坏，减弱了世界文化的多样性。质疑当经济选择的自由扩展到全球之后，会对文化创造力产生消极影响，然而事实也并非想象中的那么糟。熊彼特曾将资本主义生产譬喻为一种"创造性破坏"，流动性在文化领域也正发生着类似的效果。泰勒·考恩（2002）认为文化流动也是一种充满活力的"创造性破坏"，为多种艺术观念并存提供了动力，催生了大量令人满意的现代作品。我们应该以更为积极的态度看待这一观点，文化流动可以使传统的继承与发扬更具有创新性、时代性。我们还需要认识到文化创新的基本精神是批判精神。批判精神的实质就是对传统和现实说"不"，任何一种新文化的产生都意味着对传统和现存理论或方法的解构和再诠释，新文化的产生往往是一个颠覆过程。建构新的文化因而需要足够的理论勇气和创新精神，要敢于挑战权威，敢于提出新的理念，敢于创造新的方法。因批判而发生的文化创新，也是文化流动的一种生动体现。传统文化也需要在批判中保留精粹，剔除糟粕，获得更为强大的生命力，即我们通常所言的，活的文化、新的传统，在现代生活中得以继承和发展。

主要参考文献

[1] 吴忠，王为理等．城市文化论［M］．海天出版社，2014.

[2] 樊卫国．晚晴沪地移民社会与海派文化的发轫［J］．上海社会科学院学术季刊，1992.

[3] 王京生，尹昌龙．移民主体与深港文化［J］．学术研究，1998.

[4] ［澳］斯蒂芬·卡斯尔斯．全球化与移民：若干紧迫的矛盾［J］．国际社会科学杂志（中文版），1999.

[5] 肖志鹏．美国科技人才流动政策的演变及其启示［J］．科技管理

研究，2004.

［6］［加］D. 保罗·谢弗 . 经济革命还是文化复兴［M］. 社会科学文献出版社，2006.

［7］唐燕，［德］克劳斯·昆兹曼等 . 创意城市实践：欧洲和亚洲的视角［M］. 清华大学出版社，2013.

［8］联合国贸发会议（UNCTAD）主编，中国社会科学院文化研究中心（RCCP）翻译 . 2010 创意经济报告［R］. 三辰影库音像出版社，2011.

［9］［英］查尔斯·兰德利著，杨幼兰译 . 创意城市：如何打造都市创意生活圈［M］. 清华大学出版社，2009.

［10］［美］泰勒·考恩著，王志毅译 . 创造性破坏：全球化与文化多样性［M］. 上海人民出版社，2007.

［11］［美］曼纽尔·卡斯特 . 信息时代的城市文化［J］. 城市文化读本，北京大学出版社，2008.

［12］吴建中 . 知识是流动的［M］. 上海远东出版社，2015.

［13］王京生 . 文化是流动的［M］. 人民出版社，2013.

［14］刘易斯·芒福德著，宋俊岭，李翔宁，周鸣浩译 . 城市文化［M］. 中国建筑工业出版社，2009.

［15］［英］E. B. 泰勒著，连树声译 . 原始文化［M］. 上海文艺出版社，1992.

［16］王京生 . 文化是流动的［M］. 人民出版社，2013.

［17］Robinson K. *What in the world's going on*? In P. D. Gay（ed.），Production of Culture/Cultures of Production. London：Sage/Open University Press. 1997.

［18］［澳］苏珊·谢区、珍·哈吉斯，沈台训译 . 文化与发展：批判性导论［M］. 台北巨流图书公司，2003.

［19］Alexander, N. 'Rethinking culture, linking tradition and modernity', Paper presented at the second meeting of the Advisory Committee of Experts，Venice，2007.

［20］［美］戴维·哈维 . 叛逆的城市：从城市权利到城市革命［M］.

商务印书馆，2014.

　　［21］王京生．文化是流动的［M］．人民出版社，2013.

　　［22］阿尔君·阿帕杜莱著，刘冉译．消散的现代性：全球化的文化维度［M］．上海三联书店，2012.

Research on Cultural Support for National Innovation Strategy

Chen Xiaofang

Abstract: There are two viewpoints in the study of culture, namely, the theory of culture flow and the theory of culture precipitation. The theory of cultural flow emphasizes the essence of horizontal and vertical cultural flow, emphasizes that cultural development depends not only on the stock, but also on the nature of increment, emphasizes the extensive economic and social significance brought by cultural flow, and emphasizes the important role of cultural flow in challenging the boundary and promoting innovation. The significance of the emphasis on cultural accumulation lies in: first, cultural accumulation is civilization; Second, cultural accumulation is the basic way of cultural inheritance. Thirdly, cultural accumulation is the fundamental cohesive force of the nation and the country. Fourth, the cultural heritage of the formation of traditions and habits on everyone's impact. Therefore, in the national innovation strategy, cultural flow and cultural accumulation are important supports of national innovation strategy. on the one hand, the significance of cultural flow should be emphasized, and the impetus and infinite inspiration of innovation should be obtained in the flow, collision and communication of various cultures and even information. On the other hand, we should also carry forward the cultural accumulation of the country with an ancient civilization of 5000 years and keep the root of the Chinese nation.

Keywords: National Innovation Strategy   Cultural Mechanisms   Social Mechanisms   Cultural Precipitation Theory   Cultural Flow

基于政府公开数据的京津冀
文化产业带布局研究[*]

汪存华　　于鸿君[**]

【摘要】 网络时代信息化的发展，政府信息公开的途径一般由政务网站发布，利用这些公开的数据信息，开展文化产业带的研究，已经得到重视。我国环渤海经济圈的京津冀地区，作为我国华北地区重要的发展极，与长三角地带和珠三角地带遥相呼应。而河北省环绕北京和天津两大直辖市，三地同属于京畿要地，京津冀地缘相接，人缘相亲；京津冀地属一体，文化同脉，尤其传统文化资源较为丰富。通过省市级政府年报数据分析京津冀文化产业地带发展特征，可以发现机会点，促进河北省形成新的文化产业带。通过依托京津冀区域城市数据及发展比较，推动河北实行文化产业强省目标，进而提出"一廊六带+区域城市圈"构想，以此来促进河北"文化产业带"与"京津文化地带"协同发展。

【关键词】 政府公开数据　文化产业带　协同发展　京津冀

---

* 基金项目：自然科学基金项目"基于网络政府数据分析的政策扩散路径与回应关切能力研究"（编号：91646103）；教育部产学合作协同育人项目教学内容与课程体系改革"大数据分析"（编号：201602025006）；河北省教育厅课题项目"大数据时代的高校教学评估绩效影响因素研究"（编号：2016GJJG191）；河北省高等学校人文社会科学重点项目"遥感大数据在我国县域农业中的应用研究"（编号：SD171017）；产业转移对农民工的影响（编号：GL201703H）。

** 汪存华（1975 年~　），男，湖北孝感人。产业经济学博士，北华航天工业学院经济管理系副教授，北京大学战略研究所兼职研究员。

于鸿君（1963 年~　），男，甘肃民勤人。经济学博士，北京大学马克思主义学院教授，主要研究方向为产业经济学。

一、问题的提出

我国已经进入大数据时代，大数据时代的重要特征就是，数据具有 N 维特征。从信息化时代过渡到大数据时代，其明显的特点就是源源不断地产生了大量数据信息，包括政府公开的信息，以及其他各种类型的信息，其中政府信息数据可以分为政府公开数据及政府非公开数据。从公开的行政区划区域信息来看京津冀地区，这个区域是环渤海经济圈的重要组成部分，与长三角与珠三角地区遥相呼应。河北位于北京和天津两大直辖市的周围，自古以来，素有燕赵大地之称的河北似乎有很多悲壮而又富有魅力的故事，昔日的壮士，现代革命摇篮——红色圣地西柏坡等都令人叹服。河北省 11 个地级市中有 7 个地市直接邻接北京和天津，河北文化产业的发展面临着如何过渡的问题，或者说如何进行转型，从传统经济文化地带过渡到现代经济文化产业带。北京和天津文化产业带早已经隆起，处于低谷的河北文化产业能否发展成为新文化隆起带？是否存在一条相对完善而又可行的河北发展路径？这与其说一个经济发展问题，不如说是一个文化产业问题。一个社会只有在协同运动过程中，社会物质文化要素和非物质性文化要素相互影响、相互制约、相互作用，进而促进一个社会的产业经济向前迈进，就其本身而言，在这个协同过程中，文化产业潜在的形成过程必然让我们从更深的社会文化层次来反思京津冀经济发展的路径，需要通过河北文化产业带的布局促进京津冀地区的协同发展。

著名经济学家厉以宁先生在 2015 年 4 月由光明日报文化产业研究中心和定福庄文化产业促进会共同主办的定福庄国际文化产业峰会上，从其独特的视角，就文化产业发展主题发表演讲①。受其影响，本文先尝试政府公开的年报数据探究京津冀域城市文化产业的发展现状，再剖析发展机遇，从而深刻认识河北文化产业存在的问题，通过与北京和天津两市等进

---

① 厉以宁：文化产业发展要重视道德力量调节 http：//culture. people. com. cn/GB/n/2015/0410/c40492 - 26825555. html。

行逐步比较，客观评价河北地区优劣，以期达到京津冀地区产业带协同发展的目标。

与北京和天津的文化产业带的发展不同，河北文化地带产业发展一段时期以来似乎处于徘徊不前的状态，新常态背景下如何依托临近的地缘文化关系，寻求河北环绕北京地带的首都文化产业发展路径？如何运用环绕天津地带的现代产业优势，在京津冀交界地带进行河北文化产业布局探究合作的可能性？本研究借鉴地缘文化学理论，从产业经济学视角，通过网络数据分析着手，首先探寻京津冀地带的文化带发展的现状与差距，剖析京津冀文化产业带的发展机遇，继而设计京津冀文化产业带的布局，最后提出京津冀文化产业协同发展的措施建议。

二、京津冀文化产业带现状与相关差异分析

（一）京津冀文化地带产业发展现状

河北环北京文化产业带发展比较。2015 年，北京第三产业增加值 1.8万亿元，增长速度为 8.1%，其中文化创意产值增加 3072.3 亿元，同比增加 8.7 个百分点；占 13.4% 的 GDP 比例。河北第三产业增加值 11978.7亿元，同比增长 11.2 个百分点，其中保定 2015 年三次产业增加值为1146.1 亿元，增加 11.8 个百分点；张家口三次产业增加值为 574.13 亿元，同比增加 8.1 个百分点；承德市第三产业增加值 486.6 亿元，同比增长 8.1 个百分点。若按照保定、承德与张家口三市 GDP 比重的 12% 计算合计为文化产业 686.69 亿元，仅为北京的 22.35%。

河北环天津文化产业带发展比较。2015 年，天津三次产业增加值为8604.08 亿元，同比增加 9.6 个百分点。同年河北唐山 GDP 为 6103.1 亿元，其三次产业增加值为 2168.6 亿元，同比增加 7.5 个百分点；秦皇岛三次产业增加值为 1250.44 亿元，同比增加近 6.6 个百分点；沧州三次产业增加值为 1316.8 亿元，同比增加 10 个百分点。若按照唐山、秦皇岛与沧州三市三次产业比重的 8.9% 计算合计为文化产业 423.77 亿元，接近北

京的 13.79%。

环京津中间地带—京津走廊文化带产业发展。廊坊市 2015 年三次产业增加值为 1165.38 亿元,同比增加 13.8 个百分点。接待旅游客人超过 2026.6 万人次,增加 22.4 个百分点,其中,接待国际旅游客人 13.7 万人次,增长 3.9%,外汇创收超过 5472.2 万美元;接待国内旅游客人人数超过 2012.9 万人次以上,同比增加近 22.6 个百分点,创收达到了 198.6 亿元以上,同比增加了 31.4 个百分点[1]。

京津冀南部城市群文化产业带发展情况。石家庄、衡水、邢台、邯郸四个城市地处京津冀最南部,其第三产业增加值为 4918.7 亿元[2],石家庄市占比为 50.69%,衡水占 9.92%,邢台占 14.14%,邯郸占 25.25%。四市全年接待国际游客 27.5 万人次,旅游创汇收入 12271.83 万美元。接待国内游客 13176.9 万人次,旅游收入 1127.6 亿元。全年四个城市旅游总收入 1135.26 亿元,石家庄占 52.01%,衡水占 5.87%,邢台占 12.36%,邯郸占 29.76%。若按照石家庄、衡水、邢台、邯郸四市三次产业比重的 13% 计算合计文化产业为 639 亿元,约占北京文化产业产值的 20%。

(二) 京津冀经济社会收入差异

总量上来看,2015 年,北京、天津与河北地区生产总值分别达到 2.29 万亿元、1.65 万亿元和 2.98 万亿元。但就人均 GDP 以美元比较而言,北京、天津和河北人均 GDP 分别为 1.63 万美元、1.65 万美元和 0.62 万美元,京津两市人均 GDP 相当。河北与京津人均 GDP 相差 1.5 倍[3]。不同的收入差距对应着不同的文化发展地带,北京作为七朝古都,是国际政治文化中心;天津改革发展一跃成为科技创新地带;河北自古形成独特的燕赵文化,为京畿之地,文化差异促成三地经济差距拉大。北京占据政治文化高地,具有强势的制度优势,天津作为科技发达地带,其创新力占据京津冀发展高地。

---

① 数据来源:廊坊市 2015 年国民经济和社会发展统计公报。
② 数据来源:石家庄市、衡水、邢台、邯郸四市 2015 年国民经济和社会发展统计公报。
③ 数据来源:依据北京、天津、河北 2015 年国民经济和社会发展统计公报推算而得。

（三）京津冀相对发展阶段与地位比较

从区域发展阶段来看，京津冀三地具有较为明显的发展距离。三地呈现梯度发展态势，北京第三产业占比近80%，后工业化特征较为明显，天津处于工业化后期，河北徘徊在工业化中期阶段。三地有形成梯度的态势，但是其梯度推移还没有形成正常运转的路径，产业的相互经济需求和关联度较为松散，还是处在比较低的状态，长期以来空间布局和产业战略是各自为政。京津冀三地古属燕赵之地，古往今来多个朝代更替各民族相互杂糅，元明清代以来一直为京畿重地，河北至清代时为腹地，并入直隶260多年。该区域属于政治中心、军事要地，官僚意识色彩还比较浓，从而导致民间商业、民营经济、市场意识不强。

（四）中心与外围的相互影响与作用

京津冀区域从总体看，北京的极化作用大于其扩散作用。十二五期间乃至十三五以来，北京逐渐开始向河北转移相关产业，河北也开始承接产业转移，但北京的扩散作用还尚待发展。相反北京的吸附作用比较强，尚在吸附各种发展资源，2016年北京常住外来人口807.5万人，尽管增长数量和增长速度开始减少，但北京人口近17年以来一直是呈现净流入状态，通州成为副中心后，进一步促进人口流向出现净流入北京，这是说明发展资源决定人口的流向。在京单位和本地居民逐渐感到对人口涌入带来的城市病愈发不安，虽然坐拥皇城根，但是幸福指数有些让人感觉似乎并没有提高，相反，雾霾环境可能加速个别区域出现逆城市化，一家老小奔赴边境地带。天津也存在很强的吸附作用，天津滨海新区面积近2300平方公里，没有对河北起到很大的扩散效应。

（五）京津冀竞争优势比较

从产业的发展速度来看，北京和天津第二产业和第三产业的增长速度高于河北，河北第二产业竞争劣势似乎很明显。北京及天津的房地产业由于地缘优势，京津的高端制造、高端商务，河北无法与之相互竞争。天津自贸区的设立，以至港区和临港产业布局等，似乎要与河北开展同质化的竞争，天津的蓝本户口、限购放松措施等维持了其房地产竞争优势。天津的发展存在要与河北进行适度换空间的紧迫问题。要填平河北人均 GDP 发展差距导致的低洼地带，河北省必须投入大量资源，加大可开发建设用地。

三、京津冀文化产业带的发展机遇分析

（一）收入提高导致文化产业层次需求提升的机遇

厉以宁（2015 年）提出一个观点，人均 GDP 每当分别超过 5000 美元与 1 万美元大关以后，人们对文化的需求增长就会大幅度上升，消费需求进入新阶段，文化消费就是这辆稳定增长的马车。从中我们可以认识到我们的文化产业不但是要随着经济同步发展，甚至它的速度会比其他的行业要快，因为它涉及到欲望更替的问题，也涉及人们眼光开拓的问题。2015年，京津冀三地人均 GDP 为 6.25 万元，但是河北人均 GDP 仅为 4.03 万元，同年北京人均 GDP 为 10.68 万元，天津人均 GDP 为 10.9 万元，需求层次更高一两级，文化需求更多了。

（二）北京去大城市病机遇

北京在快速发展过程中凸显出超大城市常见的问题。一是人口增长太快。人口增速加快与资源环境承载力有限形成日益突出的发展矛盾。水资源紧缺问题也将成为发展瓶颈。另外还有产业结构优化升级迫在眉睫，城乡二元结构矛盾凸显。PM2.5 的增加，是城市竞争力减弱的重要环节。解决这些"大城市病"，需要通过跨区域协同发展，但是在"区域协调发展机制还没有真正建立起来，京津冀区域一体化发展相对滞后"的情况下，更是需要京津冀合理划清边界，促进三方协同与合作。

（三）京津冀环境治理的契机

北京市水资源、大气质量等面临资源环境与经济社会发展两难的境

地，因此北京城市规划修订不得不将"建立城乡统筹规划实施机制"和"划定生态保护红线、强化空间管制"等作为重要任务。生态环境的治理，加强生态保护意识和强化环境工程建设；建立生态体系促进"绿环、绿楔、河流"等，建立建设多个组团，限制城市增长边界开放，设计管控措施和机制，促进城乡建设集聚开发，防止滥建摊大饼；对生态红线内区域实施财政转移支付等相关政策。这一系列的政策将为京津冀周边文化产业带发展提供环保支撑。

（四）京津冀一体化的机遇

一是以交通设施建设与发展的机遇。交通一体化，主要包括京津冀区域将加速发展铁路基建、铁路机车装备，这将拉动机械、钢铁、水泥建材等产业需求；此外，京津冀区域间开展互联互通，促进周边沿线的旅游、酒店、商贸零售等新的消费业、而空铁海陆联运模式利好区域内航空、机场等产业发展。这样相关功能、产业、人口和用地就可以向交通走廊城镇集中；二是构建区域生态廊道的保护建设带来京津冀的水文资源、生态环境进一步改善；三是在促进京津冀区域产业分工与合作方面，新双城记促进京津冀区域产业加速转型升级；四是在均等化公共服务方面，北京教育、医疗、产业等资源逐渐向河北雄安等地迁移，提升京冀区域整体公共服务能力。

（五）雄安新区设立带来的新发展空间

雄安新区是"以习近平同志为核心的党中央作出的一项重大的历史性战略选择，是继深圳经济特区和上海浦东新区之后又一具有全国意义的新区，是千年大计、国家大事"。其定位体现在以下几点：一是集中疏解北京非首都功能；二是探索像京津冀这样人口经济密集区域优化开发的新模式；三是优化调整京津冀城市群布局和空间结构；四是培育创新驱动发展新引擎。雄安新区的规划建设将承担更多的历史使命。雄安新区的建设是跳出北京来发展北京，是一种发展思路的创新，堪称京津冀协同战略发展的点睛之笔。雄安新区比肩深圳特区和浦东新区，发展空间广阔。新区远期控制区面积约 2000 平方公里，超过深圳和广东，有望带动京津冀地区大发展。

四、京津冀文化产业带布局的概况

（一）京津冀文化产业带总体布局

从行政区划来看，河北与北京及天津作为环渤海的三角区域，其重心相对于河北而言，廊坊正好处于一个轴心线所在的中心支点位置上。在河北省的 11 个行政级别地市之中，7 个地市环绕北京和天津，以及冀南四地形成的城市群，它们在地理区位方面形成了中心与外围之间天然的地缘关系。其中，以廊坊市为走廊，共同构成一廊六带加一区域城市圈的文化产业带格局。

将京津地带分为环绕北京的三个区域，成为冀北区，包括京东区域、京北区域、京西南区域，它们属于京津冀协同发展区域中的京冀地带；环绕天津的三个区域，成为偏南区，包括津东区域、津南区域、津西区域，它们属于京津冀协同发展区域中的津冀地带；廊坊为连接南北两区的交叉区域，也就形成了以廊坊（联合通州、朝阳、房山、大兴）为对称轴的协同区域。冀北三区为环绕北京的东西北三个边缘区域，冀南三区为环绕天津东北、东南、西南部的三个区域。此外，河北南部石家庄、衡水、邢台、邯郸地市，成为京津冀南段的区域中心，它们形成了连接北京、天津和雄安的廊坊走廊文化产业带，即一廊六带一区域城市圈文化产业共同体。

（二）大廊空港文化产业融合带布局

以大兴、廊坊连接的联合区域，建立大廊国际航天航空港文化小镇，承载教育、文化与物流功能，建立国际博览园，设立国际交流平台，承接北京西城区域展览项目、大兴国际物流与文化交流项目。主要利用北京第二国际机场的临空地段，辐射北京、天津和雄安三地，形成区域合作与文化传播的新文化产业融合地带。

（三）京冀地带文化产业带布局

以北京为向心的冀北连接地带，所形成文化产业的基准范围，位于廊坊轴线之左侧，成为北三带。延伸京承网络路经行的区域，辐射北京顺义、怀柔、平谷与承德，承接传统文化产业，建立生态环境文化小镇。延伸京张网络路经行的方圆区域，辐射昌平、延庆与张家口，设立现代奥运文化小镇。延伸京保网络路经行的方圆区域，辐射房山、丰台与保定，设立新兴休闲文化小镇。

（四）津冀地带文化产业带布局

以天津为向心的冀南连接地带，所形成文化产业的基准范围，位于廊坊轴线之右侧，成为南三带。延伸天津海滨网络路经行区域，辐射滨海新区、东丽与唐山，设立现代智造文化产业带。延伸津唐网络路环绕的区域，辐射天津蓟州区、宝坻与秦皇岛，设立海洋港口文化产业带。延伸津南网络路环绕的区域，辐射天津津南、静海与沧州，设立化工环保文化产业带。

五、促进京津冀文化产业带协同发展的建议

（一）借助政府力量加快文化小镇建设

京津冀文化产业带经济社会发展不平衡，产业竞争力差别较大，若完全依靠市场自发调节之手去配置资源，往往达不到整合的效果，需要政府有形的手段，发挥协调、引导作用，尽量避开恶性竞争，防止重复项目建设。所以，河北省相关行政部门应加快京津冀三地文化小镇建设，为文化产业带中的企业提供方便快捷的服务，推进基础设施建设，完善投融资环境，定期与不定期相结合检查与评定服务质量，设立鼓励政策，促进文化市场主体运营规范、市场分工明确合理、市场竞争有序。

（二）利用互联网＋新媒体传播并打通全产业链环节

大数据时代的到来，河北省环绕北京和天津文化产业带所在城市文化产品收入和旅游接待人数一直保持增长势头，但没有大幅度增长，且呈现不平衡增长态势，主要影响因素之一为创新力不强。文化产业发展需要借助互联网＋产业行动计划，重新定位和设计，打造富有感染力的产品，在模仿迪斯尼、好莱坞的基础上创新，通过影视文化及媒体传播，形成传统媒体与现代媒体融合发展的局面，不断增加文化产品，加快文化旅游产业升级步伐，建成集文化设施、文化产品与文化服务于一体的新文化地带。

（三）谋划京津冀旅游区域合作

首先，积极推进京秦区域合作，形成京东飞跃的引擎。从资源路径依赖关系来看，秦皇岛地处北京正东方向，两地互补性强；从旅游资源特色来看，秦皇岛的海洋资源可吸引北京游客，便于进行整合开发河北皇冠之城；从经济发展水平来看，北京经济基础雄厚，而秦皇岛经济基础相对偏弱，因此两地合作可以充分运用北京经济优势，通过引入资金帮助秦皇岛实现旅游业的快速发展。

其次，实行斜向一体化，加强通州、廊坊、保定与沧州进行合作，逐步开通通州到沧州段的京沧大运河，引渤海水入大运河，形成京冀东南之屏翼。利用已经开通的津保铁路，以通州的大运河、雄安新区的白洋淀湿地、廊坊的永清故道、沧州南大港湿地等资源为依托，整合产业湿地资源，形成主打品牌；在旅游产业竞争力方面，通州、保定和沧州竞争力较强，廊坊竞争力较弱，以强帮弱，以强扶弱，最终达到文化旅游产业带协同发展、功能互补、项目错位开发的目标。

再次，承德、顺义和平谷三地也应加强合作，形成京冀东北之皇冠。三地地处京承要道沿线，民俗古迹旅游资源丰富，对民俗古迹与皇家园林资源进行整合开发，有助于产业带形成更具吸引力的休闲旅游产品体系。

最后，位于冀南地区的石家庄、衡水、邢台与邯郸积极打造一小时立体旅游交通体系，最终与京津融合，形成一体化发展的区域旅游格局。

主要参考文献

［1］窦宗军．京津冀区域经济一体化发展模型研究［D］．天津大学，2007．

［2］王亭亭．河北省环京津旅游休闲产业带发展宏观战略思路与对策研究［J］．河北学刊，2009（6）．

［3］刘春玲，陈胜．论河北省环京津休闲旅游产业带建设中的政府主导作用［J］．特区经济，2009（5）．

［4］白长虹，邢博，孟繁强．京津冀区域旅游与文化产业协同发展研究——五力驱动、产业协同、滨海先行［C］//会议/论文集，2011．

［5］李刚，汪爽，王碧含．京津冀区域旅游文化产业协同发展研究——基于产业集群理论的视角［C］//会议/论文集，2012．

［6］翁钢民，杨绣坤．河北省环京津休闲旅游产业带城市群竞合研究［J］．人文地理，2012（4）．

［7］王宝林．京津冀文化的历史演变与文化产业协同发展略论［J］．河北工业大学学报（社会科学版），2014．

［8］连季婷．京津冀协同发展中的河北省经济策略研究［D］．东北财经大学，2015．

［9］连季婷，崔文静，王雅莉．京津冀协同发展下河北省面临的重大问题及对策探析［J］．当代经济管理，2015（9）．

［10］李兰冰，郭琪，吕程．雄安新区与京津冀世界级城市群建设［J］．南开学报（哲学社会科学版），2017（4）．

［11］孟广文，金凤君，李国平，曾刚．雄安新区：地理学面临的机遇与挑战［J］．地理研究，2017（6）．

［12］陈玉，孙斌栋．京津冀存在"集聚阴影"吗——大城市的区域经济影响［J］．地理研究，2017，36（10）．

［13］范周．雄安新区研究的新理论增长点——基于文化、产业、民生的现实维度［J］．山东大学学报（哲学社会科学版），2017（5）．

Study on the Layout of Beijing – Tianjin – Hebei Cultural Industrial Belt Based on the Government Public Data

Wang Cunhua   Yu Hongjun

Abstract: With the development of informatization in the network age, the way of government information disclosure is usually published by government websites. Therefore, it has been paid much attention to research on cultural industrial belt by making use of the public data information. The Beijing – Tianjin – Hebei region of China's Bohai rim economic circle, as an important development pole in north China, echoes the Yangtze river delta and the pearl river delta. Hebei province is surrounded by Beijing and Tianjin, two major municipalities, the three cities belong to the Beijing capital, Beijing – Tianjin – Hebei geographical contact, people matchmaking; The Beijing – Tianjin – Hebei region is an integral whole with the same cultural vein, especially rich in traditional cultural resources. By analyzing the development characteristics of the Beijing – Tianjin – Hebei cultural industrial zone through the data of provincial and municipal government annual reports, opportunities can be found to promote the formation of a new cultural industrial zone in Hebei province. Based on the comparison of urban data and development of Beijing – Tianjin – Hebei region, the aim of strengthening the cultural industry of Hebei province is promoted, and then the idea of "one corridor and six belts + regional urban circle" is put forward to promote the coordinated development of "cultural industrial belt" and "Beijing – Tianjin cultural belt" in Hebei.

Keywords: Government Public Data   Cultural Industrial Belt   Coordinated Development   Beijing – Tianjin – Hebei

文化产业

产业视角下中华优秀传统
文化产业发展新思考

简红江　何国忠*

【摘要】面对文化产业发展趋势，中华优秀传统文化必将参与文化经济建设与发展。中国共产党奠定了中华优秀传统文化产业发展的自信力，中国特色社会主义文化为中华优秀传统文化产业发展找到了依托，新时代为中华优秀传统文化产业发展赋予了使命，指出了光明前景。因此，形成新时代中华优秀传统文化的产业视野、产业品牌与产业体系成为中华优秀传统文化产业发展的路径选择。

【关键词】文化产业　中华优秀传统文化　新思考

世界文化产业发展引起了中国文化产业巨大进步，文化产业作为繁荣社会主义文化的动力之一，必然引发对中华优秀传统文化产业发展的新思考。在中华文明浩然长河中，中华优秀传统文化以饱满的热情与昂扬的斗志，激发出令人赞誉的创造力与创新篇章，彰显出中华民族奋勇前进的力量。中国共产党在马列主义指引下，书写出中国革命、社会主义建设与中国特色社会主义的鸿篇巨著。马列主义与中华优秀传统文化的有机结合，体现了中国共产党人的智慧结晶，体现了中国人民的卓实远见，体现了中华优秀传统文化与时俱进的品格，体现了马克思主义中国化的创新魅力。中华优秀传统文化是中华文明凝练的精魂，其品格特质必将铸就中国文化

---

* 简红江（1974年~　），男，安徽霍邱人。博士，遵义医学院人文医学研究中心副教授，主要研究方向为中国文化与创造学、生命伦理学。

何国忠（通讯作者）（1973年~　），男，云南临沧人。华中科技大学管理学博士，复旦大学公共管理博士后，研究员，主要研究方向为宏观政策与公共管理、政府治理与危机应对。

产业独有价值取向。

一、文化产业发展形势趋势分析

自党成立以来，关于文化建设探索一直没有停止过。至 20 世纪 80 年代，文化建设探索侧重于思想政治道德领域，很少考虑文化繁荣的产业化发展。随着改革开放深化，引入了文化产业观念。

（一）加入 WTO 前后中国文化产业起步

1992 年，"文化产业"一词首次亮相于《中共中央国务院关于加快发展第三产业的决定》之中，自此，文化产业相关行业应运而生。中国文化产业异军突起，将文化与经济、商业、贸易联系在一起，从而体现出文化经济功能，开启了文化发展新路向。文化产业扩大了文化价值视野，扩展了文化价值维度，构筑了文化价值立体框架。文化不仅有着精神鼓舞、思想政治教育作用，而且有着增长经济、促进就业价值。2001 年，《关于国民经济和社会发展第十个五年计划纲要的报告》中提出"深化文化体制改革，完善文化经济政策，推动有关文化产业发展。"明确了体制与政策是创设文化经济发展条件首先要解决的问题，把文化经济作为加强社会主义精神文明建设的重要内容，肯认了文化产业发展的定然走向，具有历史性突破，为中国加入 WTO 后文化产业发展定位铺设了前瞻性通道。同年，《国民经济和社会发展"十五"规划纲要》中提出"完善文化产业政策，加强文化市场建设和管理，推动有关文化产业发展""推动信息产业与有关文化产业结合"，进一步澄清了文化产业发展的运作方式。面对中国即将加入 WTO，面对与世界大产业接轨，中国政府提出文化产业走向国际新策略。因为发达国家文化产业发展，一则显示出文化产业在经济发展中的作用；二则显明了文化产业有利于文化思想观念的传播。由此，中国政府抓住加入 WTO 机遇，瞄准国际文化产业态势，为中国文化产业走向国际吹响了冲锋号角。

（二）中国文化产业发展的机遇期

2002 年，党的"十六大"提出"积极发展文化事业和文化产业"、"完善文化产业政策，支持文化产业发展，增强我国文化产业的整体实力和竞争力"等重要论观，发出我国文化产业在新千年冲入世界文化产业的强音。这是中国加入 WTO 后，在党的大会上提出的关于文化产业发展的新论断。党的大会对文化产业的认定，充分体现了党对发展文化产业的深刻认识，体现了党对发展文化产业的信心与明晰思路，体现了我国产业结构调整的国际化视野。至此，文化产业已经成为我国经济社会发展不可或缺的有机成分。加入 WTO 后形成了文化产业大胆走出去的有利机遇期。为跟进国际文化产业发展势头，2003 年，我国开始进行"文化体制改革试点"工作，对 30 多家"新闻出版、公益性文化事业、文艺创作演出、文化企业单位"进行了首批改革试点，尤其是加大了对相关文化企业扶持力度，再一次催生了我国文化产业发展的创新力，彰显了文化对经济增长的意义。相关资料显示，2004～2010 年，我国文化产业增加值净增长 7612 亿元。2006 年《国家"十一五"时期文化发展规划纲要》指出"坚持以发展为主题，以改革为动力，以体制机制创新为重点，深化文化体制改革，一手抓公益性文化事业，一手抓经营性文化产业，不断增强我国文化的实力和竞争力。"从中可见，文化体制机制创新已成为文化事业与文化产业发展首要解决的问题，并明确了经营性文化产业与公益性文化事业的同等地位。尤其是"经营性文化产业"概念的提出，直接体现出文化产业发展的方向性与经济效益性。同时，提出了"影视制作业、出版业、发行业、印刷复制业、广告业、演艺业、娱乐业、文化会展业、数字内容和动漫产业"9 大发展重点文化产业领域。2007 年党的"十七大"报告认为，文化事业和文化产业得到了快速发展。并提出"文化产业占国民经济比重明显提高"的新要求，同时提出"大力发展文化产业，实施重大文化产业项目带动战略，加快文化产业基地和区域性特色文化产业群建设，培育文化产业骨干企业和战略投资者，繁荣文化市场，增强国际竞争力。"党的大会上再次表明文化产业发展战略方向，更清晰地指出文化产业发展的具体思路与目标，展示了文化产业集群思路、企业载体与市场调节的系统发展图景。2009 年《文化产业振兴规划》出台，文化产业正式成为国家产业行列，进入国家战略圈。国家将"文化创意、影视制作、出版发行、印刷复制、广告、演艺娱乐、文化会展、数字内容和动漫等"确定为重点文化产业。至此，中国文化产业一路走来，实现了重大突破。

2010 年，在《中共中央关于制定国民经济和社会发展第十二个五年规划的建议》中提出"推动文化产业成为国民经济的支柱性产业"的重要建议，明示了文化产业在国民经济中的地位，而且凸显文化产业在国民经济发展中的战略趋势。2011 年，《中共中央关于深化文化体制改革、推动社会主义文化大发展大繁荣若干重大问题的决定》中，提出"文化是民族的血脉，是人民的精神家园"的重要论断，揭示并肯定了中华民族文化在中华民族历史发展中的根本地位，透射出中华民族文化在中华民族变迁中的历史逻辑，明确了社会主义文化建设与发展的思想高度。提出"促进文化事业和文化产业同发展"的鲜明论观，把"构建现代文化产业体系"提上日程，进一步肯定了"文化产业"是中国经济社会发展中的应有部分，明确了文化产业的现代意义，为社会主义文化繁荣与发展提供了又一路径选择，为"文化兴邦，产业兴国"指明了方向。

（三）中国文化产业发展进入新时代

2012 年，党的十八大将"文化产业"纳入到"文化软实力"建设中，成为"全面建成小康社会和全面深化改革开放的目标"之一，由此提出"文化产业成为国民经济支柱性产业"的鲜明主张，把文化产业提升至支撑国民经济发展高度。同时，把"推动文化事业全面繁荣、文化产业快速发展"作为"增强文化整体实力和竞争力"的内容之一。把文化产业纳入"扎实推进社会主义文化强国建设"中，文化产业构成社会主义文化强国的有机组成部分。2014 年，《关于推进文化创意和设计服务与相关产业融合发展的若干意见》的发布，标志我国文化产业开始转向深度发展时期。文化创意与服务设计是文化产业的源头，同时，将文化产业与其他产业发展结合起来，把文化产业纳入系统产业链中。特别是"强化与规范新兴网络文化业态，创新新兴网络文化服务模式，繁荣文学、艺术、影视、音乐创作与传播。加强舞美设计、舞台布景创意和舞台技术装备创新"为"提升文化产业整体实力"提出了具体要求，从科学技术手段上为文化产业发展指明了新方向。经营性文化事业单位转制体现了进一步加大文化产业发展力度与广度。支持文化产业走向市场，不仅体现了市场对资源配置的决定性作用，而且体现了文化产业与市场深度融合的必然趋势。2016年，《中共中央关于制定国民经济和社会发展第十三个五年规划的建议》提出"加快发展现代文化产业"的新论观，把文化产业提升至现代化的思维认识范围，文化产业发展进入新时代。2017年，党的十九大旗帜鲜明地提出，把"推动文化事业和文化产业发展"作为"坚定文化自信，推动社会主义文化繁荣兴盛"的抓手之一。不仅再次显明"文化事业"与"文化产业"在繁荣社会主义文化中的"车之两轮""鸟之两翼"意义，而且意味着"文化产业"将成为繁荣社会主义文化新常态的源泉动力之一。

由上可见，我国文化产业是随着中国特色社会主义建设步伐成长起来的。改革开放，把文化产业观念引入我国经济社会发展中。特别是进入20世纪90年代，文化产业开始在我国繁育。21世纪之初中国加入WTO，更是将文化产业视野投射到国际市场，加大文化体制机制改革力度，文化产业发展呈现纵深趋势。随着我国多项领域改革深入展开，为迎接世界文化产业发展的机遇与挑战，文化体制机制改革创新已经成为推进文化产业不断发展壮大的根本动力，也是我国文化产业能立足国际市场的重要推手。我国文化产业国际地位的提升，有效地传播了中华民族先进文化思想，显示了中华文化本有的生命力与开创力，增益了文化促进经济的砝码，成为夯实我国"文化软实力"根基不可匮缺的力量之一。我国文化产业发展进入新征程，"充分发挥好文化产业在传承和弘扬中华优秀传统文化中的作用"已显见重要。

二、中华优秀传统文化产业发展的可能性分析

从上述我国文化产业发展的政策梳理分析可见，我国文化产业发展态势已经呈现良好局面，文化产业与文化事业共同构成繁荣社会主义文化的有力支撑。我国文化产业是中国特色社会主义市场生成物，它必然要反映出中国特色社会主义文化内涵。依此逻辑，我国文化产业也必然要体现出中华民族大文化观特质，同时，它也要体现出市场发展需求方向。在如此文化产业发展视域下，中华优秀传统文化作为中国文化合理内核组成部分，如何更好地参与到中国特色社会主义文化建设中，一段时期以来，成为党和国家不断思考的重要内容。特别是进入 21 世纪以来，面对党情、国情与世情的变化，面对国内外机遇与挑战，如何赢得新时代中国国际社会威望与良好声誉。不仅关涉一个国家经济、政治发展优势，而且关涉一个国家文化发展优势。由此，立足国家"文化软实力"建设，传承与弘扬祖国优秀文化，深入挖掘中华优秀传统文化基因，历史地逻辑地进入中国特色社会主义文化建设序列。

当前，面对文化产业发展趋势，中华优秀传统文化如何更好地踏响新时代步伐，既能体现中华优秀传统文化思想精神鼓舞作用，又能昂然阔步迈入文化产业大潮，形成经济增效新产业，必将成为中华优秀传统文化与时俱进、凝练时代精神的又一探索。事实上，在《国家"十一五"时期文化发展规划纲要》中就已经指出："坚持继承和弘扬优秀民族文化传统……积极推进文化与经济、科技融合发展，大力提高我国文化自主创新能力。"就已经为中华优秀传统文化产业化发展埋下了伏笔。因此，发挥中华优秀传统文化思想激励效应、经济增益效应与社会和谐效应，逻辑地渐入中国文化产业发展行列。尤其是面对世界文化产业涌浪前行的机遇与挑战，中华优秀传统文化更应把高度的思想精神鼓舞效应有机地融入文化产业发展中，以大文化观构筑、夯实中华民族文化的世界传播视野与根基。让中华优秀传统文化在思想精神与经济社会发展中产生双重效应。然而，文化产业是当代经济社会发展的产物，反映着产业发展、经济增效的

结果，体现了文化发展的实践诉求。顺应社会发展需求的文化产业，能更好地将一种文化思想、品格、精神与意志带入新时代生活生产实践中，传播其正能量；同时，在相应社会需求驱使下，反映该文化内涵的文化产业，将会沿着该文化原有精神脉络繁育进步新文明。中华优秀传统文化有着 5000 多年的历史铸造，是民族精魂的写照，适逢新时代中国特色社会主义文化建设需要，更应融入文化产业发展弄潮，在世界文化产业的长河中，展示它亘古的文化思想与现代理论命题。透过社会文化历史观，中国共产党人传承与弘扬中华优秀传统文化的境遇，为中华优秀传统文化产业发展提供了思想渊源。

（一）中国共产党始终是中华优秀传统文化的传承者与弘扬者，奠定了中华优秀传统文化产业发展自信力

正如"十七届六中全会"指出，"中国共产党从成立之日起，就既是中华优秀传统文化的忠实传承者和弘扬者，又是中国先进文化的积极倡导者和发展者。"这一论断，肯定了党对中华优秀传统文化与先进文化的独钟热情。早在 1918 年 4 月 14 日，毛泽东、蔡和森、萧子升等就在湖南长沙组织了进步团体——新民学会。传承与弘扬中华优秀传统文化一开始就植根于中国共产党人的心中。此后，中华优秀传统文化一直被中国共产党人应用于中国革命、社会主义建设与中特色社会主义事业中。1942 年，在延安文艺座谈会上，毛泽东对"古为今用，洋为中用"作了明确阐释。其中"古为今用"就是"指弘扬古代的精粹，为今天所用。"为其后传承与弘扬中华优秀传统文化奠定了初步指导思想。1964 年 9 月，毛泽东就中央音乐学院教学和演出中存在的一些问题作了批示，在批示中提出了"古为今用，洋为中用"的文艺方针，体现了在文艺领域传承与弘扬中华优秀传统文化的方向。自 1951～1956 年，毛泽东提出"百花齐放，百家争鸣"的"双百"方针，描绘了繁荣社会主义文化新思维，开拓了建设社会主义文化新空间，为传承与弘扬中华优秀传统文化创设了有利文化环境。

尽管党在领导中国人民进行革命与社会主义建设中，犯过"左"或右的错误，但相对整个革命与社会主义过程而言，这些错误时期是短暂的。

党从大局出发，高瞻远瞩，认识到中国不同阶段国情，及时挽救了不同节点的危难并纠正了错误，在艰难困苦中实现了人类最伟大的创举。中国共产党带领中国人民从一个胜利走向一个胜利，特别是中国特色社会主义道路，马克思主义中国化，不仅体现出中国共产党坚定的马克思主义的灵魂，而且体现出中华民族文化自信的根本，为中华优秀传统文化产业发展奠定了深远的理论思维。

（二）中华优秀传统文化汇入中国特色社会主义文化洪流，为中华优秀传统文化产业发展找到了依托

1997 年，党的十五大报告在"建设有中国特色社会主义文化"一节中提出："建设立足中国的现实、继承历史文化优秀传统、吸收外国文化有益成果的社会主义精神文明。"将"继承历史文化优秀传统"视为社会主义精神文明的组成内容，明示出中华优秀传统文化将融入中国特色社会主义文化建设中。20 世纪 90 年代，中国文化产业已经异军突起，党的"十五大"报告中提出关于建设中国特色社会主义文化的鲜明论断，进一步激发了中国文化产业发展，对中华优秀传统文化产业产生了一定激励作用。2007 年，党的十七大报告提出："加强中华优秀文化传统教育，运用现代科技手段开发利用民族文化丰厚资源。"为中华优秀传统文化走入教育领域提供了理论思想依据，再次体现中华优秀传统文化在中国特色社会主义文化中的应有地位。同时，要应用现代科学技术手段，深挖中华优秀传统文化内涵，有效开展中华优秀文化传播与教育。其中，以现代科学技术推进中华优秀传统文化产业发展，不仅能产生一定的思想精神教育作用，而且能有效地开发优秀传统文化资源。尤其是加入 WTO 后中国文化产业取得了国际市场地位，为中华优秀传统文化及其产业步入国际铺设了广阔道路。

2011 年，党的十七届六中全会提出"文化是民族的血脉，是人民的精神家园"的新论断，从而把文化提升到民族发展的高度，文化成为中国人民的精神依托。其中，既包括中华优秀传统文化，又包括中国革命传统文化，也包括社会主义文化，体现了马克思主义中国化的文化观。同时，

提出"推出更多优秀文艺作品"与"建设优秀传统文化传承体系"等，这些观点自然也浸润着中华优秀传统文化的方方面面。如反映中华民族精神的文学、歌舞、工艺、武术、音乐、书画等，要借助电视、电影、录像、录音等多种文化产业及其现代技术手段传播于世人。特别是要挖掘散布于民间反映人民群众美好生活的文艺，并形成优秀传统文化产业。如何有效地、更好地传承与弘扬中华优秀传统文化思想，永远在路上，只有进行时，没有完成时。因此，构筑中华优秀传统文化产业立体认知结构，打造层次系统的中华优秀传统文化产业平台，则成为中华优秀传统文化传播于世界各地的必然。

（三）新时代中华优秀传统文化的使命，为中华优秀传统文化产业发展指出了光明前景

2012 年，党的十八大报告提出"文化是民族的血脉，是人民的精神家园"的重要论述。同时提出"建设社会主义文化强国，关键是增强全民族文化创造活力"的新论断。事实上，党已经深刻认识到文化是一个民族存在与发展的根基，是一个民族独具特色的根本。因此，从文化产业看，形成中华优秀传统文化产业链、产业群，不仅是中国文化产业发展的有益补充，而且是中华优秀传统文化的时代价值要求。社会主义文化强国建设是一个包括中华优秀传统文化、中国革命优良文化与社会主义文化的有机统一体。既有文化思想精神层面建设，又有文化产业效益增加，两者相得益彰。"增强全民族文化创造活力"则从根本上要求文化思想建设与文化产业发展的互渗统合，从而形成社会主义文化繁荣图景。由此，在马克思主义文化观引领下，中华优秀传统文化产业发展必将有助于增进社会主义文化强国建设。

2014 年，教育部印发了《完善中华优秀传统文化教育指导纲要》，从7 个方面阐释了新形势下，加强中华优秀传统文化教育的意义。提出"重点打造一批有广泛影响的传统文化特色网站""构建互为补充、相互协作的中华优秀传统文化教育格局""要不断完善社会力量和市场力量参与的传统文化教育投入机制，鼓励和引导多途径增加传统文化教育投入"等一

系列新时代主张。这些纲领性的新认识，开启了中华优秀传统文化的现代化教育观念，为中华优秀传统文化产业发展开拓了新视角。通过文化产业把社会力量与市场力量引入中华优秀传统文化教育中，把握社会与市场中的中华优秀传统文化产业亮点，将反映中华优秀传统文化的产品、文艺、影视等引入校园，同时，广泛开展中华优秀传统文化社会教育。2016年，《中华人民共和国国民经济和社会发展第十三个五年规划纲要》明确提出"构建中华优秀传统文化传承体系"的目标，它是一个包括中华优秀传统文化产业在内的传承体系。2017年，中共中央办公厅、国务院办公厅印发的《关于实施中华优秀传统文化传承发展工程的意见》中，再次重申"文化是民族的血脉，是人民的精神家园"的论观。立足于文化自信提出了实施中华优秀传统文化传承发展的宗旨。在"充分调动全社会积极性创造性"一条中提出，"各类企业和社会组织要积极参与文化资源的开发、保护与利用，生产丰富多样、社会价值和市场价值相统一、人民喜闻乐见的优质文化产品，扩大中高端文化产品和服务的供给。"可见，中华优秀传统文化的传承不是只停留在教育范围，而是要以社会的大视野给予看待。更鲜明地指出了中华优秀传统文化必然要走入社会大众，走进经济社会的大潮，直接表达了中华优秀传统文化产业发展的明确主张。通过文化产业发展，形成系统互联的中华优秀传统文化产业集群，尤其要打造反映国际市场文化品牌的中华优秀传统文化产业，以此推进中华优秀传统文化更广泛地走向世界。

自党的十八大以来，关于"中华优秀传统文化创造性转化、创新性发展"的认识不断深入，2017年，党的十九大报告再次表达了这一鲜明立场。认为中国特色社会主义文化源自中华优秀传统文化，肯定了中华优秀传统文化的历史地位与现实地位。由此，提出"坚持创造性转化、创新性发展，不断铸就中华文化新辉煌"的论断，涵盖了如何创造性与创新性发展中华优秀传统文化，为中华优秀传统文化产业发展开启了新航向。同时，提出"健全现代文化产业体系和市场体系，创新生产经营机制，完善文化经济政策，培育新型文化业态"的系统思路，为中华优秀传统文化产业发展明确了具体方向，并提供了坚实的理论基础。

事实上，传承与弘扬中华优秀传统文化，没有停止过。只是在不同社会历史阶段、不同地域，对中华优秀传统文化传承与弘扬的认知方式、程度强弱、形式手段、内容取舍等存在差异。自中国进入 21 世纪以来，尤其是进入新时代以来，中国增强的国际地位，中国郑重的国际声音，中国稳健的经济社会，中国奉行的新型国际关系等，让世界许多国家对中国有了新认识，进一步增强了他们对中华民族辉煌的神秘感与敬佩感。因此，在马克思主义文化观引领下，努力打造中华优秀传统文化产业品牌，以文化产业的形式让中华优秀传统文化思想再现创造创新力，必然成为新时代中华优秀传统文化的使命。

三、中华优秀传统文化产业发展路径选择

中华优秀传统文化传承与弘扬，已经成为中国特色社会主义经济社会发展的重要组成部分。自党的十七届六中全会后，我国呈现中华优秀传统文化传承与弘扬新高潮。尤其是党的十八大以来，在习近平总书记多次相关讲话中，都深刻论述了中国特色社会主义与中华优秀传统文化有着不可分割的联系，充分肯定了中国特色社会主义根植于中华优秀传统文化的沃土。因此，深刻把握"文化价值是整个产业生产过程中的核心"论断，以文化产业发展为契机，积极对待中华优秀传统文化，树立中华优秀传统文化产业良好形象，深入开掘中华优秀传统文化的现代意义，把中华优秀传统文化内涵融入"文化软实力""国家治理体系与治理能力现代化"建设之中，不断"推动中华文明创造性转化、创新性发展"。

（一）形成新时代中华优秀传统文化产业视野

中华优秀传统文化精深的思想意识功能，具有显著的中国特色，是发展当代马克思主义丰厚滋养与建设中国特色社会主义事业的实践之需。因此，形成中华优秀传统文化产业思维与视野，不仅是中华优秀传统文化品格体现，也是增强文化自觉与文化自信的实践要求。文化自觉与文化自信就是文化主体在对文化认同与肯定的基础上而达到的文化实践境界。它体

现了文化品质与文化主体品质的一致性与统一性。中华优秀传统文化产业及其功能彰显了它的内在品质。儒家的"仁""恭、宽、信、敏、惠""大道之行，天下为公"；道家的"上善若水""反者道之动，弱者道之用""万物齐一"；禅家的"菩提清净""戒定慧"等文化思想，在文化产业中的应用，不仅复活了中华优秀传统文化原有的生命价值，而且丰富了中国特色社会主义文化繁荣的沃土。同时，应用现代网络科技手段，不断深化对民族优秀传统典籍、工艺、技术、文物遗产、戏曲、歌舞、杂技等产业升级，形成中华优秀传统文化产业现代思维模式。因此，以文化产业为契机，深入优化供给侧产业结构调整，做强中华优秀传统文化产业态，形成中华优秀传统文化产业运作良态系统网络。辩证地对待中华优秀传统文化观点，贯穿社会主义核心价值观于中华优秀传统文化产业发展之中，从而实现中华优秀传统文化创造性转化与创新性发展。

（二）形成新时代中华优秀传统文化产业品牌

抓住新型国际关系机遇与"一带一路"良缘，积极培育中华优秀传统文化产业链、产业集群，利用现代信息技术手段，深入发掘中华优秀传统文化经典，包括典籍、工艺、技术、民间歌舞、文物遗产等，发展反映新时代中华优秀传统文化的图书、报纸、杂志、影视、文艺、工艺等产业品牌。加大对"易、儒、道、释"等经典与杂志出版产业投入。支持"国学频道""国学博客""国学网站"等网络产业。保护各类以中华优秀传统文化为经营内容的企业、培训机构、社会组织。倡导以幼儿教育为主的国学经典诵读班、蒙学班教育，以中小学生为主体的国学夏令营、冬令营活动。激发中国少数民族文化艺术促进会、中国少数民族文化艺术基金会等开展多种形式的中华优秀传统文化活动。广泛复活散布于民间的舞蹈、绘画、服饰、戏曲、歌唱（山歌或对歌）、节日、秧歌、舞灯笼、舞狮子等优秀传统文化项目。同时，依托在国外举办的"中国年"活动与设立的"孔子学堂"基地，打造新时代中华优秀传统文化特色产业，形成国内外中华优秀传统文化产业品牌联动局面。

（三）形成新时代中华优秀传统文化产业体系

中华优秀传统文化产业体系是文化产业长足发展的必然内容之一，是传承与弘扬中华优秀传统文化体系的有机组成部分。因此，构建中华优秀传统文化产业体系，显得十分必要。依据中华优秀传统文化内容，加强传统文化产业升级换代，利用现代网络技术手段，培植适宜于不同年龄阶段、不同文化背景、不同国别等群体需要的产业形态。以文化企业为载体，增强孵化中华优秀传统文化特色产业力度，把中华优秀传统文化内涵嵌入产品、服务中，渗入工业、农业、商业、贸易等行业活动中，促进中华优秀传统文化产业深刻变革，以文化产业带动中华优秀传统文化教育的广泛性。依据国家传承与弘扬中华优秀传统文化精神与方向，除发布国家级、省部级、地厅级相关课题研究外，支持以中华优秀传统文化为产业的企业、研究机构发布横向课题，增进中华优秀传统文化产业向纵深拓展。培育以中华优秀传统文化产业研究的民间组织、社团组织，让中华优秀传统文化产业成为助推经济增益的有利帮手，成为增岗帮扶的能手。依据城乡发展规划，结合康居工程、社会主义新农村与美丽乡村建设，绘制中华优秀传统文化产业园，形成中华优秀传统文化产业示范基地。积极关注广大农村地区中华优秀传统文化产业发展，支持扶持民间优秀传统文化产业成长。努力打造城乡中华优秀传统文化产业一体长廊。依据国际市场，积极捕捉海外中华优秀传统文化研究传播信息，形成海外中华优秀传统文化产业态。

四、结束语

文化产业革命即将成为全球发展的一道亮丽风景。文化产业革命的深刻性全面性将随着其他产业发展不断展开。文化产业是有形与无形的统合，它是以产业为载体，彰显一个民族文化思想的创造力，同时，又以产业酿造新鲜血液，丰富一个民族文化思想。文化产业不仅是产业结构调整，而且是文化思想结构调整。文化产业能锻造民族文化意志，检验民族文化品质。因此，在新时代中国特色社会主义思想引领下，中华优秀传统文化只有汇入世界文化产业大潮中，勇于参与全球文化产业竞争，才能于全球文化思想与产业交互中，释放中华优秀传统文化思想光芒，形成中华优秀传统文化产业的独具魅力，塑造自有的产业品牌与文化思想品牌，再现往昔的创造辉煌。

主要参考文献

［1］吴江，王满传．国民经济和社会发展第十个五年规划纲要［Z］. 北京：党建读物出版社，2001.

［2］本书编写组．十六大报告新思想新论断新举措专题读本［Z］. 北京：研究出版社，2002.

［3］王建辉．文化体制改革试点的意义［EB/OL］. http：//www. cbkx. com/2004 – 5/index. shtml.

［4］张晓明．中国文化产业发展之历程、现状与前瞻［J］. 山东社会科学，2017（10）.

［5］本书编写组．国家"十一五"时期文化发展规划纲要［Z］. 北京：中国法制出版社，2006.

［6］本书编写组．党的十七大文件汇编［Z］. 北京：党建读物出版社，2007.

［7］中华人民共和国中央人民政府．文化产业振兴规划［Z］［EB/OL］. http：//www. gov. cn/jrzg/2009 – 09/26/content_1427394. htm.

［8］胡锦涛．坚定不移沿着中国特色社会主义道路前进，为全面建成小康社会而奋斗［Z］［EB/OL］. http：//news. xinhuanet. com/18cpcnc/2012 – 11/17/c_113711665. htm.

［9］国务院．国务院关于推进文化创意和设计服务与相关产业融合发展的若干意见［Z］［EB/OL］. http：//www. gov. cn/zhengce/content/2014 – 03/14/content_8713. htm.

［10］封英．发挥好文化产业在传承中华优秀传统文化中的作用［J］．红旗文稿，2017（7）．

［11］胡锦涛．中共中央关于深化文化体制改革、推动社会主义文化大发展大繁荣若干重大问题的决定［Z］［EB/OL］．http：//cpc. people. com. cn/GB/64162/105989/index. html.

［12］深刻认识毛泽东"古为今用，洋为中用"思想的重要意义［N］．光明日报，2013－12－22，第7版．

［13］宋志公等．高举中国特色社会主义伟大旗帜——学习党的十七大报告［R］．武汉：武汉出版社，2008．

［14］教育部．完善中华优秀传统文化教育指导纲要［Z］［EB/OL］．http：//www. gov. cn/xinwen/2014－04/01/content_2651154. htm.

［15］国务院．关于实施中华优秀传统文化传承发展工程的意见［Z］［EB/OL］．http：//www. gov. cn/zhengce/2017－01/25/content_5163472. htm.

［16］习近平．决胜全面建成小康社会夺取新时代中国特色社会主义伟大胜利——在中国共产党第十九次全国代表大会上的报告［R］．北京：人民出版社，2017．

［17］周光毅．中国文化创意产业的发展现状与问题研究［J］．艺术百家，2015，31（3）．

The New Thinking on the Development of Excellent Chinese Traditional Cultural Industries from the Perspective of Industries

Jian Hongjiang   He Guozhong

Abstract：Facing the development trend of cultural industries, excellent Chinese traditional culture is bound to participate in the cultural and economic construction and development. The Chinese Communist Party has laid the confidence in the development of excellent Chinese traditional culture industry. The socialist culture with Chinese characteristics has become the support for the development of excellent Chinese traditional culture industry. The mission of the new era has pointed out a bright future for the development of excellent Chinese traditional culture industry. Therefore, the industrial horizon, industrial brand and industrial system in the new era have become the path of choice for the development of excellent Chinese traditional culture industry.

Keywords：Cultural Industries   Excellent Chinese Traditional Cultural   New Thinking

安徽红色军事文化资源的
产业化开发研究[*]

——关于建设合肥渡江战役军事文化主题公园的实践构想

胡辉平^{**}

【摘要】对红色军事文化资源产业化开发具有显著的政治意义、社会价值和经济价值，具有广阔的市场前景。安徽省具有丰富的红色军事文化资源，但仍处于产业化开发的低级阶段。安徽省合肥市需要充分发挥龙头带动作用，建立灵活的协调领导体制和投资管理机制，建设渡江战役军事文化主题公园，实施融"国防教育、军事体验、影视拍摄、拓展训练、休闲旅游"为一体的综合项目开发，开拓全新的文化旅游业态，打造文化旅游产业新的增长点。

【关键词】红色文化　军事主题公园　产业化开发　实践构想

2017 年是中国人民解放军建军 90 周年，也是新四军成立 80 周年，又是抗日战争全面爆发 80 周年，人民军队在 90 年腥风血雨中历练积累起来的红色军事文化，是一本鲜活的革命教科书，是一座珍贵的历史博物馆，也是弘扬社会主义价值观的宝贵资源。"把红色资源利用好、把红色传统发扬好、把红色基因传承好"，这是习近平总书记对各级党委、政府的要求，也是新时代文化事业管理和文化产业开发的新课题。

---

* 基金项目：安徽省教育厅思想政治理论课教学研究项目研究成果（编号：2013szxm133）。该篇文章已发表于《安徽水利水电职业技术学院学报》2018 年 02 期。
** 胡辉平（1970 年~ ），男，安徽祁门人。北京大学教育学院教育领导与管理专业博士，安徽职业技术学院副教授，主要研究方向为高校领导与管理、大学文化和文化产业。

一、红色军事文化产业化开发的价值意义及发展现状

红色军事文化是在新民主主义革命中产生、形成，在中国革命的红土地上孕育出来的一种独特的文化类型，是在中国共产党的领导下，由人民军队和人民群众共同创造的、具有中国特色的先进文化。从文化价值和社会功能来看，红色军事文化既有历史价值，也有现实价值，既有社会价值，还有政治价值、经济价值、文化价值、精神价值等。

在社会主义市场经济条件下，在文化多样化、社会信息化和消费个性化的时代潮流下，对红色军事文化资源进行产业化开发具有显著的经济价值和社会意义。当今社会，文化产业已成为新的国民经济增长点，而红色文化则是文化产业的重要组成部分。红色军事文化具有良好的知名度和品牌效应，革命老区保留下来的遗址和可歌可泣的革命故事，既是宝贵的精神财富，也是发展红色军事文化产业的重要资源。习近平总书记强调，要抓住红色军事文化遗产建设、管理、使用的关键环节，不断完善基础建设，加强挖掘研究，提升展览水平，深化管理创新，提升服务水平，充分发挥红色军事文化遗产的社会教育功能。

在市场喧嚣的时代，人们渴望从那些物质贫乏但精神富足的革命者身上发现生命的意义和快乐的真谛。红色小说的再版，红色影视剧的热播，红色旅游线路的火热，红色革命歌曲的传唱，唤醒了储藏在人们心底的美好记忆，弘扬了人们向往崇高、崇尚真情、倡导奉献、张扬正义的社会主流精神。对红色军事文化进行产业化开发，需要丰富的历史文化资源与现代的产业形式、传播形式和消费形式，以满足现代人们对红色文化的情感期盼和灵魂托付，以满足人们对休闲娱乐的需求。

在国家红色文化产业政策的导向下，近年来，全国各地的红色文化产业获得了前所未有的"大跃进"发展，已建成和在建的项目蓬勃兴起。江西瑞金红色影视基地、海南五指山红色文化主题公园、重庆南川红色经典主题公园、山西武乡红星扬八路军文化园、山东临沂沂蒙影视城、四川红安"中国将军城"、四川广安"红色文化影视旅游城"、辽宁大连军事文

化主题公园、湖南韶山红色文化影视基地、吉林白城军事文化主题公园、江西南昌军事文化主题公园……这些红色军事文化旅游项目少则投资几亿元，多则投资几十亿元甚至上百亿元，少则占地几百亩，多则占地几千亩，有的由政府单方面投资，多数由知名开发公司商业投资。这些红色文化项目立足军事主题，规划设计宏伟，产业内涵丰富，在当地文化旅游市场中占有较大份额，颇具影响。

目前，红色文化资源作为中国独特的文化资源，红色文化产业作为中国特色的文化产业已成为新的经济增长点。据统计，截至"十二五"末，全国红色旅游景区（点）全年接待游客达到 10.27 亿人次，占国内旅游总人数的 1/4；在纪念馆、博物馆免费开放的前提下，红色旅游综合收入达到 2611.74 亿元①。红色文化资源的产业化开发市场广阔，前景诱人。

二、安徽红色军事文化资源的优势及开发现状

（一）安徽红色军事文化资源的优势

安徽作为革命战争阵地的重要组成部分，拥有丰富的红色军事文化资源。在国内革命战争、抗日战争、解放战争期间均留下了大量的珍贵遗址遗迹，淮海战役、渡江战役、皖南事变、大别山革命老区等在中国革命历史上都留下了光辉灿烂的红色文化。全国 12 个重点红色旅游区中安徽省有 2 个，一个是鲁苏皖红色旅游区，主题是"东进序曲，决战淮海"；另一个是大别山红色旅游区，主题是"千里跃进，将军故乡"。全国 300 个红色旅游经典景区中安徽省有 8 个，其中有 5 个涉及军事文化，分别为皖南事变烈士陵园及新四军军部旧址纪念馆、淮海战役双堆集烈士陵园及淮海战役总前委旧址、大别山红色旅游系列景区（点）、滁州市藕塘烈士纪念馆及中原局旧址、渡江战役系列景区。

---

① 全国红色旅游经典景区名录公布 300 处景区入选 ［EB/OL］. （2016 – 12 – 29）［2017 – 10 – 26］. http：//www. chinanews. com/cj/2016/12 – 29/8108816. shtml.

安徽省红色军事文化资源内涵丰富，特色鲜明。如"威名远播的古战场文化资源、耳熟能详的名将文化资源、激人奋进的红色文化资源等，能够为打造军事文化主题公园提供详实的佐证资料、珍贵的历史实物、生动的素材故事，使军事文化的主题能够得到充分展现。"① 从皖南到皖中到皖北，新四军文化、红军文化、渡江战役、淮海战役几大军事文化主题鲜明，特色突出。

安徽红色军事文化资源相对集中，有利于集聚开发。根据《安徽省红色旅游发展总体规划》（2005~2015），安徽省共有红色旅游资源单体83处，其中优良级红色旅游资源单体29处②，且在空间上集聚分布，形成了五大红色旅游资源组团，即皖中片以渡江战役为中心，皖东片以滁州藕塘烈士纪念馆为中心，皖北片以双堆集淮海战役烈士陵园为中心，皖西南片以金寨革命烈士陵园为中心，皖西北片以亳州市烈士陵园为中心，皖南片以皖南事变烈士陵园为中心，分布着一大批小的红色旅游资源，这为集聚成片开发提供了便利条件。

安徽红色军事文化资源与其他旅游资源结合度好，有利于联动开发。安徽省的重点红色旅游资源与绿色资源、古色资源等结合得比较好，如黄山、宣城的新四军文化遗产与皖南青山绿水的自然环境、徽州博大精深的文化结合，有利于红绿联动开发，相互化资源相映成趣；六安、安庆的红色旅游资源与大别山的原始生态及皖西南古皖文化有机吸引，相得益彰。

（二）安徽红色军事文化资源的开发现状

2006年4月，安徽省编制了红色旅游发展总体规划（2005~2015），2017年3月，安徽省又编制完成了红色旅游发展总体规划（2016~2020）。经过多年的发展，安徽省打造了多条红色旅游线路，建成了多个

---

① 罗亚拉：打造军事文化主题公园［EB/OL］.（2012－02－15）［2017－10－26］. http：// ah. anhuinews. com/qmt/system/2012/02/15/004769633. shtml.

② 根据《旅游资源分类、调查与评价》（GB/T18972－2003）中的"旅游资源共有因子综合评价系统"对安徽省红色旅游资源进行评价，评价项目分资源要素价值（占85分）和资源影响力（占15分）两部分。三级旅游资源，得分值域≥60~74分；四级旅游资源，得分值域≥75~89分；五级旅游资源，得分值域≥90分。三级、四级、五级旅游资源被通称为"优良级旅游资源"。

红色旅游景区，开设了一批红色教育课堂，但总体来说，安徽的红色旅游资源开发还处于低级阶段，品牌形象刚刚起步，还存在以下问题：

1. 资金投入不足，基础设施薄弱

旅游业发展具有前期投入大、后期维护成本高的特征。为推进一期、二期红色旅游开发，国家累计投入安徽红色旅游开发资金30余亿元，红色旅游经典景区每个项目平均资金不足1000万元，资金投入总量、每个景区平均量都比较小。安徽省红色旅游资源大都处于基础设施相对落后的革命老区，经济实力薄弱，开发建设、后期维护资金不足，交通、通讯、住宿设施落后，餐饮、停车等相关配套措施缺乏，严重制约综合开发水平。另外，从资金来源渠道来看，红色资源开发几乎全部依靠政府投入或专项拨款，缺乏财政拨款以外社会资本的注入，目前还很少有大型开发公司投入安徽红色旅游资源开发。

2. 缺乏龙头项目带动，缺乏集中重点开发

安徽省尽管红色军事文化资源丰富，但其资源开发缺乏龙头牵引和重点打造。皖北淮海战役烈士陵园相形见绌于徐州淮海战役纪念馆；皖中渡江战役纪念馆功能相对单一，与瑶岗渡江战役总前委旧址纪念馆、孙家圩渡江战役总前委旧址、蔡洼淮海战役总前委旧址、临涣淮海战役总前委旧址未形成联动开发。渡江第一船登陆点系列旧址等未得到有效保护和集中开发；皖南事变烈士陵园等新四军系列资源未得到集中展示和连片开发。在全省诸多红色旅游资源开发中，资金使用分散，缺乏龙头项目，缺乏在全省和全国叫得响的红色旅游品牌，以红色旅游为主题的5A级旅游景区在安徽省仍是空白。

3. 开发模式单调，功能形式单一

红色旅游景区开发模式单调，展示模式单一，各景区几乎清一色的由会议旧址、战争遗迹、烈士遗物、烈士故居与纪念馆组成，内容多为静态文物的陈列与展示，以导游讲解为主，政治历史教育功能强，没有从游客的角度出发，开发参与体验性项目，容易产生审美疲劳；许多景点有说头、没看头，或是有看头、没玩头，娱乐、休闲、体验功能弱，与旅游部门合作开发力度不够，营销意识不强，难以挖掘游客潜在需求。

4. 产业链不完整，产业化运作水平低

由于长期存在的单一开发模式，目前安徽省红色文化产业大多数局限于参观学习，缺乏产业链的延伸拓展，缺乏诸如游戏娱乐、音像图书出版、歌舞戏剧表演、影视拍摄、活动体验、纪念品销售、干部培训等产业的开发。很多景区，年参观人数达几万人次，但旅游收入和其他附属消费几乎为零。在国家规定红色景区门票免费的政策下，红色景区的运转只能完全依靠财政拨款，缺乏自身造血功能，产业化水平低下。

三、建设合肥渡江战役军事文化主题公园的区域选址及市场定位

（一）关于建设渡江战役军事文化主题公园的区域选址

安徽红色军事文化资源丰富，但缺乏具有影响力和震撼力的红色文化产业项目。安徽省急需遴选出具有代表性的重大事件，高起点创意、宽视野策划、大手笔设计，集中力量建设发展前景好、竞争优势强、带动作用大的红色旅游龙头项目。渡江战役在我国革命战争史上具有重要地位。目前，以渡江战役为主题的红色旅游经典景区在全国只有 3 个，而且全部在安徽，分别为肥东瑶岗渡江战略总前委旧址、繁昌荻港板子矶渡江第一船登陆点系列旧址和蚌埠市渡江战役总前委孙家圩子旧址。安徽驻军兵种多样，基本涵盖了我军陆、海、空、电和二炮等诸多军兵种单位，其先进的军事技术和武器装备可为军事文化主题公园的主体设计、运行和管理提供可靠保障。在安徽土地上具有代表性的红色军事事件就是渡江战役，在安徽省能够起到贯通南北、带动全省文旅产业发展的城市就是省会城市合肥。合肥在历史上就是一个军事重镇，其"淮右襟喉、江南唇齿、江南之首、中原之喉"的军事地理位置，历来成为兵家必争之地。合肥巢湖独特的水军文化以及目前新组建的国防科技大学电子对抗学院和陆军炮兵防空兵学院，都符合打造一个以军事为主题的主题公园。另外，军事文化主题园建址需具备营造山地、丘陵、平原、湿地、水面、仿沙漠等多种地形的

基础条件。合肥坐拥 800 里巢湖，正致力于环巢湖打造全国首个国家旅游休闲区并获得国家旅游局批复建设，文旅资源非常丰富。滨湖新区定位于金融商务、行政办公、文体旅游、教育医疗、研发创意和要素交易等"六大中心"建设，辖区内合肥万达文旅城、渡江战役纪念馆、安徽名人馆、滨湖湿地公园、岸上草原和建设中的十大文化场馆奠定了军事主题公园的浓厚文化氛围和优越的社会环境。滨湖新区交通便捷，"六纵六横"的道路布局，10 分钟到达全省最大的高速公路出入口、15 分钟到达合肥高铁南站、25 分钟到达老城区、30 分钟到达新桥机场，地铁 1、5、7 号线穿越其间，人流、物流、信息流畅通无阻。辖区内配套设施齐全，星级宾馆、大型停车场、餐饮酒店一应俱全。尤其是已经建成的渡江战役纪念馆，年接待游客 200 多万人次，不仅是合肥市滨湖新区的新地标，也是合肥市乃至安徽省红色旅游的新典范。在合肥的滨湖新区打造合肥渡江战役军事文化主题公园，完全具备自然和人文条件，占据天时、地利、人和的优势。在渡江战役纪念馆周边选址建设渡江战役军事文化主题公园，做到纪念馆与主题公园联动开发，集军事陈列展览、革命故事讲解、军事装备展示、经典战例演示、军事题材影视拍摄、军事装备模拟体验、国防教育培训和户外素质拓展于一体，能在全省起到龙头带动作用、集聚开发效应和典型示范作用，必将会把安徽省的红色旅游推向新的发展水平。

（二）建设渡江战役军事文化主题公园的市场定位

1. 党员干部的革命传统教育将成为主题公园消费主流

在全面从严治党和加强基层党组织标准化建设的新形势下，加强对党员干部的革命传统教育将成为党的建设的主流，将成为常态化的主题教育活动。2017 年 3 月，中共中央下发《关于推进"两学一做"学习教育常态化制度化的意见》，要求各基层党组织要常态化开展"三会一课"，充分利用红色教育基地等开展开放式组织生活，做到形式多样、氛围庄重。同年，安徽省委组织发布《关于推进基层党组织标准化建设的意见》，提出各基层党组织要实施"党员活动日"制度，每月固定 1 天，组织党员参加形式多样的主题教育活动。红色军事主题公园所蕴含的革命教育与传统教育资源丰富，形式新颖，不仅具有很高的观赏价值、娱乐价值，同时也具有很高的教育意义，是新时期开展党员干部教育实践活动的重要载体。目前，安徽省共有中共党员300多万人，基层党组织近15万个，吸引各基层党组织开展主题教育活动，将成为军事文化主题公园消费的主流。

2. 中国庞大的军迷群体将成为主题公园消费主体

据中国军事文化研究会网络研究中心与北京华钺智库对30家军事网站的调研，中国泛军迷的数量在3.2亿人左右，中国军迷数量在1.4亿人左右，中国核心军迷数量在200万人左右，中国有军事专业知识的军迷在10万人左右，中国军迷整体占中国网民的15%左右[①]。而且随着中国国力增强，周边局势和世界局势风云变幻，未来十年内，与军事相关的新闻和话题会引起越来越多国人的关注。军迷的数量只会增加，不会减少。

《中国军迷报告》把中国军迷的爱好分成五类，即：军事装备爱好者、军事历史爱好者、军事战术与军服爱好者、军事摄影与旅游爱好者、军事游戏爱好者。中国军迷群体年轻而富有活力，也具有一定的经济基础，对历史及军事用品、服饰、军事主题电子游戏感兴趣。他们热衷政治议题，爱国爱军，是值得大力引导开发的正能量群体资源。这些资源一旦投入市场，将会产生巨大的消费力量。中信证券研究部对中国国内军迷用户相关市场空间进行了乐观预测。[②] 详见表1。

表1 　　　　　　　　　　中国各类军迷市场空间情况

类别	市场空间（亿元）
军事类游戏	100 +
户外用品	200 +
户外运动、探险	100 +
军事类文学、影视作品	100 +

---

① 中国军迷报告：数量1.4亿绝大多数爱国爱军 ［EB/OL］. （2016－06－19）［2017－10－26］. http：//news. ifeng. com/a/20160619/49193545_0. shtml.

② 铁血网牵手光线影业，宣布发力IP市场 ［EB/OL］. （2016－03－02）［2017－10－26］. https：//baijia. baidu. com/s？ old_id＝337606.

军事文化主题公园在军事游戏、户外用品销售、户外运动探险和军事影视作品创作方面都可以进行市场化项目开发，中国庞大的军迷群体将成为军事文化主题公园消费的主体。

3. 大学高中学生接受军事国防教育和中小学生研学旅行的重要场所

《中华人民共和国兵役法》规定，凡是具有中国国籍的所有大学生和高中生都要参与军事训练。加强军事训练对于促进学生提升国防意识、军事素养和综合素质，对于加强国防建设具有十分重要的作用。2017 年 5 月，《教育部关于加强学生军事训练管理工作的通知》要求，军事课应列为普通高等学校学生必修课程。军事训练和军事知识讲座要作为高中阶段学校学生的必修内容，纳入社会实践活动组织实施。目前从各高校和高中学校的具体实践来看，其军训中半军事化的管理模式、呆板和形式化的队列训练以及十几年未变的军训项目，很容易使学生产生反感，许多学校仅将受训学生视为汇报演出、供领导检阅的工具，军事训练对提升学生的军事理论、军事技能和国防教育水平作用不明显。针对大学生和高中学生军训的改革刻不容缓。① 2013 年 2 月，安徽省教育厅发文要求各中小学校组织开展研学旅行活动，组织学生走出校园，在生活中拓展视野、丰富知识，培养自理能力、创新精神和实践能力。

军事文化主题公园将为大学高中学生接受军事国防教育和中小学生开展研学旅行活动提供重要场所。目前，安徽省共有普通高校 109 所，普通本专科在校生 114.5 万人；各类中等职业教育（不含技工学校）374 所，在校生 78.2 万人；普通高中 672 所，在校生 110.7 万人；初中 2800 所，在校生 194.2 万人；小学 8284 所，在校生 430.4 万人②。大学高中学生接受国防教育和中小学生参与研学旅行的市场需求巨大，呈井喷式增长趋势。军事文化主题公园开发的不同于普通军训的各类项目以及各类研学项目，将大大吸引大学生和中小学生的积极参与，将成为学生接受军事国防和爱国主义教育的重要场所。

---

① 石玉. 针对军训的改革刻不容缓 ［EB/OL］. （2014 - 08 - 27）［2017 - 10 - 26］. http：// news. ifeng. com/a/20140827/41750743_0. shtml.

② 数据来源于《安徽省 2016 年国民经济和社会发展统计公报》。

4. 提供企事业单位员工开展军事拓展训练的培训基地

"军事化管理改变了商业思维"，这是被誉为"美国当代最成功最伟大的企业家"杰克·韦尔奇对军队管理与企业管理相互关系的描述。企事业单位通过对员工开展军事拓展训练课，可以有效地提高团队成员的身心素质与应变能力、创新能力和沟通能力，也可以提升团队成员的意志力和执行力，最终能够提升整个团队的凝聚力和核心竞争力。当今社会，越来越多的企事业单位参照军事化管理模式改进自身的经营模式和管理模式，越来越多的企事业单位重视对员工的素质拓展训练。建设军事文化主题公园，可以做到融军事文化展示与军事拓展训练为一体，为企事业单位提供军事拓展训练平台，提供一种将传统的军训和体验式培训糅和在一起的新的训练方式，为企事业单位员工提高素质提供服务。根据安徽省经信委的统计数据显示，目前全省中小企业已经达到50余万户，每年企业对员工的培训和素质拓展训练不计其数。建设军事文化主题公园，为企事业单位员工提供军事拓展培训的市场潜力巨大。

5. 为军事题材影视剧拍摄和音视频 IP 生产提供全方位服务

根据艺恩网的调研，科幻战争大片，是观众最喜爱的影片类型之一。就目前国内市场来看，有关影视基地的项目为数不少，但以红色战争为主题的影视拍摄基地却很少。另外，有些基地服务功能不健全，没有军事影视文化和旅游相结合的大型文化旅游项目，不能为剧组提供融专业拍摄、后期制作、展示传播、文化旅游、生活服务于一体的全方位服务。安徽各类军事文化资源丰富、驻军兵种多样，具有建设大型军事文化主题公园的明显优势。建成后的合肥军事文化主题公园可以内设渔村街区、欧洲街区、合肥民清街区、淮军营区、八一军事电影街区等，为全国各专业影视制作公司提供全方位的军事类型影视剧拍摄服务。同时，主题公园还可以进一步拓展功能，与紧邻的合肥"国家广播影视科技创新实验基地"开展合作，顺应多频时代媒体融合的大趋势，适应新一代观众欣赏口味的变化，重点打造以新媒体、影视制作、动漫游戏、微视频制作等为主的 IP 产业基地，为线上线下的内容生产与传播提供一站式服务平台，形成创新型文化创意产业链。

四、建设合肥渡江战役军事文化主题公园的实践构想

（一）建立"党政主导、部门协作"的协调领导机制

红色文化资源具有典型的主流意识形态的特征，又具有文化产业开发的市场经济特征。因此，建设合肥渡江战役军事文化主题公园需要党政部门的顶层设计、宏观统筹和组织协调，需要建立由党政分管领导牵头挂帅、宣传部门主导、各职能部门参与配合、企业主体投资的开发联动机制。安徽省特别是合肥市的宣传、财政、旅游、教育、民政、住建、交通、文化、铁路、民航、文物、文献、党史等相关部门，要对涉及渡江战役的相关红色军事文化资源进行发掘、整理、挖掘与整合，并延伸到省内其他相关军事文化资源的综合利用，确定开发的市场定位和开发主体，为企业开发主体做好规划用地、政策优惠、基础设施配套、资料整合挖掘等全方位服务，形成文化产业开发的领导协调机制和多方合力推进机制。

（二）建立"企业主体、市场运作"的投资运营管理机制

纵观全国的文化产业开发案例，红色文化产业开发只有确立企业开发主体并采取市场化运营管理机制才能使其红起来、活起来、火起来。如2017年8月1日建成的南昌军事主题公园即是由万达集团与南昌市人民政府共建、中建二局承建的PPP建设项目。目前，合肥市滨湖新区的渡江战役纪念馆，作为公益性文化事业项目，由政府投资建设并按照全额拨款事业单位进行管理，承载着政治宣传和思想教化功能。而作为其配套的文化产业项目——合肥渡江战役军事文化主题公园，则应该主体交给企业投资运营管理，采取政企多元主体投入、企业独立运营管理、双方盈利互惠风险共担的管理机制，承载着文化产业开发和休闲消遣娱乐的功能。文化事业项目融合文化产业项目，两者相互影响相互补充，并相互整合集聚开发，整体提升安徽省的红色文化发展水平。

（三）打造"五大板块、六大中心"的多元特色化主题公园

合肥渡江战役军事文化主题公园定位于"国防教育＋军事体验＋影视拍摄＋拓展训练＋休闲旅游"项目的综合开发，打造一个全新的文化旅游业态，与滨湖新区其他的文旅项目形成差异化定位，建立独特的价值诉求和多元特色化价值链拓展。所有内容均以军事文化为核心，把军事文化的内容和精神融入到娱乐、休闲、观光、商业中；引入先进的技术和设备，增加军事文化的展现形式，提高游客的参与性、体验性；注重文娱结合的方式，让游客在轻松、愉悦的心情中，全面深刻地了解中国的红色军事文化。

1. 国防教育板块

打造军事装备展示中心和经典战例演示中心。主要展示陆军装备、空军装备以及轻武器装备，以退役的真实的各类型飞机、坦克、装甲车、火炮以及各种轻武器展示，以强烈的视觉冲击力和震撼力让观众深刻了解我国现代化军事装备的发展历程和人民军队的威严。同时，采取先进的科学技术和声光电模拟技术，演示以渡江战役为主题的经典战例，如演示渡江战役第一船登陆作战，让观众强烈感受到人民战争的艰苦卓绝以及人民军队的强大与责任。

2. 军事体验板块

打造军事文化体验中心。以红色主题活动为牵引，选择国庆日、抗战胜利纪念日、国防教育宣传周、九一八国耻日、烈士纪念日和国家公祭日等时机，突出国防主题，军地联手组织红色影片展播、"红歌飞扬"歌咏会、书法展览、演讲比赛、知识竞赛等丰富多彩的活动；将活动内容放入专网，使用 APP 等进行发布，开展军事文化科普活动；采取现代科技手段，让游客亲自驾驶模拟战机、坦克、装甲车，操作有关模拟轻武器，感受翱翔长空和鏖战沙场的刺激与乐趣。该板块设有 AR（Augmented Reality）（虚拟扩展）互动游戏项目，透过 AR 实景技术，游客用手机拍下每一处场景都可以当做战场，通过感知和操控虚拟的立体图像，可以玩枪战、开飞机，充分感受真实与虚拟场景互动带来的游戏快感；开展"真人 CS 野战对决"（Cosplay of Counter Strike）战争游戏项目，模拟军队作战训练，让游客体验真正的士兵突击。

3. 影视拍摄板块

打造红色影视剧拍摄中心。当今火爆影视的诸多红色军事影视剧如《激情燃烧的岁月》《亮剑》《士兵突击》《我的兄弟叫顺溜》《湄公河行动》《战狼》等，直接让我们看到了这个沉默市场蕴含的巨大能量。主题公园一方面可以自行投资拍摄具有本地红色军事题材的影视作品，如《渡江战役》《皖南事变》等剧目，并在国内各主要媒体集中播放；另一方面，建设 VR 虚拟现实拍摄合作室、大型摄影棚，建设唐、宋、明、清古街、安徽老街、安徽马头墙民宅以及军事、武打的古战场和现代战争的残街和立体三维战场，引进先进的摄影器材，有偿为国内外军事主题影视剧拍摄提供场地、设备租赁服务。

4. 拓展训练板块

打造军人素质拓展训练中心。本板块定位于军事拓展训练，意在通过军事科目训练，为企业打造一支拥有军队般超高忠诚度和凝聚力、具有军人般钢铁意志和超强执行力的商业特种部队，为中国千万个家庭打造能吃苦、会管理、讲文明、懂感恩的好儿女。拓展训练项目可以分为企业员工全封闭军事化集训，具体内容为正规化军姿训练、执行力训练、纪律服从训练、吃苦耐劳训练、顽强毅力训练、集体意识训练；企业管理层魔鬼训练营，具体内容为管理层卓越领导力训练、无敌团队训练、高效营销能力训练、超级说服及沟通能力训练、精准选人用人能力训练；企业西点执行力训练，具体内容为无条件执行能力训练、关注细节能力训练、合作能力训练、冒险能力训练、敬业能力训练、诚信能力训练；学生寒暑期夏令营，具体内容为军人队列操练、军事素质训练、行为规范训练、自主管理训练和感恩教育训练。

5. 休闲旅游板块

打造军事文化旅游休闲中心。建立专业产品研发团队，结合安徽的地域特征，将安徽本土文化融汇到军旅产品研发中。建设特色卖场，线上线下销售军旅文化产品和纪念品。将主题公园旅游融入合肥滨湖休闲旅游总体规划，利用巢湖的自然地理优势，结合巢湖的历史文化，建设巢湖水军文化博物馆，打造水上体验项目，组织军旅生态游、人文旅游、科技旅游；建设五星上将官邸和兵站风情酒店，打造兵寨美食，将红色文化资源优势转化为文化旅游产业优势，打造红色旅游文化新的增长点。

（四）"产业链接、延伸拓展"，实地建设渡江战役遗址公园

作为合肥渡江战役军事文化主题公园和渡江战役纪念馆的重要补充，也为了让游客在异地建设的渡江战役军事主题公园和渡江战役纪念馆观光体验之后，能够到渡江战役实际发生地感受战争的历史场景，建议建立渡江战役国家战争大遗址公园，把池州市东至县香山－铜陵市铜陵县笠帽山－芜湖市繁昌县板子矶（夏家湖）－马鞍山市和县西梁山等渡江战役发生地作为重点，延伸产业链，争取中央和省财政支持，对渡江战役的遗址遗迹进行抢救性保护，并进行统筹规划开发，与合肥军事文化主题公园和渡江战役纪念馆形成异地、实景互动。合肥到池州、铜陵、芜湖、马鞍山等地战争遗址都在两小时车程范围内，游客在感受异地渡江战役军事文化的同时，再到实地感受当年战争的情景，会别有一番感受，也会更加增添合肥军事文化主题公园的魅力和吸引力。

主要参考文献

［1］孙伟、宋晶晶. 安徽红色旅游资源保护与开发现状问题及对策研究［J］. 赤峰学院学报（自然科学版），2015（4）.

［2］安徽省红色旅游发展总体规划文本，https：//wenku. baidu. com/view/9dfe417ea26925c52cc5bf40. html.

［3］苟鹏军，马耀武. 普通高等学校国防教育现状及对策探析［J］. 教育与职业，2011（9）.

［4］孙晓飞. "红色文化"的当代社会价值及其实现［D］. 山东大学，2008.

［5］陈世润，李根寿. 论红色文化教育的社会价值［J］. 思想政治教育研究，2009（4）.

Research on Industrialization Development of Red Military Cultural Resources in Anhui Province

—The Practical Conception of the Construction of Military Culture Theme Park for Hefei Yangtze River-crossing Battle

Hu Huiping

Abstract: The industrialization development of red military cultural resources has significant political significance, social value and economic value, and has broad market prospect. There are rich red military culture resources in Anhui province, especially the resources of the Yangtze River-crossing Battle, but is still in the low stage of industrialization development. Hefei city in Anhui province needs to give full play to the leading role, establish flexible coordinate leading system and investment management mechanism, build military culture theme park for Hefei Yangtze River-crossing Battle, implement the comprehensive project development of melting "national defense education, military experience, the film and television shooting, quality development training, leisure tourism" as a body, explore the new cultural tourism forms, build cultural tourism industry a new growth point.

Keywords: The Red Culture   Military – Theme Park
Industrialization Development   Practical Conception

中部地区文化产业发展现状及路径选择

——以武汉市文化与科技融合发展为例*

龚　勋　张荣东　魏景芬**

【摘要】 本文围绕着武汉市文化与科技融合产业结构、区域分布、行业分布、发展态势等现状，分析了文化与科技融合发展的优势及存在的问题；提出依托开发长江经济带战略发展机遇期，完善文化与科技融合政策与项目引导、构建文化产业自主创新体系和能力建设、提升文化产业对城市建设品牌辐射能力、建立武汉"1 + 8"城市圈文化协同机制、推动文化产业链条要素间互动、重视文化创意和跨界人才的培养、拓宽多元融资平台和渠道等。

【关键词】 文化产业　文化与科技融合　中部地区

文化兴国运兴，文化强民族强。文化自信是一个国家、一个民族发展中更基本、更深沉、更持久的力量。近 5 年来，我国文化产业一直保持 20% 左右的高速增长，远高于同期 GDP 增速，文化产业已逐步成为地区经济的支柱产业。2016 年全国文化及相关产业增加值为 30785 亿元，比上

---

　　* 基金项目：国家自然科学基金项目资助，课题编号 71373091；湖北省卫生计生科研基金资助，课题编号 WJ2015Z048；中国科协高端科技创新智库青年项目资助（DXB – ZKQN – 2017 – 043）。

　　** 龚勋（1983 年~　　），男，湖北武汉人。产业经济学博士后，主要研究方向为健康产业经济学与政策管理。

　　张荣东（1976 年~　　），男，安徽舒城人。产业经济学博士后，主要研究方向为工商管理、产业经济。

　　魏景芬（1963 年~　　），男，山东滨州博兴人。产业经济学博士，主要研究方向为公司财务、公司治理。

年增长 13.0%（未扣除价格因素），GDP 占比是 4.14%。2017 年上半年，全国规模以上文化及相关企业实现营业收入 43874 亿元，比 2016 年同期增长 11.7%，继续保持较快增长。文化及相关产业 10 个行业的营业收入均实现平稳快速增长，对促进经济转型升级和可持续发展发挥了重要作用。北京、上海、江苏、广东等省市文化产业增加值占 GDP 的比重已超过 5%，成为新常态下经济稳定增长和结构优化升级的重要推动力。武汉市作为中部文化产业发展较快的城市，自 2013 年开始，政府大力推动文化体制机制创新，市区两级政府均投入大量资金作为文化产业发展基金，并采取贴息、补助、奖励等方式，支持文化产业发展。武汉的经济发展支撑了文化产业的崛起，城区面积大、生活功能全、区域人口多、区位优势明显，以及以大中学生（尤其是高校学生人数位居全国第一）为主体的文化消费群，为武汉文化产业发展奠定了良好的基础。本研究通过对 2012～2015 年武汉市科技与文化产业融合发展情况进行比较分析，以期对文化产业的融合发展提供参考和依据。

一、文化与科技融合发展现状

2016 年，全国出版图书近 50 万种；制作广播节目 771 万小时、电视节目 352 万小时；生产电影故事片 772 部，国产电视剧 334 部 14912 集，电视动画片近 12 万分钟；电视纪录片产量超过 1 万小时。图书出版量、电视剧动画片、电影故事片产量均居世界前列。

2012～2015 年，武汉市文化与科技融合产业的法人单位、从业人员和产业增加值均呈现逐年上涨的趋势。截至 2015 年底，武汉市拥有文化与科技融合产业法人单位 3.17 万户，拥有规模以上（注册资金和营业收入超过 1000 万）、限额以上文化企业 511 户，从业人员 53.27 万人，文化与科技融合产业实现增加值 789.56 亿元，比 2014 年增长 11.42%，高于同期地区 GDP 增幅，占地区生产总值比重为 7.24%，比上年提高 0.2 个百分点，对全市经济的贡献度提升。

（一）产业结构特点

从产业结构情况看，2012～2015年，武汉市文化与科技融合服务业、贸易业、制造业的经济增长趋势明显，对城市GDP的贡献率也逐年升高。文化产业结构调整尽管幅度不大，但是变化趋势明显。其中，2015年武汉市文化与科技融合服务业、贸易业、制造业分别实现增加值654.38亿元、28.27亿元、106.91亿元，分别比上年增长3.2%、10.2%、119.5%。与上年相比，服务业占比由上年的89.5%下降到86.7%，贸易业占比由3.6%上升到6.1%，制造业由6.9%上升到13.5%，产业结构有所调整，服务业仍然保持产业核心地位，制造业、贸易业占比进一步提升。文化与科技融合服务业发展最为突出的是以高科技、高水准艺术创作为代表的电影产业，以武汉的电影票房市场为例，2015年电影票房达12.9亿元，长期保持在全国城市（含直辖市）排位第6名的地位，观影人次3953万人，按常住人口计算，人均观影人次接近4次，是全国平均水平的4倍。

（二）区域分布特点

从区域分布情况看，2012～2015年，武汉市文化与科技融合产业呈现中心城区、新城区稳步增长，功能区保持快速发展的态势。其中，2015年中心城区实现文科融合产业增加值486.65亿元，比2014年增长9.3%，占该市文化与科技融合产业增加值比重为61.6%；功能区实现增加值202.44亿元，占该市文化与科技融合产业增加值比重为25.6%，比2014年提升了1.7%；其中，东湖新技术开发区、武汉开发区文化与科技融合产业增加值分别比2014年增长11.95%、52.92%；新城区文化与科技融合产业增加值100.5亿元，增长了7.37%，所占比重为12.8%。

（三）行业分布特点

从行业分布来看，2012～2015年，武汉市文化与科技融合产业主要集中在6大板块，产业集中度较高，优势产业的贡献率较大，其中这6大板块分别是文化创意服务业、文化传输服务业、管理咨询服务业、文化用品的生产业、文化产品生产的辅助服务业、新闻出版发行服务业。2015年文化创意服务业占文化与科技融合产业总量的30.7%、文化传输服务业占产业总量的20.9%、管理咨询服务业占产业总量的18.6%、文化用品的生产业占产业总量的6%、文化产品生产的辅助服务业占产业总量的5.5%、新闻出版发行服务业占产业总量的5.1%。从行业分布的特点来看，这6大板块产业集中度较高，对文化与科技融合产业的经济整体贡献率超过了80%，其中文化创意服务业占比最高。

（四）产业发展态势

从2012~2015年武汉市文化产业发展的态势来看，集聚发展模式已经初具规模，以文化创意项目带动产业发展的效应明显，累计财政投入文化产业15.57亿元，直接或间接带动社会投资近2000亿元。从2012~2015年文化产业园区的经济数据来看，以文化产业园为代表的文化产业集群发展模式所带来的驱动效应明显，各园区坚持创新驱动、特色发展，由小到大，由弱到强，逐步实现产业集聚发展规模效应。截至2016年9月，武汉市共有各类文化产业园区28个，重点园区集聚文化企业近8000家，呈现差异化发展特色。

二、文化与科技融合产业发展的优势

（一）文化与科技融合发展环境日益优化

从政策层面看，武汉市相继发布了《武汉市文化产业振兴计划（2012－2016）》《武汉市关于加快文化产业发展的若干政策》《武汉国家级文化与科技融合示范基地建设实施方案（2012~2015年）》等文化产业发展实施方案，其中包括财政税收、投融资、资产土地、文化人才等多个领域的具体措施。注重文化与科技融合发展，而不是关注传统的文化产业领域，运用现代科技手段和金融融资平台促进文化产业示范园区和基地建设，搭建文化与科技融合发展的良好平台。截至2016年9月，武汉市已拥有 1 个国家级文化产业示范园区、5 个国家文化产示范基地、5 个省级文化产业示范园区和 13 个省级文化产业示范基地。

（二）传统媒体和新媒体融合速度加快

近年来，武汉市先后启动了九派、黄鹤云、武汉云生活、阅读武汉等文化科技融合创新项目建设。其中，九派自 2015 年 9 月上线以后，已经完成了大数据系统等六大基础平台开发，同时组建了由国内资深专家组成的首席评论员队伍，实现了资讯与数据、采集与加工、抓取与原创的初步融合，呈现出良好发展态势。

（三）重点文化企业支撑作用明显

2015 年，武汉市文化与科技融合企业，实现增加值 476.42 亿元，占文化产业增加值的 60% 以上。其中，亿元以上的企业实现增加值 409.30 亿元，与 2014 年相比，亿元以上企业的规模增幅较大，对整个文化产业和经济的贡献率也有所提高。文化创意服务实现增加值 281.74 亿元，行业份额居首位。以互联网信息服务、软件开发、数字服务等新兴传媒为内容的文化传输服务实现增加值 53.68 亿元，比 2015 年增长 30.42%，增幅位居行业之首，发展势头强劲。

（四）数字信息技术升级换代周期缩短

近年来，武汉市依托光谷技术的飞跃发展，文化产业搭上了数字信息升级换代的顺风车，新信息技术在文化传输服务业使用率和覆盖率分别达到 95% 和 98% 以上，数字信息传输技术的研发和推广周期明显缩短，文化传输服务业的市场占用率和对经济的贡献率也呈现高速增长态势。2012 ~ 2015 年分别实现增加值 31.27 亿元、53.25 亿元、80.03 亿元、99.35 亿元，文化传输服务业增加值占比也从 8.5% 提升到 20.9%。

（五）文化创意设计优势地位逐步树立

2011 ~ 2015 年，武汉市围绕打造工程设计之都，制定了系列产业发展和扶持政策，支持工程设计产业转型升级，扶持工程设计重点发展的新模式、新业态、新技术，鼓励自主创新及原创设计，培育和引进领军人才。仅 2015 年武汉市规模以上创意设计服务企业实现增加值 146.29 亿元，占文化与科技融合产业增加值的 30.7%，同比增长 6.7%。

（六）文化产业重点项目稳步推进

武汉市政府通过引资、自筹、融资等渠道先后建成运营武汉客厅、武汉创意天地、汉秀剧场、万达电影科技乐园、楚天 181、江城壹号等一批具有较强辐射效应和示范效应的融合创新项目。以高科技含量为主体的文化融合项目也陆续启用，如武汉图书馆数字阅读平台商业数据库资源总容量已达 148T；武汉博物馆与水晶石公司联合开发的"智慧武博·数字武汉博物馆"平台，将实现网上虚拟参观和交流互动；"教育云"将覆盖全市中小学校；武汉传神的"语联网"覆盖近 20 个行业的主要语种。2014 年以来，武汉市启动了文化产业发展专项资金，对现代传媒、数字创意、移动互联等领域中发展前景好、成长潜力大的文科融合项目投资 2000 余万元，引导了 100 亿元社会资本投资文化科技产业。同时，积极争取中央、省文化产业发展专项累计资金 1 亿元；艾立卡、传神、江通动画、全景三维等文化科技企业获中央财政外经贸发展专项资金近 1000 万元资助。亿童文教、银都传媒、颂大教育、荆楚网、博润通、超级玩家等 6 家企业相继挂牌新三板，融资额过亿元；江通动画、银都文化、博润通等 7 家文化科技企业先后得到硅谷天堂、深圳天图创投、中国高新投资集团、武汉东湖百兴创投等公司累计投资超过 2 亿元。

三、文化与科技融合产业发展存在的问题

（一）文化与科技融合发展的配套政策支持不够

长期以来，由于受传统经济体制的影响，武汉市对文化建设领域的扶持资金和配套政策比较欠缺。近 10 年来，武汉市才在城市建设和文化产

业发展等领域进行了大刀阔斧的改革，错过了 20 世纪八九十年代文化产业繁荣发展的黄金时期，在文化产业领域的创新发展动力不足，主要集中在传统的曲艺和影视文化领域，在文化创意设计与高新技术应用等方面明显落后于沿海经济发达地区。现有的文化产业发展政策和规划大多停留在促进文化发展的层面上，结合现代科技更新、城市同步建设发展、产业集群融资融智发展等具体政策方面的支持力度不够。

（二）文化资源挖掘不够

武汉的历史、文化、科技资源底蕴丰厚，具有发展文化创意产业的良好基础，拥有众多可供挖掘的文化创意产业资源。如"3500 年历史盘龙古城遗址""黄鹤楼名人文化""知音文化"以及"汉阳造"现代制造文化、楚剧和湖北大鼓艺术表演、高校科研院所数量位居全国前三。然而，武汉市对具有明显"汉味"的文化资源的深厚底蕴和丰富内涵缺乏更深入的研究和创新，未能有效开发、培育和利用。尤其是缺乏优秀的文化资源和高新技术结合的高附加值的文化品牌和拳头产品。

（三）文化产业创新基地集聚效应不明显

文化产业集聚发展需要把劳动力、人才、资本、技术等生产要素集聚在一个相对固定的空间内，通过市场机制促进各种生产要素的合理配置。武汉市整体文化科技产业基础雄厚，文化和科技融合产业发展较快，但作为文化产业创新基地集聚效应不明显，城市化建设目前正在加快步伐，但是文化产业层次偏低、产品附加值不高、产业链不完整、产业结构调整较慢，文化产业空间集聚力度不够大，集聚效应还不明显，部分文化创意企业小、弱、散的局面没有得到根本改观。

（四）文化与科技融合的深度不足

文化与科技的深度融合是一个长期发展的过程，需要前期文化产业与高新科技的积累，尤其是如何找准文化与科技融合切入点，在推动文化产业发展的同时引入更多的科技元素，使科技服务于文化创意和创新。由于文化与科技融合领域的创新人才严重缺乏，相关产业发展处于起步阶段，文化与科技相关从业人员在创新观念和融合方面存在较大差异，由传统文化产业者转型为科技文化产业者对于科技创新的内涵理解不透彻，对文化创意产业形态认识不清晰，导致两者融合"四不像"。从对武汉市内文化创意产业园区部分企业的问卷调查和访谈情况来看，2012 年之前的文化创意产业园区的科技植入和创新能力不强，项目同质化、低端化比较严重，在引进、消化和吸收国内外先进文化创意设计和高质量文化产品方面存在明显的短板。2014 年，"黄鹤英才计划"和"赴美引智工程"的实施后，吸引了一批高水平的文化创意公司和人才进驻文化创意产业园，文化与科技深度融合而产生的经济和社会效益才显现出来。

（五）文化与科技融合的人才供给不足

武汉拥有高学历人才培养基地的优势，但是受学科专业设置滞后、培养形式单一等限制，导致文化与科技融合领域的专业人才培养显得有些滞后。武汉市曾经是民间文化和文化产业发展最为活跃的城市之一，主要集中在传统的曲艺表演、非物质文化遗产传承、名人文化等方面，对现代文化产业的发展方面人才储备和产业衔接明显不足。文化与科技融合发展急需一批熟悉文化创意、高新技术、金融产品的复合型人才。文化产业的发展离不开高新技术的支撑，也离不开持续的资金投入。国内外文化产业发展较好的城市和项目的经验提示打造文化创意之都和文化创意项目都离不开这三类复合型人才。

（六）出版和广播电视文化产业陷入发展困境

2012～2015 年，武汉市报刊出版和广播电视等传统文化产业发展日趋萎缩。新闻出版发行服务行业增加值年均下降 2.7%；广播电视行业的营业利润年均减少 2.1 亿元，行业增加值年均下降 11.2%。当前，武汉市出版图书销售陷入经营困境，很大程度上是受到图书网络销售和公众阅读习惯改变的冲击。受网络影视节目内容丰富且可实现个性化订单服务等影响，传统的广播电视行业主要表现为节目制作质量不高，收听率和收视率大幅下降，从而导致业绩不佳。

四、文化与科技融合产业发展的路径选择

党的十九大报告明确指出，社会主要矛盾已经转化为人民日益增长的美好生活需要和不平衡不充分的发展之间的矛盾。文化越来越成为一个国家和民族凝聚力和创造力的重要源泉，越来越成为综合国力竞争和城市影响力的重要因素。在全面深化改革的大背景下，加强供给侧调整是我国文化产业发展的内在要求和转型升级的方向，而文化与科技融合将是推动文化产业快速发展的首要选择之一。

中共中央关于制定国民经济和社会发展第十三个五年规划的建议中明确提出，十三五期间要实现"公共文化服务体系基本建成，文化产业成为国民经济支柱性产业"的目标。这从促进我国文化产业发展为根本，科学制定文化产业与科技、金融融合发展规划，明确科技、金融相结合支撑文化产业发展的大方向。科技是支撑文化产业发展的关键要素，创新是文化融合科技发展的不竭动力。积极推进文化与科技的深度融合、充分发挥科技创新在文化领域的砥柱作用是当前文化产业发展中的首要任务。

（一）完善文化与科技融合政策与项目引导

1. 制定和完善文化与科技融合相关政策

亚当·斯密将"生产和供应看作真正的财富来源"的主张，供给学派倡导"把注意力集中在人的社会行为和创造能力上"的观点，契合了我国文化产业转型升级阶段，通过社会资本来优化文化创新和产品供给，从而释放产业价值的发展需要。

在制定和完善文化与科技融合相关政策时，必须认识到文化产业的社会属性和市场属性。应围绕文化与科技高效融合作为切入点，制定和完善相关政策，运用审批准入手段在准入资格、经营模式、经营范围、融资、税费等方面制定实施配套优惠政策，营造有利于文化创意产业发展的良好政策环境。在培育和发展本土企业的同时，更应注重国内外领军人才及有

影响力企业的引进，因企施策、因项目施策，推动文化创意产业重点项目的投产运营。加大对示范基地核心区的支持力度，在办理土地指标、立项、环评等审批手续方面给予适当政策倾斜，加快基础设施及配套工程建设。扩大网络文化公共服务平台影响力，吸引知名企业入驻，形成有区域辐射作用的网络文化产业集群。

2. 建立文化资源共享协作机制

完善武汉市文化产业统计分析发布机制，通过建立文化科技企业入库统计工作的形式，拓展信息交流互动的平台，健全统计数据共享应用机制。根据产业发展最新动向，调整更新武汉文化与科技融合统计范畴。发挥文化行业协会的作用，大力培育文化非营利组织和基金会，并完善行业协会服务体系，引导武汉创意产业协会、软件协会、动漫协会、设计师协会等优化组织架构，发挥信息发布、展示交流、协同创新、招商合作等综合服务功能。

（二）构建文化产业自主创新体系和能力建设

1. 建立文化产业自主创新体系

国家全面创新改革试验区落户武汉为深化文化产业体制机制改革提供了良好的政策试验田机会，要借这个重大的战略机遇期，建立并逐步完善文化与科技融合示范基地建设和服务机制。围绕文化产业发展，建设一批文化产业技术研究中心、重点实验室、企业技术中心等研发平台，通过文化产业众创空间、企业孵化器、项目试验平台、技术成果转化中心等相关服务体系建设，完善文化产业自主创新体系。

2. 提高文化重点领域的科技研发与应用能力

将文化产业大数据工程和重点领域的科技研发工作，纳入文化科技创新工程，加大政府重点投入，支持文化大数据工程重点领域建设。加强公共基础和文化产业交易平台建设，建立出版、影视、演艺、非物质文化遗产、创意设计领域的数据库，建立文化领域大数据中心，促进大数据分享和交易。推进互联网、云计算、大数据、物联网、虚拟（增强）现实、人工智能、地球空间信息、文化资源数字化、文化内容集成制作等共性技术开发，推动大数据在文化与科技融合产业的应用，引导文化企业充分运用大数据，加快大数据产业化、市场化进程。运用科技发展的优势，完善大数据应用的基础，开展系统研究和专项应用试点，逐步形成成熟的商业运营模式，提升文化企业的竞争力，促进文化产业持续发展。

3. 提升文化产品的附加值

重点引导和扶持新技术、新产品、新业态、新模式为代表的文化企业，加大重点文化领域的技术研发，瞄准开发文化产品、繁荣文化消费、升级文化服务的现实需要，大力推进互联网、云计算、大数据、物联网、虚拟（增强）现实、人工智能、地球空间信息、文化资源数字化、文化内容集成制作等共性技术开发。促进影视制作与传播、新一代广播电视、互联网社交媒体、数字出版、3D 打印、舞台装备、电子乐器等领域的先进技术应用和推广。重点支持在媒体融合发展中运用中文大数据采集、挖掘等技术，实现资讯信息大数据处理。融合科技发展、金融服务和创意人才的优势，生产具有附加值高、内容新颖的文化项目和产品，重点建立网络增值服务、数字影视、数字新闻、数字出版、创意设计、动漫网游、文化旅游、高科技文化技术应用等极具特色优势产业集群。建设文化信息交流地图，促进文化交流与融合，优化传统文化产业的潜在传播形式。

（三）拓展文化产业辐射作用

1. 提升文化产业对城市建设品牌辐射能力

文化是城市发展的根脉和灵魂，决定着城市的命运和未来。通过文化产业和文化品牌的引入和发展，提升城市文化内涵和经济发展层次的引领。武汉市作为长江经济带和"一带一路"倡议交汇点，面临着国家服务贸易创新试点、武汉自贸区建设等重大国家战略机遇期，要围绕文化科技龙头企业和具有核心技术优势的文化企业进行资源整合，通过文化与科技融合的产业集聚发展优势，拓展文化产业的倍增发展。

2. 增强长江文化产业带的引领作用

依托开发长江经济带战略发展机遇期，围绕生态优先、绿色发展的理念，发挥上中下游地区的比较优势，用好海陆东西双向开放的区位资源，统筹江河湖泊丰富多样的生态和文化要素，发挥武汉作为中部地区超大型城市的文化引领作用，合力构建长江文化产业带。重点借助长江中游城市群建设，重要政策与项目衔接的机会，培育统一开放的文化产业服务市场，建立出版、影视、演艺、非物质文化遗产、创意设计领域的交流机制。

3. 建立武汉"1+8"城市圈文化协同机制

建设武汉"1+8"城市圈文化协同创新合作平台，依托东湖国家自主创新示范区，协调圈内6个国家级开发区整合发展特色文化产业，形成城市圈内文化产业"联合战舰"。实施文化总部经济引领战略，吸引国内外龙头文化企业把总部或地区总部、高附加值的制造、研发、采购和服务外包部门，根据武汉"1+8"城市圈经济水平和行业特色加强产业协作，成立文化产业联盟，形成区域一体化的文化产业发展格局。

（四）推动文化产业链条要素间互动

充分认识和发挥文化产业链条各要素间的经济作用和社会效应，依托经济转型升级所带来的机遇，大力发展现代文化产业，支持现代传媒、数字出版、动漫游戏等文化产业加快发展，推动文化业态创新，促进文化与科技、信息、旅游、体育、金融等产业融合发展。与此同时，要推动公共文化和文化产业的互动发展。完善政府购买公共文化服务机制，探索政府和社会资本合作新模式，鼓励和支持社会力量通过多种方式参与提供公共文化服务。促进武汉新华书店提档升级，引导实体书店走多元化、创新型发展之路。加强各级各类公共文化基础设施管理运营，探索组建理事会，吸纳社会力量参与管理。提升图书馆、文化馆、博物馆、纪念馆、美术馆、科技馆、工人文化宫、青少年宫等基本文化阵地服务效能。推行"互联网+公共文化+大众文化"，构建数字化公共文化和大众文化服务体系。依托智慧城市建设，开发信息发布、多媒体演播、电子阅览、数字化文献、信息培训等应用板块。持续优化"云生活"综合服务平台功能，实现文化产业全链条上各要素间良性互动。

（五）重视文化创意和跨界人才的培养

当前，我国的文化产业创新创意人才的培养方式和内容设置严重滞后，过度的重视理论教育致使专业与实践相脱离，导致学生缺乏实际的动手操作能力与创造力。专业化人才一直是制约着文化产业升级转型和快速发展的重要因素之一。目前，我国文化产业相关行业需求与人才储备之间存在着巨大的缺口，高素质专业人才以及综合型专业人才还比较缺乏。可以依托在传统的广播、影视、出版、艺术等专业培养的基础上注重学生综合素质、创意理念的培养，注重专业理论教学与产业实践教学的结合，注重跨学科的借鉴与融合，实行跨界教育、跨界融合。

（六）拓宽多元融资平台和渠道

借鉴国外文化产业的发展模式，通过引入风险投资与私募股权投资等方式，有效缓解文化产业融资困境、破除文化产业体制壁垒、培育文化产业市场主体。适应"金融＋大数据"发展趋势，构建现代文化要素交易中心，开发互联网文化消费、金融、众筹等系列产品。通过成立文化产业投资基金的方式，对未上市的文化企业进行股权投资和提供经营管理服务，建立和完善利益共享、风险共担的投资机制，完善资本结构，削弱其对银行贷款的依赖性。通过上市融资或者新三板的股权投资等方式，中南传媒、中文传媒、暴风集团、博纳影业、奥飞动漫、楚天神码、品牌中国等文化企业在中国香港、美国、中国新三板资本市场上融资。文化产业融资还有信托融资及文化产权交易等，这些融资方式都有各自的优缺点。应结合中国文化产业具体实际，提供更多具有创新性、实用性的融资方式，加深金融与文化产业深度合作，促进文化产业的繁荣发展。

（七）促进"文化＋"领域的产业集聚发展

抓住"文化＋"给文化产业发展带来的重大机遇，推进文化与相关领域融合发展，促进相关产业转型升级，加快发展新型业态，推动文化产业链向两端延伸、向价值链高端攀升，加快文化产业结构创新、链条创新与形态创新。促进文化与金融融合，大力发展文化消费金融，完善文化信贷产品和服务，优化文化投融资服务体系，畅通企业直接融资渠道；促进文化与休闲融合，推动文化旅游业、体育休闲业发展；促进文化与商贸融合，发挥广告业的营销推介功能，发挥会展业的辐射带动功能，发挥电子商务的快捷便利功能；促进文化与制造融合，大力发展文化装备制造业，创新发展个性文化制造业，突破发展文化智能硬件制造业；促进文化与农业融合，创新发展特色文化农业。

主要参考文献

［1］袁北星，黄南珊．湖北长江文化产业带发展的前瞻性思考［J］．湖北文理学院学报，2012，33（9）．

［2］长江经济带将打造三大增长极——推动长江经济带发展领导小组办公室负责人答记者问［N］．人民日报，2016－09－12（9）．

［3］孔永和．旅游产业与文化产业融合发展的路径选择——以河北省为例［J］．社会科学论坛，2016（10）．

［4］胡慧源，沈艳．推动我国文化产业投融资发展的路径选择［J］．文化产业研究，2014（2）．

［5］中华人民共和国中央人民政府．长江经济带发展战略［EB/OL］．http：//www.gov.cn/xinwen/2014－04－29/content_2668747.htm，2016－05－03．

［6］王国华．转型经济时期文化产业发展的路径选择［J］．北京联合大学学报（人文社会科学版），2011，9（2）．

［7］张京成．中国创意产业发展报告2011［M］．北京：中国经济出版社，2011．

［8］杨凤，欧阳博强，周晓世．辽宁文化产业与科技融合发展问题及对策［J］．经济师，2014（10）．

［9］秋风．开发区模式适合文化产业吗［N］．南方周末，2009－05－

20.

　　［10］宋晓梧. 不要过早肯定中国模式［N］. 经济观察报，2011－02－
25.

　　［11］张振鹏，王玲. 传统文化企业转型升级论析［J］. 海南大学学
报（人文社会科学版），2017，35（2）.

　　［12］张振鹏. 我国文化产业转型升级的四个核心命题［J］. 学术论
坛，2016，39（1）.

　　［13］高书生. 我国文化产业发展的总体状况和主要特征［J］. 经济
与管理，2015，29（3）.

　　［14］武汉市人民政府. 以新理念引领文化产业转型升级——武汉市
文化产业发展"十三五"规划解析［EB/OL］. http：//www. wuhan. gov.
cn/hbgovinfo_47/szfggxxml/gzghjh/gh#d/201702/t20170224_102073. html，
2017－02－27.

Development Status and Route Selection of Cultural Industry in Central Region

—Taking the Integrated Development of Wuhan Culture and S&T as an Example

Gong Xun　Zhang Rongdong　Wei Jingfen

Abstract：This paper revolves around the industrial structure, regional distribution, industry distribution, development trend of integration of culture and S&T in Wuhan City. The advantages and existing problems above are analyzed. It proposed relying on development opportunity period of the Yangtze River Economic Belt strategic, improve the integration of culture and technology policy and project guidance, construct independent innovation system and capacity building of cultural industry, enhance the cultural industry on urban construction brand radiation capacity, establishment of cultural synergy mechanism of Wuhan "1 + 8" city circle, promote cultural industry chain elements interaction, pay attention to the cultivation of creative talents and cross culture, broaden the financing platform and channels. etc.

Keywords：Cultural Industry　Culture and technology Integration　Central Region

西部地区文化产业发展路径研究[*]

安　锦　巨宏茹^{**}

【摘要】 西部地区拥有丰富特色的文化资源，但现阶段我国文化产业发展的现状是西部地区落后于东部地区。单单一个地区发展迅速是不可能在根本上解决文化产业的发展问题，所以西部地区文化产业的发展尤为重要。但是西部地区大多处于经济发展不是特别好的地区，并且有较大一部分是少数民族聚居的地方，形成大多数少数民族地区，民族地区文化产业的发展受到多方面因素的影响。本文通过阐述西部地区文化产业发展特点，进一步分析西部地区文化产业的发展现状，探究其在发展中所遇到的问题，最终根据西部地区的特点结合现状分析，为西部地区的发展探索出一条特色的发展路径。

【关键词】 西部地区　文化产业　发展路径

一、西部地区文化产业发展特点

我国西部地区共有 12 个省级行政单位，这些地区的主要特点就是自然资源丰富，地域辽阔。西部也是我国需要重点开发的地区，全国大多数未达到小康水平的家庭大多数聚集在西部地区，经济有巨大的提升空间。

---

* 国家社科基金一般项目：西部地区承接产业转移与促进就业增长互动机制研究（编号：14BJL097）。

** 安锦（1978 年～　）男，山西大同人。武汉大学博士，北京交通大学中国产业安全研究中心博士后，内蒙古财经大学财税学院教授，主要研究方向为公共经济理论与政策、劳动经济与产业经济。

巨宏茹（1995 年～）女，内蒙古呼伦贝尔人。内蒙古财经大学研究生院硕士研究生，研究方向为民族地区经济。

这些地区相较于其他地区最大的特点就是固有的文化资源颇为丰富，这些特有的文化资源构成了西部地区文化产业的基础，成为了影响西部地区文化产业发展的重要因素。在西部地区文化产业发展的过程中，政府非常重视，起到了至关重要的作用，经济投入和相关政策也在不断地加大和提出。

（一）文化资源丰富，产业开发性强

西部地区的天然优势就是具有丰富的文化资源，西部地区也利用了这一特点，充分发挥文化资源的作用，特别表现在对民族文化资源的利用方面。这也就使西部地区的文化产业慢慢发展成为以资源型文化产业为主的模式，主要利用固有资源来发展其文化产业，形成以文化资源为主的西部地区文化产业发展模式。

例如内蒙古自治区，从古至今主要是少数民族聚居的地区，其少数民族人数最多的就是蒙古族，还有朝鲜族、达斡尔族、鄂温克族等。民族文化的多样性、地域文化的差异、不同时代文化的交相辉映谱写出波澜壮阔的中国北方民族史，这种不同于其他的历史形成了丰富的人文资源以及内容丰富、多姿多彩的内蒙古文化，内蒙古自治区文化资源遍布各地，多年来的历史积淀非常深厚，各地区的风俗特色特点鲜明，开发潜力很大。在呼和浩特闻名中外的蒙元文化、昭君文化、赤峰一带的红山文化、乌兰察布地区的大窑文化、鄂尔多斯与河套平原之间的秦直道文化等众多内蒙古特色的文化都具有极佳的开发性。内蒙古文化中长调艺术被认为是独具内蒙古草原特色和浓郁的民俗风格的民间文学、乐曲、舞蹈、曲艺、美术等文化活动，被联合国教科文组织评为"人类口头和非物质遗产代表作"。内蒙古拥有丰富的民族、民间音乐、舞蹈、曲艺等文艺作品，非常具有民族特色的绘画、雕刻、民间工艺、体育、饮食、服饰等文化遗产，被认为是一座庞大的民族风情博物馆。对于这些非常珍贵的西部民族文化，需要经过不断地研究，使用当今的科技技术和观点对文化进行整合、完善和包装，运用产业化的经营理念，优化产业结构，西部文化产业一定会成为非常有潜力的产业，为西部人民和其他地区的人民提供良好的文化产品和服务，成为西部经济发展的有力支撑。

（二）政府支持力度不断加大，投入逐年增加

各地政府非常重视文化产业的发展，大力扶持文化产业，西部地区的文化产业发展也离不开政府的支持。多年来很多西部地区的文化产业已经成为支柱性产业，政府的支持力度也在不断地加大。例如在云南、广西、四川、贵州、重庆、陕西等一些西部地区，文化产业得到了当地政府的大力扶持，其中包括资金上的大力支持、政策上的倾斜、市场上的宏观调控等手段，为西部地区的文化产业的发展创造了有利的发展条件，这些西部地区文化产业因此取得了非常明显的成绩。

2009 年国务院在颁布的《关于进一步发展少数民族文化事业的若干意见》中明确提出，"发挥少数民族的资源优势，利用资源优势，促进文化产业的多样性发展。使文化产业与教育、科技、信息、体育、旅游、休闲等多方面联合发展，文化产业门类是重点的发展对象，我们要将具有战略性、引导性和带动性的重大文化产业项目放到产业发展前沿，为了在重要领域取得跨越式发展，我们要为少数民族建设一批文化产业园和基地"，符合西部地区实际发展需求的文化产业支持政策也在陆续发布。在全国许多省市都陆续颁布了一系列的政策，这些政策从全方位、多角度一起支持文化产业的发展与振兴，包括云南省的《云南省"十二五"时期文化改革发展规划纲要》、贵州省的《贵州省文化产业振兴规划》等。极大地促进了文化部门的改革以及文化产业的长足发展。

（三）旅游业发展空间巨大，优势明显

西部地区的文化产业主要是依赖于当地的文化资源，大多数西部的自有资源不像东部地区分布在人口较多的市区内，而是分布在自然空间范围内。例如内蒙古特有的蓝天、白云、广袤的草原等，这是北上广地区所不能比拟的。正因为如此，文化产业和旅游业的结合就顺理成章了，吸引其他城市的市民到云南、西藏、内蒙古地区旅游就具有非常独特的吸引力，在自由广阔的大地上驰骋是大多数人所向往的。这两者的结合构成了文化

产业发展的一大特色。另一方面，在对旅游文化的宣传上，大理市、丽江市、桂林市、西安市、内蒙古等地区的做法上是较为成功的，这些城市充分地利用了当地的文化资源发展其旅游业。为打造地域文化品牌，传播发扬当地文化各地区都竭尽全力。在拍摄影视作品、建立各地区博物院、摄影大赛、书籍出版方面等都取得良好成绩。根据国家统计局公开数据显示，云南省 2014 年接待外国游客 206 万人次，2016 年就攀升到 600 万人次，年收入也相当的可观。

但是，根据蒋韬在生态足迹视野下生态旅游消费与旅游业发展协同度评价——基于西部地区省区市的比较中分析的结果得出，西部地区的旅游业发展和消费需求大多数没能达到协同。也就是西部地区大多数城市的旅游业发展没能满足消费需求，良好协同的只有四川和陕西两个省，重庆、广西、云南及内蒙古只是良好协同。贵州、甘肃、宁夏、青海以及新疆地区旅游消费需求和旅游业发展严重不协同。这表示旅游业的发展空间具有很大的提升幅度。

二、西部地区文化产业发展现状

（一）文化产业体制改革全面推进

根据国务院《关于深化文化体制改革的若干意见》和《文化产业振兴规划》中的相关政策指引，2006 年 4 月 18 日在昆明召开了西部十二省（区、市）有关文化体制改革的研讨会。经过 10 多年的努力，文化产业的发展得到了巨大的进步，发展环境也在不断地改善，文化企事业单位的工作效率，办事能力也在稳步的提升中。在文化创作方面得到了比较突出的成绩。例如，陕西省的所有省级直属文化单位都进行了转企改革，一些控股有限公司相继建成，具有巨大潜力的曲江新区也应运而生了，这在较大程度上给全省文化产业带来了新的繁荣。曲江新区没有采用像深圳一样的经济特区形式，而是根据西安的总体发展而设立的。在总体发展的基础上将曲江新区定位在以文化产业为主导产业的新型模式。借助于市场化手段，构建旅游景区，建成著名旅游景点，不断加强对周边旅游景点的建设，将文化资源快速的转化成旅游业，最大程度上发挥了这些资源的作用。2007 年 8 月，曲江新区成为首批国家级文化产业示范园区之一。

同时在改革中有显著成效的还有内蒙古地区，2016 年 5 月，内蒙古为提高当地的文化产业发展，印发《关于深化公益性文化事业单位内部机制改革的意见》（以下简称"意见"），这项意见中明确了文化事业单位的权责，使人力、物力得到了充分的利用，建立了薪酬、绩效管理机制。根据意见中的规定，区直文化事业单位大多数都快速的制订了改革方案，用来激发公益性文化事业单位的效率发挥。各地区都积极地抓紧落实各项政策文件，尽快地发展各区、市的文化产业，全面推广各项改革试点经验成果，确保到 2020 年初步建成民族文化强区。

（二）"一带一路"背景下西部地区文化产业发展前景广阔

我国当前文化产业是鼓励和引导非公有制的加入。以云南省文化产业为例，在政府的扶持下，云南省在短时间内建立了许多的文化企业，这其中有一些民营企业成为了文化产业的骨干企业，成为了云南省文化产业的一支生力军，带动了云南文化产业的发展。此外，西部地区的一些企业也在与国外的企业加强贸易往来，不断地加深交流。如《云南印象》，国内与国际协作打造出了符合欧美市场需求的文化产品，在欧美市场取得了良好的效果。长期以来，西部地区的经济发展一直处于比较缓慢的状态，与东部地区以及西方发达国家相比较来看，发展的效率比较低，速度比较慢而且后劲不足。2013 年，习近平总书记提出"一带一路"倡议构想，在这一倡议部署下，文化部提出以文化先行方式建设"丝绸之路文化产业带"，通过文化贸易与我国周边国家增加贸易往来。分别在影视剧、各种文化演出、旅游、遗产保护等多方面开展合作交流，快速推动西部文化产业的发展，实现各地之间互利共赢的发展形式。同时，"一带一路"倡议也为西部地区的文化产业带来了巨大的发展机遇，内蒙古地区和蒙古的贸易快速增进，新疆、西藏地区也与周边的国家、地区有开展了贸易往来。所以，从总体上看，西部地区的文化产业发展空间是广阔的。

（三）文化交流深入，文博会方兴未艾

为了与西部地区文化进行更好地交流，被更多人所知，西部名流文化艺术交流中心成立于 2000 年。这个交流中心的核心是网站及报刊，由当代的文化名流组织开展文化推介、艺术研讨、书画拍卖、交流联谊及专题采风活动的文化组织，旨在传承前辈绝学，宣传优秀的中华文化。目前中心设立 5 个专业委员会——书画大家沙龙、评论鉴赏沙龙、实业与艺术沙龙、《中国西部名流系列丛书》编委会及《中国西部名流》编辑部、中国西部名流文化艺术交流中心官方网站。

"中国西部文化产业博览会"（简称文博会）是全国最大规模的文化产业博览会之一，多年来一直坚持举办，为西部地区的文化产业助力。每年的文博会都会进行资源、项目展示，各项产品的交易等多项内容。为来自全国各地以及海外人士推介西部地区文化产业的建设成果。文博会期间还会有一些其他的文化产业进行展示，例如国家级文化产业示范区、演艺、书画艺术、非物质文化遗产等专区。第八届西部文博会成功在西安举办。在博览会上，丰富多样的场馆展示、上万个文创产品的交易、近百个文化产业项目的推介、投融资路演活动等等，从各个方面体现出，这是一次名副其实的"文化的节日，产业的盛会"。展会期间，共举办了中小文化企业投融资路演活动、丝绸之路影视文化发展高峰论坛、西部文化产业投融资项目推介签约会等多项活动，并且所有活动和演出，均对市民免费开放。

三、西部地区文化产业发展过程中存在的问题

（一）文化产业总体实力不强，特色文化产业少

在全国文化产业 30 强中，西部地区入围的企业只有两家，这两家公司是四川新华发行集团有限公司和西安曲江文化产业投资（集团）有限公司，其中西安曲江文化产业投资（集团）有限公司已经连续七年进入全国

30 强，其企业自身具有较硬的实力。对本届"30 强"企业情况进行分析，如今这些企业在国内经济压力的影响下，骨干文化企业的总体规模实力和综合效益还在有效的提升，尽管市场竞争力和盈利能力不断增强，但还是在上升过程，这也正体现了文化产业正处于蓬勃发展阶段。为鼓励文化类企业的发展积极性，本届"30 强"继续发布了"30 强"提名企业，对其中发展速度较快，改革有明显成效的企业进行提名。西安曲江文化产业园区作为国内最早建立的文化产业示范区之一，其在对文化资源的开发利用上都有显著的成效，使"曲江模式"成为西部文化产业发展的成功典范。但是目前整个西部地区由于西部地区产业化程度较低，仅有这一个比较成功的产业示范园区，没有形成西部地区文化产业的发展模式，没有构建自己特色的文化产业发展模式，缺乏特色文化类企业等。中小企业较多，没有相对大型的具有领导性的企业，企业创新能力较弱，这些因素导致文化企业的发展缓慢。

西部地区的文化产业中缺乏大型核心企业。对于一个地区来说，大型企业就相当于是正确的方向以及典范，大型企业之中所培育的人才相对于小型企业来说更专业、更有实力，往往是形成强大文化产业的市场主体。对西部民族地区而言，由于缺乏按现代企业管理体制确立的大型核心骨干企业，而中小型企业的认知度较低，不易被大多数人认可，众多中小企业无法像大型企业对员工进行专业化的培训，生产规模小，无特色产品，这在一定程度上导致了企业核心竞争力不足，制约了企业发展。

（二）文化发展的思想观念落后

西部地区文化发展的思想观念相对落后，主要体现在政府部门重经济、轻文化的思想认识根深蒂固。虽然有些地区的政府对文化产业的改革和发展比较重视，但是相对于经济因素而言，政府还是比较重视在经济上有实质的提高，文化的发展从思想上比较落后于经济的发展。对待文化工作的积极性、主动性和创新性不够，不认为文化产业的发展会给本地区经济带来整体经济上的提高。落后的生产力和较低的经济发展水平是该地区人们思想观念落后的原因。此外，教育的不到位也会造成文化思想的落后。西部地区对于自己取得的成就有两种错误的倾向：一种是"盲目乐观"，对于自己已经取得的成绩夸夸自谈，骄傲的炫耀，不考虑终身学习的理念。另一种"盲目悲观"，对于自己的情况总是处于自卑状态，即使认为自己落后也不主动采取措施，而是只等着国家的救济，这样的心态很容易使企业失去动力，在文化工作中，找不到发展的重点在哪，不知道从哪里入手，形不成发展的气候。

（三）经济欠发达造成经济对文化支撑乏力

西部地区的 12 个省及自治区，大多数都是全国发展相对落后的地区。一般而言，社会政治经济发展水平影响文化产业的发展，文化资源是需要以经济为后盾实施保护的。首先，西部大部分地区的经济发展情况都不发达，公益性文化事业较少，没有后续资金对相关人才进行培养，使得当地文化消费市场的培育、文化产业发展的基础相对薄弱。博物院、图书馆这类的公共产业较少，学生和成人不能很好地获取关于文化的知识，造成对文化发展意义的不足。其次，经济衰弱使文化资源与消费市场相隔较远。西部地区大部分城市文化资源的聚集地区离中心繁荣城市较远，而消费市场在中心地区，人口较多，以至于文化资源在本地的消费没有市场，这就使文化得不到发展。西部地区文化产业集聚发展的配套政策、服务、设施和条件不足，没有大型企业进行投资，而本地的资源又不能支撑文化的发展。没有过硬的技术人才以及足够的资源，以高科技、创意等为核心要素的现代文化产业和新兴文化业态发展严重受限。

（四）市场化程度低，资源优势转化不足

首先，西部地区对于文化体制的改革还是不到位，因为每一个地区都需要找到适合自己地区特点来进行改革，这样才能取得良好的成效，西部民族地区政府计划经济观念偏重，全国文化体制改革进程较快，而西部地区没有跟上改革的脚步，在改革中，缺乏制度的创新导致没能形成特色发展，难以建立有效的市场经济体制。其次是市场建设滞后，资源的转化低。西部民族地区市场化程度偏低，市场配置资源的基础性作用尚未得到

充分发挥，文化产业中也存在着垄断的现象，其中包括市场准入的条件苛刻、限制多，如新闻出版、广播电视、信息服务等行业，市场准入的限制十分严格，各企业在享受政府待遇方面存在着差别待遇，例如在投资导向、土地供应、项目审批、税收优惠、信用贷款等方面。由于这些差别待遇使市场失去了竞争，大型企业以及外企融资企业进入较难，没有形成良好的竞争机制，文化产业难以长久发展。这一方面使得当地的文化资源得不到有效的利用，不能生产出优秀的文化产品，价值较低，没有形成良好的效益；另一方面还浪费了大量的人力、财力，更有可能破坏当地自然资源。最后是品牌优势不足。西部民族地区虽然有较多的文化资源，但是深入人心的被大众所了解并接受的文化不多，没有形成良好的典范，这就导致其影响力不足，发展滞后，没能使得文化资源优势转变成地区的特有文化品牌，形成文化品牌效应。

四、西部地区文化产业发展的路径研究

尽管西部民族地区的文化产业相对落后，但其文化资源是世界文化瑰宝，是独一无二的，不可以代替的。因此，西部民族地区发展文化产业要立足实际，根据本地区特色，找到适合本地区发展的根本措施和路径。

（一）加大人才资源开发，建设文化特色品牌

人才培养对于经济的发展至关重要的，任何产业的发展都离不开优秀的人才。因此，要有效促进文化产业的发展，从本质上来说就是培养优秀的人才。西部地区大多数是属于教育落后、人才缺少的地区，想要从根本上发展文化产业，首先就必须对当地的教育事业予以高度的重视。应该加大对当地教育事业的管理，投入相对较多的资源培养专业人才，有效解决西部民族地区文化产业发展人才匮乏的问题。首先可以加强高校之间的合作，建立各校之间的人才培养体系。组织学生参加企业的实习工作，使学生在实习中巩固基础知识，提高动手能力，并通过与其他学生之间的相互交流，了解自身不足，发展自身的潜能。其次可以构建专业人才培养体

系。定期开展文化专业人才的培训，引导学生自主学习科学文化知识以及社会实践能力。最后可以引进优秀文化产业主创人才和经营人才为本公司员工做专业化的培训。从多方面、多渠道引进人才，合理搭建人才梯队，通过灵活的机制吸纳专业复合型人才。

努力打造特色文化品牌对于西部地区文化产业的发展是至关重要的。各地区可以通过宣传手段使大多数人了解西部民族地区拥有的丰富的民族特色文化，让这些特色文化得到大众的认可，运用专业人才对其进行策划并给予良好的包装，形成品牌效应，通过互联网、新媒体等多种手段，逐渐让消费者形成欣赏并且比较向往的态度。根据其在自然资源文化上的优势，以本地区的特色文化资源为基础和主要方向，坚持可持续发展战略，形成独特的经营模式，努力向东部地区文化产业的发展水平看齐。西部地区的每一个省或自治区都有自己的特色，要增强自己的特色文化产业影响力，形成有特色的文化品牌，提高文化产品附加值。

（二）提升文化产业和旅游业融合度

西部地区旅游产业也得到了发展，尤其是云南，新疆等地区的旅游业发展迅速，因此应积极创造条件，引导投资者对其他的西部地区进行投资，并逐步向跨区域、多品种市场转型，充分发挥市场在文化资源配置中的主导作用。

西部地区的特色文化资源是发展西部地区旅游业的重要元素，建设西部地区文化大省，可以将文化产业大省的目标同旅游业结合起来。旅游可以吸引全国甚至全世界的游客到当地游玩，这样就能有效地提高当地的经济水平，刺激消费。在结合非物质文化遗产的基础上开发新型旅游产品，生产有创意的，带有民族元素的旅游产品以刺激旅游及日常消费，进一步利用科技力量助推文化产业发展。在旅游项目建设中要把保护当地文化的项目融合进去。例如，以成都和西安为优先试点建设国家级文化和科技融合示范基地，加快敦煌国际文化旅游名城建设，不断将科技融入到文化产业的发展中，让科技有效的加快文化产业的发展。文化产业的供给侧改革也是非常重要的，根据需求对供给进行改革。促进西部各省文化产品实现精致化的生产，防止各地文化产品同质化。通过创新打造新的文化消费点，来吸引消费者的兴趣，提高购买的能力。通过建立文化产品制作、生产、营销和传播的产业链形式来整合各要素和文化资源，实现要素、资源配置的优化和集成。积极结合"互联网＋"推进文化产业结构调整，提高效率，增强产业竞争力。

（三）实现保护中开发，促进可持续发展

虽然西部地区的文化资源丰富，但是若想长久、持续地发展文化产业，首先就必须在开发的同时进行保护，在保护的基础上进行传承和发扬。最重要的就是保持原有的文化属性、人文特质。其次是，选取具有代表性的专家对西部文化资源进行高水平的调研，了解文化资源的具体开发程度，做到科学的开发当地的文化资源。对西部地区文化资源的特色、优势进行科学定位，搞好系统综合开发，打造属于自己的地区特色。最后就是要做到在保护中开发，在开发时同时进行保护。不能将开发利用和保护分开管理，要坚持做到"谁开发、谁受益、谁保护"的原则，利用文化产业的收入返回去保护文化资源，构建文化遗产保护与利用的价值体系，探索一条文化资源保护和利用并举的道路。

现代社会在不断地进步、社会政治经济制度稳定发展、不同文化的交流，民族特色文化肯定会受到外界因素的影响，促使本民族特有的语言、文字、特色渐渐地衰退，最终消失。同时，随着产业化的推进，民族文化的精神价值，精神依托也慢慢的减弱了，由于尽可能的追求短期利益而导致文化产业长期性、可持续发展遭到阻碍，使文化产业的生命力不够活跃。但是，从另一方面讲，合理的开发文化产业也能更深层次的理解文化资源的内涵和文化资源的底蕴，能够有效的宣传当地的特色文化，增强影响力，以促进文化产业以及区域经济的快速发展。因此，最重要的是做到在对文化资源的开发利用时，要做到适度原则。将当地的实际情况考虑进去，把保护民族文化资源与改善民生有机协调起来，既要遵循文化产业发展的规律，也要坚持社会效益和经济效益有机统一。在开发西部地区民族资源时，要特别关注少数民族人民的心声，不能只顾着带来的经济利益，

而忽视了少数民族人民的心理诉求。在做到不破坏民族团结的基础上开发当地的民族文化资源。其次是在开发、利用过程中要注重创新保护意识。任何民族文化都是在不断发展且日益变化的过程中，我们要对于优秀的、原生态的民族文化，予以足够的创新保护，以激活文化资源的生命力。做到在传承中创新，在发展中保护。最后是要加强政府引导，通过设立相关的法律保护机制来完善西部地区文化资源的开发，更好地发展文化产业。

（四）加快文化产业园区建设，形成区域建设合力

为打造西部地区特色文化产业，其必经之路就是要加快建设西部地区文化产业园区，建设文化产业集群模式，尽可能的提高西部特色文化资源的转化效率和文化资源的利用率。一方面，要构建成熟的文化产业，坚持以市场为导向进行运作，形成规模化的生产，在投融资以及营销环节做到规范化。另一方面，需要构建完成的产业链，运用市场机制的作用推动各地区、各行业之间的合作，实现跨地区的企业兼并和企业重组。启动科技含量高、高文化附加值的项目。充分利用文化资源的空间化聚集和文化资源的产业化整合，尽快实现西部地区特色文化资源的流通、整合和扩张。

曲江新区现在是国家级文化产业示范区，并且是西部地区特色文化西苑的整合调整区，也打造成了旅游生态度假区的模式运营，更是一个绿色城市。曲江新区规划建设总面积约为 126 平方公里，其中具体包括曲江核心区及大明宫国家遗址保护区、西安城墙景区、临潼国家旅游休闲度假区、楼观道文化展示区等辐射区。曲江新区规划建设出版传媒、会展、国际文化创意、动漫游戏、文化娱乐、国际文化体育休闲、影视娱乐、艺术家村落等一系列文化产业园区，动手创建文化产业种类齐全、大规模、功能好的国家级文化产业示范。西安曲江文化旅游股份有限公司 2015 年上半年财务报告显示出，其公司上半年收入 4.85 亿元。各地区应借鉴西安曲江产业示范园区的建设，尽快建成有特色的文化产业示范基地。

主要参考文献

［1］李俊霞．西部特色文化产业集群发展战略研究［J］．兰州大学学报（社会科学版），2012（5）．

［2］张胜冰．我国东西部地区文化产业之特点与发展模式［J］．民族艺术研究，2006（1）．

［3］王克岭．西部民族地区文化产业发展中的政府作用——基于微观视角的解读［J］．企业经济，2011（10）．

［4］孟来果．我国西部民族地区文化产业发展对策研究［J］．学术交流，2013（8）．

［5］雷新玉．产业链视角下的西部民族地区旅游业发展研究［J］．贵州民族研究，2017（6）．

［6］赵巧艳．文化产业政策与文化包容性发展的协同［J］．探索，2012（2）．

［7］李向东，徐田江．西部地区文化产业发展现状与存在问题［J］．现代审计与经济，2011（5）．

［8］赵昕．"一带一路"科技文化的发展对我国西部新兴产业集聚作用机制研究［J］．科学管理研究，2017（3）．

［9］江世银，覃志立．西部民族地区发展文化产业的路径创新研究［J］．理论与改革，2016（2）．

［10］肖怀德．我国西部文化产业集聚发展问题探究［J］．甘肃社会科学，2014（2）．

［11］滕晶，李敏．"一带一路"战略下的中国西部文化产业发展路径——基于西安曲江新区文化产业示范园区的思考［J］．西安交通大学学报（社会科学版），2016（4）．

Research on the Development Path of Cultural Industry in the Western of China

An Jin   Ju Hongru

Abstract：The western region has rich and characteristic cultural resources, the present situation of our country's cultural industry development is that the western regions lag behind the eastern region, only the one region's rapidly development can not fundermentally solve the problems , so the western regions cultural industry development is particularly important. However, most of the western regions are in areas where economic development is not particularly well and a great part of them are places where ethnic minorities live together, forming the majority of ethnic minority areas. The development of cultural industries in these minority areas is affected by many factors. This paper expounds the development characteristics of the cultural industry in the western regions, further analyzes the current situation of the development of the cultural industry in the western regions, explores the problems encountered in its development, and finally explores a characteristic development path for the development of the western regions according to the characteristics of the western regions combined with the current situation analysis.

Keywords：The Western Regions   the Industry of Culture
Path of Development

民族文化传承与生态文明建设

——以毕节试验区为例

何国忠　董蓬玉[*]

【摘要】毕节试验区是一个多民族杂居的喀斯特岩溶地貌贫困山区，文化资源丰富多彩，底蕴深厚。但民族文化传承在其文化资源开发中和全球化发展进程中受到极大的冲击，本文试图在构建生态文明和科学发展的基本框架下，分析研究毕节试验区的民族文化传承，从多民族杂居区域如何在科学发展中传承民族文化出发，将生态文明的保护与建设同实现新毕节的跨越式发展结合起来，为未来的试验区建设拓展新的思路，规划良好愿景。

【关键词】毕节试验区　民族文化传承　生态文明

毕节试验区（简称试验区）范围为毕节市所辖行政区域，是在1988年由时任贵州省委书记的胡锦涛同志倡导，报经国务院批准建立的以开发扶贫、生态建设为主题，在贫困多民族杂居的喀斯特岩溶地貌山区建立起来，开展扶贫开发和生态建设相结合的农村综合改革试验区。试验区建立30年来，依托着毕节神奇的自然风光，得天独厚的气候资源和有力的政策支持，毕节地区正努力地将丰富多彩、底蕴深厚的民族文化打造成中国民族文化的荟萃地和西部知名的民族文化旅游中心。

---

* 何国忠（1973年~　），男，云南临沧人。复旦大学公共管理博士后，研究员，主要研究方向为宏观政策评价与变革研究，区域发展战略价值创新。

董蓬玉（1993年~　），女，江西上饶人。昆明医科大学硕士研究生，主要研究方向为卫生管理和大健康产业。

一、毕节试验区民族文化传承与生态文明

根据 2016 年《贵州省统计年鉴》，毕节市人口共有 660.61 万，其中汉族人口为 481.12 万人，占 72.83%；少数民族人口为 179.49 万人，占 27.17%。毕节试验区除汉族以外，尚有其他少数民族 45 个，根据 2010 年全国第六次人口普查统计数据，按人口顺位排在前 6 位的依次是彝族、苗族、回族、白族、布依族、仡佬族。毕节试验区少数民族人口占全区总人口的 26.5%，民族乡占乡总数的 30.4%。由此形成了以彝族文化、苗族文化、回族文化、布依族文化等为代表的少数民族文化，少数民族文化和汉族文化共同构成了毕节试验区多元多彩的多民族文化。

多民族之间的文化交流、融合促使原本单一的民族文化向多元多彩方向发展，构成了当下形式多样、种类丰富、分布广泛、活态流动、璀璨闪耀、相互影响、美美与共的毕节民族文化。

目前毕节市共有 6 项全国重点文物保护单位；国家级风景省区 2 处；省级风景区 2 处；国家非物质文化遗产代表作名录 6 项；省级非物质文化遗产 46 项 52 处。这些是贵州省乃至中华民族文化遗产大家庭中的重要组成部分，也是不可或缺的、精彩纷呈的一部分。

随着我国对外开放力度逐渐加大，以及我国整体实力的提升，我国面貌发生了翻天覆地的变化。不可否认的是对外开放有利有弊，其文化"舶来品"对我国民族文化产生了巨大的冲击，同时加上我国从政府、社会到个人对我国传统文化的重视感不强、不自信等原因，民族文化一段时间在走向没落。相关统计数据显示，从 2000～2010 年，在"城镇化"的浪潮中，全国 360 万个自然村迅速减少到 270 万个，10 年里有 90 万个村子消失，平均每天有将近 250 个自然村落消失，其中不少是有人文历史沉淀与景色优美的村子。其次，受城镇化、互联网等的冲击，许多传统节日失去了以往的活力，传统的文化形式，诸如地方戏、秧歌等渐渐淡出了人们的视线，特别是农村贫困地区。虽然近年来，我国对传统民族文化的自信、重视不断增强，但传统文化在发展，遍布全国，走向世界的征途中仍缺乏

从社会生态角度去思考保护、开发、传承等，特别是传统的民族文化。

民族文化传承和保护的重要性和迫切性，不断推促着我国站在精神文明与物质文明相得益彰的社会生态文明高度去思考发展和开发。基于当下的现状，因此本文探讨如何立足于社会生态文明层面，在实现试验区全面跨越式发展的过程中与时俱进，发扬光大民族文化传承就有着异乎寻常的战略意义，不但关系到试验区社会经济的健康发展，同时也决定了试验区的民族团结和民族稳定。

所谓民族文化传承，指的是中国各少数民族人民在漫长的历史长河中创造的物质文明、精神文明、制度文明等，属于广义文化的范畴，这三种文明成果很多时候无法截然分开，比如一座佛教庙宇，它既包含物质文明、精神文明，同时也包含着制度文明的成果。

谈到民族文化生态，首先要对生态学和文化生态学作一个简要的说明。生态学（Ecology）是德国动物学家赫克尔（Haeckel E. H.）于1866年在其《有机体普通形态学》一书中提出来的，它表示生物同有机或无机环境之间的关系，早期的生态学即指生物生态学，在历经埃尔顿（Elton C. S.，1927）、安德娜色丝（Andrenathes，1954）、奥德姆（Odum E. P.，1956）、马世骏（1990年）、奥德姆（1997）等学者的不断修订后，逐渐形成相对完善的现代生态学概念以及一系列相关理论，并越来越多地将其研究领域进一步扩展到人类社会，由此派生出很多与人类生存和发展密切相关的研究热点，如生物多样性、全球气候变化、受损生态系统的恢复与重建、生态系统的可持续发展等，使得生态学的原则和概念日益渗透到人文科学，形成相应的各种学科，如教育生态学、人类生态学、社会生态学、文化生态学等。文化生态学是研究环境对人类文化的影响，以及人类如何适应环境、利用和改造环境而创造文化的，从而说明文化特征及其产生发展的规律的科学。文化生态学的概念最早由美国人类学家斯图尔德（Stoned A. S.）在其1953年出版的《进化和过程》一书中提出。其中对民族文化生态的描述即是指影响民族文化的环境，以及民族文化如何适应这种环境并进而形成民族文化生态系统。

民族文化生态的基本问题是环境对民族文化的作用和影响，这里的环境包括了自然环境（主要是地理环境包括非生物环境如地形地貌、地质、山河、气候等等和生物环境如动物、植物、微生物等等）和社会环境等多方面的因素。其中地理环境的影响最为突出，因为地理环境既是文化发展的基础条件，也是决定文化发展速度、方向，影响经济文化类型和文化特征形成的重要因素。民族文化生态系统就是把民族文化与它的环境作为一个生命系统进行考察，它具有两个显著特征：第一，重视社会文化环境；第二，把文化的主体系统即物质文化系统、社会制度文化系统、精神文化系统和环境系统的自然环境系统和社会环境系统看作相互联系相互制约的有机整体，即系统的整体性原则，其中包含着整体互动的关系。

二、全球化背景下的民族文化传承与生态文明

（一）全球化背景下文化传承和民族文化传承的关系

亨廷顿提出"文明冲突论"这一理论后，曾经在一个时期影响着人们的思维和决策。文明冲突论者认为世界各主要文明之间存在着激烈的冲突，比如佛教文明与道教文明、基督教文明与伊斯兰教文明之间存在的冲突。论究起来，这一理论有其一定的局限性，世界文明冲突固然不可避免，但世界文明长期的和谐相处也是不争的事实，因此文明之间的冲突与和谐是辩证矛盾的统一，这是在全球化背景下的民族文化传承的总体情形。然而，全球化是一把双刃剑，它既使全球经济发展有一个统一的目标，同时也会带来一系列问题，即它在很多时空维度中，破坏了全球文化的多样性，这已经是一个无法规避的事实，所以，在一些国家有许多人为此举行不同形式的游行示威活动和反抗行动，比如现在中东国家和地区举行的反美示威行动实质就是反对文化传承过程中的全球化。这充分说明民族文化传承在全球化进程中受到了很大的冲击与涤荡。在亚洲，目前只有西藏文化圈和黔东南文化圈的文化生态成为民族文化传承较好的标杆区域，相比之下，毕节试验区的民族文化在经济全球化形势下，遭到了不同程度的侵蚀和破坏，许多优秀的民族民间文化正在不断地被异化或消失。

（二）全球化背景下的毕节试验区民族文化传承与生态文明

1. 文化传承和传统保护与建设的断裂

全球化之前，全世界都有一个近代化和现代化的大潮流。封建社会后期的清朝初年，康熙王朝对西南地区进行了强制性的改土归流，这对西南地区的民族文化带来了巨大的冲击和影响，造成民族文化传承出现断裂，许多文化传统在强大的政治压迫下，遭到了湮灭。20 世纪 60 年代，中国的"破四旧立四新"和"文化大革命"，大量销毁少数民族文物古籍，迫害民族知识分子。这不仅是对儒家文化的一次巨大破坏，同样是对少数民族文化的又一次巨大的破坏。这些都造成了文化传承和传统保护与建设的断裂，极大地破坏了民族文化生态，造成了无法弥补的损失。

2. 内部文化传承断代

随着时代的发展和历史的演进，世界各民族之间、国内各民族之间和杂居相处于省内、区内各民族之间的生产生活方式与各种文化之间的交流日益频繁，各民族在自觉与不自觉中，学习其他民族优秀的生产生活方式和优秀文化，并将其融汇到自己的民族文化之中，从而成为自己民族文化的一部分。在学习和传承其他民族优秀文化的同时，对自己民族文化中那些不合时宜的部分进行了一些主动的扬弃，以适应社会发展的潮流。目前许多传统的民族文化经过现代化的感染，具有浓浓的现代性气息，失去了民族文化的原始性、神奇性、独特性、多样性，民族文化之间变得高度的相似。另外，各民族文化在传承过程中也有一些本民族认为好但又不被主流社会所认可的部分，经过长期的坚持与抗争，在多元社会文化传承中逐渐走向弱势地位，甚至越来越不被主流社会所接纳和认同，最后不得不放弃。同时，受所生活时代、所处环境、所受教育、社会发展程度等的影响，很多少数民族青少年不热爱、不学习甚至不接纳和不愿意传承本民族文化传统，同时也受传男不传女或传内不传外的传统思想影响，形成了最近二十年来十分突出的民族文化传承断代。

3. 民族文化资源开发对民族文化传承的影响

社会的进步带动人民对高品质生活的追求，旅游业作为消费的一部分得到了蓬勃发展，其中文化产业也应运发展。文化产业被认为是"朝阳产业"，而民族文化因具有悠久的历史和独特的少数民族风情颇受旅游者的喜爱。民族文化产业作为一种能带来经济效益的产业，其开发力度随着旅游业的热潮而不断加大。近年来，试验区悠久丰富的民族文化得到不断开发，不可否认的是使"养在深闺人未识"的民族文化焕发出了勃勃活力，但是仍存在许多问题：（1）文化资源开发缺乏对民族文化本质特性的保留，当前的开发仅是建几个景点、唱几首民歌、跳几支舞蹈，伪民俗的现象是对民族文化真谛和精髓的亵渎。（2）文化开发涉及多个领域和行业，例如文化保护、环境保护等行业，而目前的文化资源开发未对其他相关的文化产业进行求索、发展，也缺乏从整个文化生态角度考虑开发。如今试验区在旅游开发的名义下，正承受着有史以来最严重的环境压力，一些历史文化名胜古迹成为牺牲品。（3）文化开发时注重当前，不考虑长远，偏向经济效益，更多是迎合现代化，缺乏保护意识和社会责任感，重开发轻保护，只开发不保护，导致试验区原汁原味的传统文化遭到商业化侵袭，一些核心景区外的古建筑遭到强拆，整体风貌遭到破坏。（4）毕节试验区的民族文化丰富，而各地少数民族格局分散，且其中的一大批民族乡村，要实现走出去不断发扬民族乡村文化仍受到了地理因素的阻碍，而且这些少数民族文化开发存在重复开发利用的现象和开发缺乏科学可持续的发展机制。

这些都一定程度上造成了对民族文化原始性的破坏，甚至发展不好还会导致民族文化的没落和失传。少数民族文化的日渐消逝和毁坏不仅影响少数民族文化的传承，最终将影响整个中华民族文化的传承。

4. 现代生活方式对民族文化传承的影响

随着科学技术日新月异地发展，新的生活方式正如大潮般的席卷着少数民族地区，传统封闭的生活圈子被打破，自给自足小农经济，以50公里为姻亲范围的小圈子传统地缘生活，以民间文艺为主要精神生活方式等都在以通俗化、大众化、快餐化、娱乐化、传媒化、信息化、网络化为特征的现代生活方式面前被冲击成为文化碎片，传统民族文化符号和特征被削弱。导致许多民族文化与传统最后挤进了被发掘、被研究、被重新发现的大学和研究院所的"象牙塔"。

5. 现代传媒和外来强势文化冲击对民族文化传承的影响

现代传媒与外来强势文化对于民族传统文化的冲击是十分巨大的。在过去小农经济时代形成的吃完晚饭后坐在桌子边、围在院子里听老人们吟诵史诗、讲述故事、传颂古辞等传统生活方式和传统文化传承方式，随着广播、电视、报纸杂志、现代网络等等进入百姓的日常生活，科学技术发展对于人类、自然与社会的辩证解释征服了各少数民族的青少年一代，传统的文化失去其神秘的色彩和迷人的魅力，无法再使年轻一代坐到油灯下、院子里去听那些古老的传说，也无法再使青少年去相信神话与鬼事传说。研究者罗建新（2011）等对云南、贵州、四川等地区部分彝族山寨部落原生态传统体育文化进行问卷调查，发现彝族传统体育文化的生存不容乐观，存在2/3的彝族体育文化正处于消亡和失传的边缘，现存的彝家传统体育技艺也因民众参与度低，开展程度不够，传承上基本处于无人组织的状态。

6. 经济全球化对传统文化传承的影响

乡土文化代表了农耕时代的文明和成就，蕴含着深刻的传统文化精神，曾经在相当长的时间里占据主流文化的地位，但随着经济全球化的影响，使得各民族的传统生产方式必须适应工业化现代化和信息化时代的要求。生产方式逐步抛弃传统的耕作方法，把田野变成植物工厂，把农村变成一块市场，把传统的生产变成工作，把手艺变成工艺，把交换变成贸易，把物品变成商品等等。于是，作为传统文化重要组成部分的生产方式和交际方式及其生活范式，在以工业现代化、农业产业化和信息网络化为特征的经济全球化的大潮中失去了民族文化的特征和最后的民族特征，将民族传统和民族符号逐渐湮没。新农村和城镇化建设进程的加速，无可否定的是，其为改善乡村劳动人民的生活环境，提高生活质量做出了巨大的贡献，但不可否定的是，乡村文化保护在新农村和城镇化建设的浪潮中受到一定程度上的影响。毕节市在美丽乡村建设当中，由于当地建设规划缺乏整体性，毕节地区优秀丰富多彩的传统文化、民间文化、非物质文化遗产亟待抢救，保护和利用，尤其其中对历史文化村落、古建筑、古村落等传统文化的大拆，其对民族文化到来了毁灭性的伤害。

三、毕节试验区的民族文化传承与生态文明建设

在全球化时代，各民族文化都面临着十分严峻的形势。毕节试验区在这样严峻的形势下采取各种有力措施保护民族文化生态，建设和谐社会，探索逐步建设现代社会生态文明的道路，具体措施如下：一是各民族传统文化和复兴。除了汉族传统节日春节、清明节等等得到进一步的复兴之外，彝族火把节、彝族年，苗族花山节，回族的开斋节，布依族的六月六，白族的火把节等各种民俗节日得到广大群众的进一步认可和欢迎。二是挖掘、搜集、整理、翻译和出版了《西南彝志》《彝族源流》《中国西部苗族口碑文献资料集成》等一大批民族古籍。三是保护和建成了以奢香墓及奢香博物馆为代表的民族文化古迹和设施。四是成功申报了一批少数民族非物质文化遗产，《撮泰吉》《铃铛舞》《乌蒙欢歌》《滚山珠》、大方彝族髹漆艺术等一批少数民族非物质文化遗产被国家认定。五是一批乡镇的民族民间文化被上级肯定。威宁板底乡、黔西铁石乡、钟山乡、赫章雉街乡、七星关大南乡等有9个乡被省文化厅命名为民间文化艺术乡，其中大方县现代民间绘画又被国家文化部公布为"中国民间文化艺术之乡"。六是一批民族村寨被纳入省级保护范围。七是各种民族民间文化体育方面的对外演出和交流活动正常开展起来。八是各民族学会相继成立，成为研究和传承民族民间文化的一支重要力量。九是民族民间文艺团体及其创作表演活动逐步显示出了活力。十是具有多民族文化特征的夜郎文化引起了许多专家的关注，夜郎古国成为人们争抢的一个热门品牌。十一是一些县相继开办民族文化节活动，除了常规的民族传统节日活动外，大方县已经举办了四届"奢香文化节"，赫章县响亮地提出了历史文化兴县的口号，并且把夜郎文化作为本土文化的一块重要品牌。十二是毕节试验区把民族文化作为推进地方旅游文化建设和文化产业建设的一个重要方面，纳入了党委政府的重大决策。这些措施有力地保障了试验区各民族文化的传承与弘扬，实现了全区政治稳定，社会和谐，经济发展，文化丰富多彩，人民

生活水平不断提高，促成了全区社会生态文明建设迅速良性的发展。

四、保护民族文化生态　拓展试验区生态文明建设途径

毕节试验区民族文化的丰富多样性，是历史的和现实的积淀和传承，它决定了我们必须正视现实，切实做好保护民族文化生态工作，从文化保护与建设的高度上来开拓试验区建设的新途径，不断探索并取得社会生态文明建设的新成果。

经济全球化潮流不可阻挡，但民族文化多样性也将长期存在。正如有识之士所言："越是民族的就越是世界的"，"随着经济全球化的发展，民族和地域、地缘文化会受到不同程度的冲击，但不同民族和地域的文化特点与差异依然会存在，将构成人类丰富多彩的文化生态文明"。

因此，经济社会发展越趋于全球化，就越需要重视文化的多样性和差异性，越需要不同文化间的交流和平等对话。尊重和承认世界文化的多样性，已成为当今世界许多国家普遍接受的国际关系准则和文化理念。经济社会发展全球化不应让世界文化走向单一，应当保护及强调不同文化传统的传承应和文明社会的发展和平共处而不是相互冲击与打压，"君子和而不同"，文化亦应如此，不同文化需要的是对话而不是对抗，是交流而不是封闭，是相容而不是相斥。

（一）从七彩云南到多彩贵州的启示

20世纪80年代初，贵州省提出建设民族文化宫作为龙头，拉动全省民族文化的建设。当时云南派出一个高级考察团到贵州来取经，回去后他们立即组织大抓民族文化的建设，把"七彩云南"作为一个多民族文化形象进行宣传和打造，通过20年来的努力，云南一举成为世界瞩目的民族文化大省。他们将民族文化、民族文化产业与民族旅游相结合，给云南带来了丰厚的经济回报和美好的文化声誉。而贵州在2000年才又重新启动民族文化宫建设，2005年才提出"多彩贵州"的民族文化建设工程。贵州人醒得早、起得晚、做得更迟，错过了先机，只能跟在别人后面爬行。

这个教训是深刻的。毕节是贵州的一部分，对此更需要引以为鉴。要抓住自己独有的民族文化优势，选择适合树立自身独有品牌的特质，保护和建设好民族文化生态，创造自己的民族文化符号和发展好自己的民族经济。

（二）树立民族文化传承也是生产力的理念

民族文化产业发展带动经济社会发展是日本与韩国等国家对待传统文化的一种理念，他们认为传统文化是一笔丰厚的文化财产，经营和发展好传统文化可以带来丰厚的经济回报。但目前，毕节文化产业发展滞后，发展速度缓慢，与毕节经济社会发展极不协调。把文化尤其是传统文化作为一种产业来发展，可以带来不以污染环境为代价的经济社会发展理念，值得我们深思。

民族文化传承也是生产力须从以下几个方面做起：一是必须拥有传统特色的文化，二是传统文化必须可传承，三是传统文化必须具备优秀属性，四是文化须具有科学发展特性，五是文化须成为可变经济的潜质，即它的可供消费的特点。当传统文化特别是独具特色的民族文化的可供消费的特点被人们认识之后，在中国特色社会主义市场经济条件下，文化财产、文化产业、文化经济等等的理念将会被人们所接受。如果认识到民族文化不仅仅是一个民族的文化财，而且是所在区域的文化财，乃至是一个国家的文化财，那么我们认识民族文化的视角将会得到更新，对民族文化的认识也会得到提高。因此，作为一种生产力，人们就会把它作为一种资本进行经营，从资本趋利的本性上去开发和利用民族文化，在文化安全的同时把文化资本作为文化外交的重要手段，为当地创造良好的知名度和美誉度，使之成为区域经济社会发展的符号和标签。

（三）树立重点保护与适宜开发相结合的理念

对于民族文化的保护与开发利用问题，应该采取实事求是的态度，"一刀切"的做法不符合客观事物的发展规律，这样的开发与发展不是科学发展。

根据目前毕节试验区的民族文化生态比较脆弱的实际情况，应该采取

"重点保护、适宜开发"的原则，守住民族文化资源开发的政治底线、生态底线、经济底线、社会底线和文化底线，不能只算经济账，不算政治、生态、社会和文化账，且在民族村的开放过程中，要根据地域特色进行开发，避免出现"千城一面""千镇一面"的现象。目前毕节红色文化遗产保护存在立法不全、执法不严、司法不力、法制意识淡薄等问题，因此，毕节地方立法机关加大立法力度和步伐，对民族文化造成损害的，坚持用法律手段进行严惩。

近年来由于央视的歌手大赛中增加了民间原生态项目，使得人们对民间原生态文化的认识大大地提高了一大步，造成有的地方开始一窝蜂地开发民族民间原生态文化，从而在不科学的开发中又破坏了民族民间文化的特质和真髓，并且出现了一大批"伪民俗"。当然，我们也要认真分析和区别表演的民俗与"伪民俗"，不能因为出现了一些以表演为形式，改变了原有传统文化的部分特色的民俗就一概而论为"伪民俗"，要用科学和发展的眼光来看待事物的发展变化。因此，对于濒临消失湮灭的民族民间文化，特别是那些独具特色而又在消失之后可能再也无法复原的优秀传统，如数量众多的口碑古籍、大量存在于山野的文物留存等等，就要进行重点保护，而保护的最好办法就是要赶快进行抢救存留。对于民族民间歌舞等，则可以进行适宜开发，使其在文化外在形式下，将潜藏着的经济效益和社会效益得以最合理地发挥，使文化生产力的性质得到充分的发挥，让民族文化遗产在新时期发挥出文化资本和文化资源的职能，造福于试验区的各族人民。为新毕节的发展开创新的路径，成为新毕节经济社会发展的主体元素之一。

（四）搞好民族文化生态保护，构建科学发展试验区

搞好民族文化生态文明建设，第一要从思想意识上提高对民族文化传承的认识，民族文化传承的和谐共生和协同发展，对于科学发展观策源地理论延伸和同心思想典范建设具有不可低估的意义，它是科学建设和发展毕节试验区和新毕节的重点示范工程。第二，要从观念上把民族文化传承也是生产力来进行主抓和推动，充分认识到民族文化传承是文化资本、文

化资源，它具有的繁荣文化和推动社会全面发展的经济潜质和潜在作用。第三，要坚持重点保护、适宜开发的原则，以抢救濒危民族文化为急务，以保护脆弱的民族文化为要务，以弘扬优秀的民族文化为任务，适宜开发而不是大力开发，成熟一批开发一群。第四，通过多种渠道培养一批民族文化的传人，使这些传人成为民族文化传承的人力资源进行储备。第五，建立一批民族文化生态文明村寨和民族文化生态博物馆，让这些生态文明村寨和生态博物馆成为经济建设和社会发展的网底。第六，依托自然风景区和旅游景点"复活"和发展民族文化，使之成为经济建设和社会发展的网线。第七，开展大型民族体育文艺汇展汇演，去粗取精，提升民族文化品质，使之成为经济建设和社会发展的网眼。第八，保留、激活一批有一定生命力的民族传统节日和民风民俗，通过节日文化场和民俗文化场保护和传承民族文化，在挖掘、整理中还原其原有性，保持其原生态，防止伪民俗现象的发生。第九，营造适宜民族文化生存与发展的社会环境和传承环境，互相学习、取长补短、扶优汰劣、兼容并包，坚持以人为本的科学发展观，构建和谐共荣的民族文化生态文明环境，以拓展和谐毕节试验区建设和新毕节建设为途径，不断探索并取得社会生态文明建设的新成果。

文化作为评价一个国家实力的重要依据，世界各国都将文化作为一种软实力来重点发展。中华民族文化璀璨夺目，是中华民族智慧和文化的结晶，更是人类文明的瑰宝和重要的组成部分。

振兴中华民族文化不仅是传承、弘扬民族文化的切实路径，更是兴邦耀国、实现中华民族伟大复兴中国梦的重要基础和有力凭借。文化是第三产业中第一产业、其拉动经济增长，增强国家实力的能力巨大。文化复兴才是真正强国，实现中华民族文化振兴需以科技及产品作抓手融入绿色、可持续发展创新思路进行开发，牢牢把握维护民族平等和团结的政治底线；坚持保护生态环境和民族文化的生态底线；坚持社会效益第一，经济效应第二的经济底线；促进文化传播和公民素质提升的社会底线和保护原生态和适度开发的文化底线，只有坚持政治、生态、经济、社会和文化底线思维，才能实现振兴中华民族文化，走向世界的目标。

主要参考文献

［1］陆有斌. 毕节试验区民族文化旅游产业开发研究［J］. 乌蒙论坛，2011（2）.

［2］史策. 八十年后才溪乡再调查［N］. 光明日报，2013－12－03.

［3］陈前恒，方航. 打破"文化贫困陷阱"的路径——基于贫困地区农村公共文化建设的调研［J］. 图书馆论坛，2017（6）.

［4］尚仕贵. 毕节试验区民族文化的过去、现在和未来［J］. 金色年华（下），2015（1）.

［5］张倩男，李妍，薛安琪等. 穿青人傩文化中五显神的文化价值探寻与传承保护研究——以贵州省毕节市纳雍县和六盘水市水城县为调研中心［J］. 大众文艺，2017（2）.

［6］毛海琳，陈懿然，魏雪娇等. 贵州省织金县穿青人婚俗文化的对比研究和保护发展［J］. 中国市场，2017（14）.

［7］张敬燕. 乡村振兴背景下优秀乡土文化传承的路径探索［J］. 中共郑州市委党校学报，2017（6）.

［8］陈贤. 毕节文化（文艺）产业发展研究［J］. 乌蒙论坛，2016（6）.

［9］韩毓华. 新型城镇化建设要重视乡土文化的传承［J］. 神州，2014（9）.

［10］李晓蓉，卯光润. 贵州红色文化资源保护现状及其法律保护思考——以毕节市红色文化遗产法律保护为例［J］. 遵义师范学院学报，2016（4）.

Study on Inheritance of Ethnic Culture and Construction of Ecological Civilization: A Case Study of Bijie Experimental Area in Guizhou Province

He Guozhong   Dong Pengyu

Abstract: The Bijie Experimental Area is a multi-ethnic mixed karst karst landform poverty-stricken mountainous area with rich cultural resources and profound heritage. However, the inheritance of national culture has been greatly impacted in the development of its cultural resources and in the process of globalization. This paper attempts to analyze the study of the cultural heritage of the Bijie Experimental Area under the basic framework of ecological civilization and scientific development. From the perspective of how multi-ethnic mixed areas inherit national culture in scientific development, combining the protection and construction of ecological civilization with the leap-forward development of the new Bijie, developing new ideas and planing a good vision for the construction of the future experimental zone.

Keywords: Bijie Experimental Area   Inheritance of Ethnic Culture Ecological Civilization

文化金融

城市创意文化生态社区：
创意街区升级转型的资本路径*

陈能军　黄　韧（Mark Y. Wong）**

【摘要】随着全球化进程的加速、加深，许多传统社区的固有文化与经济生态被打破和改变，造成了"文化遗产井喷现象"，如何面对这一改变并且重塑可持续的新文化生态成为城市"传统社区的焦虑"。国内城市创意街区仍然存在战略高度不足、过度商业化、产业融合模式不能满足市场需要、定位不准确等问题。通过梳理和分析纽约苏荷街区（SOHO）、芝加哥"美食餐车"、法国巴黎社区等为代表的海外创意街区文化资源的资本化案例，我们认为创意街区应该建立城市文化创意资本化的 IP 技术路径，将文创 IP 留在创意街区，创意街区从而转型成为新型的城市创意文化生态社区。一旦生态社区稳定之后，其经济溢出效应与其他不同形式的生态社区通过网络的作用，可以为城市创意经济的健康发展提供新的"穴位与经络"。

【关键词】创新街区　创意文化生态社区　文化资本　知识产权　文化生态网络

习近平主席自 2013 年以来就对文化创新命题持续关注。当今文化资源需要进行创新、活化，我们认为当下文化资源资本化转变不畅是阻碍文化资源活化的主要"硬骨头"。尤其是在都市文化中如何将创新与传统相结合，文化创新街区与版权产业互补，探寻一条活化创意社区的新路径是

　* 基金项目：广东省哲学社会科学"十二五"规划 2015 年度学科共建项目"文化科技融合研究：版权交易与金融支持的双重视角"（编号：GD15XYJ30）。

　** 陈能军（1981 年~），男，湖南衡阳人。理论经济学博士后，深圳大学文化产业研究院副研究员，主要研究方向为文化创意经济、文化金融研究。
　黄韧（Mark Y. Wong）（1977 年~），男，加拿大籍华人。人类学博士，广西师范大学文学院讲师，主要研究方向为文化创意经济、族群经济。

学者们所要关注的一个重要命题。

一、传统社区的焦虑

刘易斯·芒福德认为"城市通过它集中物质和文化的力量，加速了人类交往的速度，并将它的产品变成可以储存和复制的形式……城市的主要功能是化力为形，化能量为文化，化死的东西为活的艺术形象，化生物的繁衍力为社会创造力"[1]。在讨论城市文化资源之前，有必要厘清作为其载体的基本概念——街区。西方的主要城市是以"街道"作为区隔城区区间功能和公众流动的特定场所，其空间形式的转变也不过是和广场汇集起到聚合人群的功能[2]。从中国城池的变化历史来看，城市的基本单位就是"街坊"，其功能性内核就是为城市生产提供动力的空间，外围便是具有防卫功能的坊门和坊墙[3]。这样就形成了一个个相互依存的、同时又各自独立的传统城市文化生产空间。在日本传统街区的区隔中，使用了"城下町"这个概念，将城市分割成了不同职业、阶级、功能三个大的板块[4]。东亚传统和欧美的街区区划从物理空间的角度来看都具有一定的"封闭性"特征。换言之，正因为传统城市中的"街坊"内尤其独立的生态，这样才能够产生相对独立的文化生产空间。

人类学研究者早在20世纪60～80年代便对经济全球化与各国城市文化的冲突进行研究，发现"传统社区的焦虑"这一社会文化现象。社区是以城市街区为代表的人为场所往往具有一种联系各种因素和实物的结构性平衡，代表着它固有的力量与秩序[5]。社区文化是一种社会亚文化，指"一个社区内所有精神活动和实际活动的方式及其物质与精神的总和"[6]。所以，当全球化的浪潮将城市及其街区卷入经济模式的变化过程中去的时候，人们的生计模式和区域的税收主要来源也在不同程度地与世界经济体系磨合中发生深刻的变迁。国家对于全球化的积极态度而颁布新的经济政策，导致社会阶级重新分层亦悄悄开始，传统习俗、道德价值观等其他层面也发生了剧烈的变化[7]。不但如此，全球化所带来的社会经济的变化意味着传统社区固有文化规则的变化，一旦超过其"临界限度"则意味着这个社区文化的消亡[8]。同时，由于"大量外来的宗教文化被破坏，原有的文化多样性也因此衰落了"[9]。出现了社会学家吉登斯所谓的"后现代社会发展的断裂"[10]全球性现象。这种焦虑和断裂的产生是因为城市在被全球化的过程中，其原生的文化生产空间及生态被扰乱打破。在这种情况下，我们要考虑的关键问题是如何再造城市文化生产力与文化生态。

针对这种情况，有学者指出对于20世纪的中国社会和中国文化来讲却是"三级两跳"，直接从一个农业社会跳过工业社会，进入信息社会。在这个过程中，面对可能的中华原生态文化破坏，必须积极尝试触发"新的文化自觉"，并积累经验为他文化所用[11]。"创新、创意和创造是文化的重要价值所在，它们可以激发人们革新生产方式和经济理念，革新人类的文明理念、生存方式和发展道路，促进经济转型升级和社会更新发展，实现经济与文化、人与社会的全面协调发展"[12]。这意味着学者和政策制定者需要梳理世界城市的文化创新经验，借鉴国内相关的经验与教训，寻求符合中国国情的文创发展路径从而更好地避免新的"临界限度"与"社会发展的断裂"。

有城市文化地理学者根据中医的针灸理论提出构建良性街区和城市创意发展与联系的"城市穴位—经络"理论[13]。首先，我们应当将一个城市看做是一个有机的生命体，每一个传统"经济文化"的核心街区和新兴的创意街区都具有拉动周边经济效益的知识和文化溢出效应点，这些点就是一个城市的"穴位"，而溢出效应传播的途径就是城市的"经络"，它包括马路、交通、因特网等现代和传统信息交流的信息和物品就是"气"。由以上各元素构成的整体城市中的文化和经济力量就是"神"。由是，便形成了"创意城市—街区"生态，这就是维持一个城市发展的"生命力"。这样从生态和文化的视角很好地诠释了创意街区到创新社区再到创新城市之间的关系。本文着眼于当下国内创意街区遇到的问题，通过梳理海外的文献与经验，尝试运用文化资本IP作为创意街区升级成为城市创意生态社区基础的可能性进行探讨。在讨论IP成为这类生态社区的技术路径的可能性同时，基于"城市穴位—经络"的视角，对这类生态社区和创意城市之间互补相生关系进行一些初步的探讨。

二、国内创意街区发展存在的问题

从现状分析来看，目前国内创意街区的发展确实存在不少问题。

首先，国内创意街区的研究缺乏战略高度，欠缺产业模型及文化创新驱动模式研究[14]。自 2005 年正式吹响创意经济号角以来，国内创意街区的发展情况总体来看呈现同质化与商业化两大发展趋势，其中商业化是导致这些街区发展方向与特色趋同的主要原因之一[15]。有相关人士提出传统街区在面对创意经济大潮时，应该如何把持传统与时尚、民俗与创意之间的磨合[16]，换言之，创意是否能够商业化、如何商业化是学者和业界需要面对的共同问题。有学者认为依靠历史街区的转型而形成创意街区，必须发展"相生的"文化产业，并且形成有竞争力的聚集区，成为"新生产空间"；在此基础上对于历史街区的美学价值进行再阐释后，在对其进行价值扩展的同时，发掘其经济价值[17]。

其次，创意发展具有盲目性，产业融合模式出现问题，未能真正满足市场需求。有研究认为应当在增强文创街区的旅游异化体验方面着手街区创意文化的资本化，比如有学者通过调查问卷在上海发现了一些有启发性的文创旅游趋势，如游客的兴趣和口味趋向多元；旅游产品的产生与供给发生了模式性的变化；旅游服务的提供者愿意在产品市场和游客口味变化的前提下，进行自身的服务类型和品质的改变[18]。从休闲、消费、审美、创意、社会意义等方面加强与所在街区文化品牌、艺术展示、产品异化、空间情感等层面的互动，进一步增强旅游与商业的互动[19]。但是，"现今的创意行为，并没有满足市场自发的、潜在的需求，而且市场缺乏一定的标准尺度和规章制度"[20]。这是我们需要加强认识的地方。

再次，城市文化定位缺位，导致了二次、三次创意不足，缺乏自我更新的机制和城市的文创魅力。"文化与创意"是一组具有"协同互补内涵的整体"，在发展文化创意时必须要顾及到街区所赋予该概念的先天性条件，从而产生出工业遗产、历史文化街区、文化观光旅游、商业文化创意街区等类型[21]。所以建设创新街区必须一手打造宜居环境，一手哺育和留住创新人才。保持开放性的心态刺激创意人员进行跨界头脑风暴，找寻合适创意产品的商业—经济模式进一步刺激其二次、三次创新[22]。其根本目的就是为了增加创意街区的主题性、功能性以及靶向性，让街区作为一个商业空间可以最大程度满足消费者心理需求，获得双赢[23]。"城市是社会力量的网络，而不是民族和地点的系统"[24]，这说明城市与街区的关系总是相生的。这种相生的原动力就在于特定街区的功能随着时间的改变发生改变时，会为城市的发展提供不同的创造力，这样的创造力一旦固定下来，便形成了"城市—街区"所特有的、互哺的生态关系。

三、海外生态性创意街区与城市文化资本研究

探讨创意街区，应当将街区这个概念从单纯的建筑学和历史学的视阈中剥离出来，运用动态的三维视角、以文化产业空间[25]概念来审视创意街区，其生态性就会更加明显。首先，作为文化产业空间的创意街区的终极目标是为了其母文化的繁荣与发展。其次，它应具有可持续性，不但为当下的街区利益相关者创造物质和精神价值，更应为子孙后代留下创新、创意的平台和经验。由此，我们必须对于城市特定的社会资源、自然资源总和的历史文化资源给予充分认识。

纽约的苏荷街区（SOHO）作为创意街区研究来讲是个非常经典的案例。"苏荷效应（SOHO Effect）"理论便是很好的总结[26]：当低收入艺术家们集体迁入该贫困街区几年后，该街区逐渐形成了一个以艺术为代表的文化创新街区，吸引了众多艺术创意产品的消费，慢慢地成为纽约的一个城市文化热点，聚集了人气和商机。同时，由于商业活动多了，当地的治安也发生了好转。这时地产商介入，大量购买该地区物业，经过旧城改造，将其升格为高档商业区。这时贫困的艺术家们由于无法继续在此高消费地区生活，被迫沿着地铁线进行移动。这样一来，地铁沿线的不同街区也逐渐地被改造和商业化。但是文化创意的生产人群的生活依然没有得到很好的改善，被迫继续迁移。这样的模式不利于创意人士的发展以及街区创意文化的保持，因为在苏荷模式中每个创意中心街区的生命周期都非常

短暂，平均只有十年左右[27]。这个研究发现和国内的一些学者认定的创意街区空间具有主观和自发的迁移活动有较大的出入[28]。直到通过政府与应用人类学者共同构建了巴蒂摩尔街区模式，才实现创意价值对于地产的升值、房价上涨和创意生产者收入的矛盾的调和[29]；这样才解决了苏荷效应带来的苏荷困境，并且充分照顾了文化地产投资者的呼声。

欧美许多国家是移民输入国，所以有学者也更加关注新移民对于接受国的文化创意发展的影响。为了呼吁芝加哥地方管理者尊重不同文化在该地的文化地位，许多新移民厨师发起"美食餐车"活动，推广不同饮食文化，渐渐成为了一种地方性创意民俗，从而达到了官、商、民三赢的城市"文化的社会实践"[30]。在时间的沉淀和资本建构持续实践后，终于成为了一种新的生态性民俗即新的街区文化。同样是新街区文化的建构过程，加拿大多伦多维斯顿街区的民众为了表达对于旧城改造的不满，发动抗争创意。通过建构一个原来并不存在的社区居民街市，组织各种民间力量共同挖掘该街区的历史文化价值，并使之初步商业化并获得成功[31]。由于街区物理空间的限制，创意经济活动需要更多的空间，必然会向周边的街区延伸发展。在这种情形下，可以认为该创意街区的生态环境已经初步呈现，创意作为文化资源的资本化可以提上日程[32]。

对于一些文化传统沉淀较深的地区，这些城市在文化遗产保护和活化上的态度更加积极。其最根本的担忧是创意街区的过度去传统化，会使得"社区的罗曼蒂克"消失。这意味着人们有时将创造性破坏和破坏等同起来，认为在旧城改造的短暂利益之后，社区的精神便不复存在，社群本身创意活动的商业价值的创造便被地产商窃取了[33]。这对于创意阶层人士和社区居民来说，都不是一件好事。这类城市根植于本身传统来发展创意，必须要明确自己有什么资源可以资本化，资本化之后的目的仍然是要鼓励创意发展；创意发展的结果是要满足人们的需求；这一过程必须要多方面合作才能形成新型生态[34]。例如，法国巴黎便将其社区文化产业根植于本地文化传统上，结合休闲与购物两组概念，以"满足到那里的拜物主义者的虚荣"[35]。

根据以上新型和传统创意城市与街区的讨论，我们可以看出无论是哪一种创意都是经济活动。所以，有学者指出无论城市的或者街区的创意都好，不过是为旧有的城市经济增加其总量的规模而已；如果只是单纯地强调其对于地产和城市经济体量的贡献的话，而不改变各个利益群体与这个经济体量的依存关系，那么这样的创新将毫无意义[36]。同时，城市创意品牌打造过程中最大的问题是如何依靠地域性和文化性来凸显城市个性，是各个国家和地区所面对的共同问题[37]。创意街区和城市应对各种挑战时，最好的办法就是创造新的生态系统[38]，将创新、经济、社会、休闲、文化、绿色等各个概念囊括进来形成整体竞争和抗打击能力。这样就需要人们不仅仅要用传统的创新思维去面对创新的问题，而且需要我们超越这些传统行业，将新兴的知识和创意也作为城市生态的一部分进行磨合，从而产生新的城市文化。以韩国首尔为例，在设立不同的文化街区和产业区的同时，充分将公众参与、冲突协调与创新需求应对三大机制并举[39]，在城市文化创新以及城市品牌打造方面取得了良好的效果。

四、IP 是城市创意街区成为文化生态社区的前提

创意城市之所以不同于传统城市是因为它们出现的目的性非常强，创意城市的功能是创造新的知识，并在创造的过程中战胜对手[40]。创意的生态化需要一种创意气氛（Creative Milieu）[41]：首先，一个城市须具有创意的"软件"和"硬件"。其软件就是相关利益群体的利益驱动机制，而硬件就是相关研究机构和支持设施。同时，创意气氛中的企业和个人的产品的商业化结果不是为了某个机构盈利，而是必须还利于民，这样才能进一步加强创意气氛。这种气氛是必须建立在相关机构和产业在某个地理空间聚集发展，产生文化产业集群[42]。创意街区就是这样的具有创意气氛的独特城市生态景观，而这种生态性文化创意的景观在一个城市中出现得越来越多的话，必然会出现新的文化传统、习俗，还包括政治传统和与人类社会发展相一致的城市精神文化[43]，其城市文化资源就会越来越丰富，城市与街区之间就越来越"良性互动"发展[44]。

IP 是英文缩写，在计算机网络和知识产权两个领域最为人们所熟知，

前者是"Internet Protocol"的英文缩写，意为"网络之间互连协议"，是计算机网络用于相互通信而设计的虚拟协议；后者是"Intellectual Property"的英文缩写，即"知识产权"，是人们在科学、技术、文化、艺术等领域，从事智力劳动创造的成果在法律上确认的产权。文章所指的 IP 只能是"知识产权"之英文缩写，它包括知识财产权和知识所有权，是著作权（即版权）、专利权、商标权等无形财产的专有权的统称。

创意 IP 在以人际存在为中心的"差序格局"式城市文化生态中，与城市文化资源和城市文化资本既显著区别又紧密拥抱而互动存续①。城市发展中"文化资源是人们从事文化生产或文化活动所利用的各种资源总和"[45]，无论物资资源与精神资源之分、自然资源与社会资源之分抑或历史资源与现时资源之分，城市文化资源都是人们在一定城市地域的文化留痕中的生产资料和生活资料来源。文化资本作为经济学范畴概念的提出，是在法国人皮埃尔·布迪厄界定社会学范畴的"文化资本"之后，澳大利亚学者戴维·思罗斯比在其《文化资本》一文中定义文化资本为："文化资本是以财富的形式具体表现出来的文化价值的积累"。显而易见地，经济维度中的文化资本天然秉承了一切资本对于价值增益的赤裸诉求。就创意 IP 与文化资源、文化资本二者的交错情形而言，一方面创意 IP 并不是文化资源，其与文化资源在所有权方面存在巨大差异，文化资源具有非独占性、非现时性和区域共享性，创意 IP 则是私属性的、现时性的；另一方面，文化资源可能转化为一定的文化资本，尤其在人们对于文化资源进行创新性活化之后，衍生的文化成果就可能成为一种新型 IP（只要他们愿意去申请与注册登记），创意 IP 本身就是一种知识资产或者说资本，一种基于文化资本经济所有制的法律表现形式。

回到我们的城市创意社区主题，如果说创新街区的今天必然要走向生态创意社区的明天，那么创意 IP 就是完成这种由意识到物化、由知识到产业、由资源到资本等多重意义的跨越、转化的必然路径，这种必然性我

---

① 费孝通先生提出的旨在描述亲疏远近的人际格局，如同水面上泛开的涟晕一般，由自己延伸开去，一圈一圈，按离自己距离的远近来划分亲疏。

们依然可以采纳结构—功能主义和产权分析两类广泛认可的范式来分析。

在 IP 语境下，生态创意社区的社区人际结构与传统意义上的人际结构相比，已经发生了巨大的变革，由传统意义上的层级性、边界式结构转变为多中心的网络式结构，而且这种结构在数字化和互联网背景下具有了虚拟空间与地理空间相融合的发展趋势。街区及街区间的创意个体及其裙带主体不再有明确的边界和组合秩序，创意经济活动是被嵌入于一定的社会关系网络，维系这种嵌入的就是重复博弈而来的信任体系①。简单地说，IP 语境下的创意街区中的人际结构已经由二元垂直结构向多中心水平结构发生变革；由传统意义上过度关注创意个体之间的关系嵌入情形，向 IP 语境下更多关注社区网络结构特征对于个体创意行为影响之结构嵌入的改变；由创意个体间的互动频率、亲密程度、关系持续时间、互惠内容等因素决定和促进街区创意发展，向结构网络多样性、网络密度、成员距中心位置等因素决定和促进街区创意发展的动力模式变革；由基于个人信息和身份信息等非正式制度安排作为信任机制基础，向以重复博弈确定成型的区域法规等正式制度安排为信任机制基石的转变（详见表1）。

表1 IP 语境下创意社区人际结构变革

因素	传统创意社区人际结构	IP 语境下创意社区人际结构
标准类型	二元垂直	多中心水平
充分关注点	关系嵌入及其强弱	网络嵌入及其动态平衡
动力因素	互动频率、亲密程度、关系持续时间、互惠内容	网络多样性、网络密度、成员距中心位置
信任机制	个人信息和身份信息等非正式制度安排为基础	区域法规等正式制度安排为基础

创意 IP 的产权本质就是我们以产权分析方法探讨创意街区向创新街

---

① 社会经济学家格兰诺维特在嵌入性问题研究中提出了社会网络的概念及其平衡性因素——信任。

区跨越时为什么必然以创意 IP 为发展选择的基本理由。IP 对于创意街区的文创产业的促进发展是体现在创意所有权－所有权激励－创意经济行为这一基本的三级循环链条之上（见图 1）。

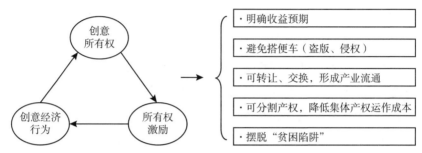

图 1　创意 IP 对于创意产业的促进链的表现

　　具体我们可以从五个方面来思考其路径：第一，明确界定创意产权，才能明确创意产权的收益预期。创意产业的发展与一般产业发展在要素投入的构成上别无二致，同样需要劳动力、土地、资本、技术、信息等生产要素的投入，只是与一般经济产业的投入不同，文化创意 IP 作为技术与信息融合体在文化创意产业诸多要素中往往居于重要地位，这种要素投入的重要地位必然为创意所有者带来整个产业价值链中足够的租金分配权，也就是完美的收益预期。第二，避免搭便车现象，规避知识产权盗版等侵权行为。产权不清晰正是"搭便车"等现象的根源①，尤其是具有较大附加值的创意活动必须明确知识产权，这是规避创意盗版等侵权行为的制度安排基础，也是文化创意产业可持续发展的前提条件。第三，创意 IP 的可转让、可交换特性是创意 IP 的价值增益基础，是文化资源资本化、文化创意产业化的基本要求，交换才有分工、才有流通、才有资本增值和市场经济。相反，产权不清的劳动产品找谁去买、怎么交易、付给谁购买资金都是不明确的。第四，创意 IP 的可分割性能够降低集体产权的运作成

――――――――――

　　①　搭便车理论首先由美国经济学家曼柯·奥尔逊于 1965 年发表的《集体行动的逻辑：公共利益和团体理论》（The Logic of Collective Action Public Goods and the Theory of Groups）一书中提出，其基本含义是不付成本而坐享他人之利。

本。随着产业发展的无边际融合和人类技术手段的无限拓展，更多的复杂创意项目需要更多的智力劳动者进行分解生产和孵化，某一环节和某一局部的创意不能满足整体项目的需要。同样，整体项目的创意产权也需要分割开来归属不同的创意研发者所有，这是降低此类集体创意项目交易成本的需要。第五，以创意 IP 为产业发展的基本导向，是摆脱"贫困陷阱"的可能性方向。一个社会乃至一个城市街区，越是拥有一定财产的公民越倾向于产权保护政策，越是贫穷的公民越倾向于产权的不清晰政策，而产权的不清晰更会导致一个国家、地区或者行业从业者陷入"贫困陷阱"。就文化创意产业而言，这种恶性循环更加明显。

五、结论

通过梳理一些国内外相关文献与相关理论后，我们认为通过活化和生态化创新街区，使其形成以 IP 为导向的生态环境后，最终成为创意文化社区是解决传统社区焦虑比较好的办法。通过以上讨论，我们认为都市创意文化要形成气候和可持续的创意气氛必须要着眼于文化生态的创造、创新与相关资源活化的问题。同时，都市创意文化应该通过文化经络成为每个城市的地方文化个性最为彰显的创新性体现。城市创新的第一步应由创新街区开始，通过对其创新成果的不断 IP 化，形成新型的资源，进而活化成为可货币化文化资本。正如同布迪厄指出的"文化资本由'实有'变成'实存'的过程"。此后，我们应该吸取本国和欧美国家的过往教训，通过货币化的 IP 资本将创意留在街区；并且使其成为该街区文化的经济支柱。换言之，当该街区的整体生计模式围绕着街区的创新活动提供养分的时候，作为一个社区的可持续生态就开始产生了。所以，当创新街区产生文化生态的时候，该街群就进入了创意社区的阶段。这一阶段意味着持续性的创意气氛和文化经络中的"文化穴位"就产生了，从而更有利于城市创意经济的健康发展。

主要参考文献

［1］刘易斯·芒福德著，宋俊岭，倪文彦译．城市发展史——起源、演变和前景［M］．北京：中国建筑工业出版社，2004．

［2］Krier，Robert．城市空间钟山［M］．秦家濂，姚远译．上海：同济大学出版社，1991.6－8．

［3］张驭寰．中国城池史［M］．北京：中国友谊出版公司，2009．

［4］小林正美．再造历史街区［M］．张光玮译．北京：清华大学出版社，2015．

［5］诺伯舒兹．场所精神：迈向建筑现象学［M］．施植明译．湖北：华中科技大学出版社，2010．

［6］丁刚．文化的内核与张力［M］．江苏：江苏大学出版社，2015．

［7］康拉德·科塔克．远逝的天堂：一个巴西小社区的全球化［M］．张经纬译．北京：北京大学出版社，2012．

［8］阿格妮丝·赫勒著，衣俊卿译．日常生活［M］．重庆：重庆出版社，1990．

［9］王铭铭．失去的繁荣：一座老城的历史人类学考察［M］．浙江：浙江人民出版社，1999．

［10］安东尼·吉登斯．现代性的后果［M］．田禾译．江苏：译林出版社，2011．

［11］费孝通．经济全球化和中国“三级两跳”中对文化的思考［A］//费孝通，刘豪兴．文化的生与死［C］．上海：上海人民出版社，2013．

［12］金元浦．文化复兴：传统文化的现代价值［M］．北京：中国人民大学出版社，2014．

［13］Lerner，Jaime．Urban Acupuncture Celebrating Pinpricks of Change that Enrich City Life［M］．Washington，D. C：Island Press，2014．

[14] 周建新，胡鹏林. 中国文化产业研究 2016 年度学术报告 [J]. 深圳大学学报，2017，34（1）.

[15] 张小玥. "创意"与"生意"的平衡——创意街区商业化的规划对策初探 [J]. 福建建筑，2014，11（2）.

[16] 李江. 创意街区不等于商业街区 [N]. 北京商报，2008 - 10 - 06.

[17] 陈燕. 当历史遇上创意——当下我国依历史街区相生的文化创业集聚区之行进过程初析 [J]. 东南学术，2012，2（1）.

[18] 张建华，傅瑜. 上海创意街区旅游体验功能的探讨 [J]. 商业设计，2005，24（2）.

[19] 郑志元，魏晶晶，王颖. 基于旅游异化体验的文化创意街区设计策略及表达研究 [J]. 安徽农业科学，2015，43（11）.

[20] 张琼文. 创意街区何去何从 [J]. 经济，2007，11（7）.

[21] 陈刚，郑志元，王颖. 地域特色视角下文化创意街区设计策略及表达研究 [J]. 江淮论坛，2014，12（3）.

[22] 蔡丽玲，季晓芬. 开放式创意街区及其创意策略——以杭州中北创意街区为例 [J]. 东华大学学报，2012，12（1）.

[23] 孟东生，奚茜，陈伟. 浅析购物中心室内创意街区设计中心顾客心理需求 [J]. 福建建筑，2017，12（1）.

[24] 艾伦·马库斯著，茹倩译. 作为社会系统的城市：思想的重要性 [A]；孙逊. 都市空间与文化想象 [C]. 上海：上海三联书店，2008.

[25] 胡惠林. 文化产业可持续发展的关键——文化产业发展与人、社会和自然的精神关系协调统一论 [A]；胡惠林，陈昕. 中国文化产业评论 [C]. 上海：上海人民出版社，2014.

[26] Cameron, S and J. Coaffee. Art, gentrification & regeneration：from artist as pioneer to public arts [J]. European Journal of Housing Policy, 2005, 5（1）.

[27] Zukin, Sharon and Laura Braslow. The Life Cycle of New York's Creative Districts：Reflections on The Unanticipated Consequences of Unplanned

Cultural Zones［J］. City，Culture and Society，2011，（2）.

［28］方红田，曾刚，张云伟. 纽约自发性创意街区空间迁移原因分析［J］. 城市问题，2012，12（1）.

［29］Rich，Meghan Ashlin and Willian Tsitsos. Avoiding The "Soho Effect" in Baltimore：Neighborhood Revitalization and Arts and Entertainment Districts［J］. International Journal of Urban and Regional Research，2003，16（3）.

［30］Martin，Nina. Food Fight！Immigrant Street Vendors，Gourmet Food Trucks and the Differential Valuation of Creative Producers in Chicago［J］. 2014，38（5）：1867.

［31］Rankin，Katharine N. and Heather Mclean，New Terrains of Disinvestment and Gentrification in Toronto's Inner Suburbs［J］. Antipode，2015，47（1）.

［32］Shaw，Kate. Melbourne's Creative Spaces program：Reclaiming the "Creative City"（if not quit the rest of it）［J］. City，Culture and Society，2014，（5）.

［33］Mclean，Heather and Barbara Rahder. The Exclusionary Politics of Creative Communities：The Case of Kensington Market Pedestrian Sundays［J］. Canadian Journal of Urban Research，2013，22（1）.

［34］Sasaki，Masayuki. Urban Regeneration Through Cultural Creativity and Social Inclusion：Rethinking Creative City Theory Through a Japanese Case Study［J］. Cities，2010，（27）.

［35］Rabbiosi，Chiara. Renewing a Historical Legacy：Tourism，Leisure Shopping and Urban Branding in Paris［J］. Cities，2015，（42）.

［36］O'Connor，Justin and Kate Shaw. What Next for The Creative City？［J］. City，Culture and Society，2014，（5）.

［37］Pratt，Andy C. Creative Cities：Tensions Within and Between Social，Culture and Economic Development A Critical Reading of The UK Experience［J］. City，Culture and Society，2010，（1）.

［38］Cohendet，Patrick，David Grandadam and Laurent Simon. Rethinking Urban Creativity：Lessons From Barcelona and Montreal［J］. City，Culture and Society，2011，（2）.

［39］Kim，Won Bae. The Viability of Cultural Districts in Seoul［J］. City，Culture and Society，2011，（2）.

［40］Hospers，Gert - Jan. Creative Cities：Breeding Places in The Knowledge［J］. Knowledge，Technology，& policy. 2003，（16）.

［41］兰德利. 创意城市：如何打造创意生活圈［M］. 杨幼兰译. 北京：清华大学出版社，2009.

［42］陈红霞，林日葵. 文化产业生态学［M］. 浙江：浙江工商大学出版社，2012.

［43］张鸿雁. 城市形象与城市文化资本论［M］. 南京：东南大学出版社，2002.

［44］龚建华，李永华."良性互动"视野下的城市社区治理问题研究［J］. 生产力研究，1995，5（1）.

［45］程恩富. 文化生产力与文化资源的开发［J］. 生产力研究，1995，5（1）.

City Ecological Community of Creative Culture：
Capital Methods of Transformation
and Upgrade for Creative Blocks

Chen Nengjun   Mark. Y Wong

Abstract：Associating With the accelerating and deepening of the globalization process, the inherent culture and economic ecology of many traditional communities have been broken and changed, resulting in the "blowout phenomenon of cultural heritage", how to face this change and reshape the sustainable new cultural ecology Become the city's "traditional community anxiety." However, the creative blocks in urban areas of China still have some problems such as the high strategic level, excessive commercialization, the industrial integration mode can not meet the needs of the market and the inaccurate positioning. By combing and analyzing the capitalization of cultural resources in overseas creative blocks represented by Soho in New York (SOHO), Chicago gourmet food carts and the Parisian community in France, we think that creative neighborhoods should establish the IP technology for the capitalization of urban cultural creativity Path, will create a creative IP left in the block, the creative block and thus transformed into a new urban creative and cultural eco-community. Once the ecological community is stable, its economic spillover effect and the role of other forms of ecological community through the Internet can provide new "points and meridians" for the healthy development of urban creative economy.

Keywords：Creative Blocks   Community of Creative Culture Ecology Cultural Capital   IP   Cultural Ecological Networks

加强金融文化建设，促进金融生态治理[*]

梁力军　陈　倩[**]

【摘要】本文基于金融体系的特点和社会文化理论，首先对金融文化的内涵进行了分析并给出了相关内涵界定，阐述了金融文化的四个重要构成要素——金融价值观、金融伦理观、金融规制观和金融风险观，三个层次——精神核心层、行为体现层和物质表现层，并从广义和狭义两种视角对金融文化的内涵边界进行了清晰界定。其次，运用系统论、机制理论构建起了基于金融文化视角的金融生态系统演进模型，分析了金融文化在金融生态系统中的作用传导过程。再次，研究了经济新常态下我国金融生态系统的构成与发展，分析了金融生态系统中金融生态链的复杂性，并就金融生态系统中金融文化建设所面临的主要问题进行了分析。最后，提出从构建诚实守信的金融生态环境、金融文化全覆盖的金融生态系统两个视角，双管齐下，进行金融生态系统治理的建议。

【关键词】金融文化　新兴金融模式　金融生态链　金融生态治理

一、引言

金融是现代市场经济的核心和动脉，其本质是金融体系内不同主体之

* 基金项目：北京市教委人文社科研究面上项目（编号：SM201711232004）；国家自然基金项目（61572079）

** 梁力军（1974 年~　），男，河北石家庄市人。管理学博士、工商管理博士后、高级经济师。现北京信息科技大学信息管理学院教师，主要研究方向为互联网金融、金融风险管理、金融审计等。

陈倩（1982 年~　），女，云南文山州人。管理学博士，现北京第二外国语学院国际商学院副教授，主要研究方向为金融风险管理。

间实现跨时间的价值交换，即这种交换行为的实现，是双方就金融产品、金融服务交易规则共同遵守的体现。失信、无序或低效的金融交易，则会带来潜在或显性的金融风险。因此，金融体系的稳健和有序发展、高效和可持续运行是一国经济安全和国家安全的重要保证。

自 2013 年 6 月余额宝在金融理财界的横空出世，网络借贷平台（P2P）、众筹平台如雨后春笋般快速生长，互联网支付手段不断创新，新兴金融模式在实现快速支付、释放金融理财与投资压抑、为我国中小微企业、创业型企业打开了一扇能够快速融资的便捷之门，有效促进了我国的技术脱媒、资金脱媒和资本脱媒。但近几年来，数千家网络借贷平台（P2P）的倒闭或跑路、百万计投资者蒙受数百亿之多的资产损失、校园贷及现金贷的高额利息与暴力催收、电商平台的销售商品价格造假及刷单现象等失信行为，从起初社会公众的"热烈欢迎"演变到现在的"谈虎色变"，我国金融生态正经历着一场前所未有的信任危机。金融生态中这些乱象频发的原因，实质上是畸形价值观、畸形经营伦理、片面逐利意识在金融行为中的不良体现，健康金融文化引导的严重缺失和作用忽视，是我国金融生态发展中产生各类问题的重要根源。

金融生态的治理，是一个系统性、复杂性的过程，它既需要加强对金融生态的监管力度，也需要通过培育和引导健康的金融文化来引导金融生态肌体的良性成长和健康发展。本研究将以社会文化理论、系统理论、机制理论等作为理论基础，构建起金融文化的内涵、要素构成、传导功能体系等，并分析金融文化在金融生态系统中的传导规律，系统性研究金融文化对金融生态的影响规律和作用过程，从而提出具有针对性的"金融文化"治理建议与措施，为我国金融生态的有效治理提供参考借鉴。

二、金融文化的内涵、构成与影响作用

"金融文化"一词最早见于 1934 年陈岱孙《金汇本位与战后之欧洲金融》文中，他曾提到，金本位制度是世界所公认的金融文化演进的结晶。此后，金融文化这一概念在相当长的一段时间内并未引起学术界的关注，

直至学者者贵昌 1989 年在《上海金融》发表了《试论我国金融文化》一文中重新提到了"金融文化"一词。随后，学术界从社会文化、企业文化、文化力、知识论等视角，就金融文化的形成、内涵及其作用相继展开了相关研究。近些年来，随着金融与科技的深度结合，现代金融在发展过程中诸多金融机构及从业人员的经营理念、价值观、金融伦理等方面出现各类问题，并引发一系列金融事件或金融风险，更加引发了国内外学者对金融文化的研究热度。

（一）金融文化内涵与构成

"金融文化"内涵不是简单的"金融＋文化"或"文化＋金融"两者合并，而是社会文化中的价值观与价值取向、道德准则与伦理观、法律意识与规范、经营及管理理念等在特定的金融领域中的传导与影响作用。金融文化以金融体系为其载体，具有社会文化的显著特征，但又显著不同于社会文化，金融文化更具有金融体系的特点，以及文化吸收、文化折射痕迹。

结合金融体系特点和社会文化理论，就其内涵而言，金融文化是金融生态中各生态主体在实现金融交易过程中所形成和具有的，并对主体的经营管理认知与行为产生直接或间接影响的金融观念、价值观和价值取向、金融伦理和道德规范、法律规范及风险规范等的总体认知。

金融文化主要构成要素包括金融价值观、金融伦理观、金融规制观和金融风险观等，由其表现形式划分，金融文化可以由内到外划分为精神核心层、行为体现层和物质表现层。精神核心层是金融文化的精髓，主要指金融生态主体的价值观念与经营理念、思想与情感意识、职业态度与敬业精神，以及在此基础上形成的气质、精神与风格；行为体现层是金融文化内核精神在行为方面的体现结果，主要指金融生态系统中的金融生态主体成员所表现出来的具有一致性的组织方式、行为方式和约束方式，包括组织体系、行为规范和绩效考评规范等规章制度；物质表现层是金融文化内核精神在物质方面展现的结果和载体，主要指有形或无形的各类金融产品、金融服务形象与服务环境、金融技术支持等。

金融文化是实现金融交易的"内在支撑"，是金融生态系统中流动着的"血液"，金融文化无时不在，无处不在。对于金融文化的理解，可以从宏观和微观两个角度分析。

广义上的金融文化，是指与金融生态主体及金融生态环境紧密相关的精神文化及物质文化现象的集合，其金融生态主体包括各类金融机构（传统金融机构，互联网企业、支付类企业等非银行金融机构）、金融监管者、金融消费者。需要指出的是，精神文化主要表现为金融生态主体中从业人员的思想意识、理想信念、行为习惯、价值观念、道德规范，即金融意识形态。物质文化是以精神文化为导向而形成的物质表现，如金融服务的设备、设施，以及金融场所或金融服务环境等。

狭义上的金融文化，主要是指处于金融生态环境中提供金融交易服务的各类金融机构所形成和具有的精神文化总和。狭义视角而言，金融文化是金融机构的"内在气质"和"外在形象"的有机融合体，它主要通过价值观和价值取向、经营及管理理念、合规理念和风险管理理念、创新理念等重要构成要素，对金融机构及其从业人员的价值观、思想和行为产生影响。一般而言，金融文化需要为金融机构内全体成员所普遍认同和遵守。本文将基于狭义视角，研究金融机构的金融文化。

总结而言，金融文化是金融生态系统中的"生命血液"，是金融机构的"内在气质"和"外在形象"的有机融合体。金融文化通过价值观、经营与管理理念、创新理念、合规理念和风险管理理念等重要构成要素，对金融企业及其从业人员的价值观、思想和行为产生影响。

（二）金融文化的作用机制

随着现代金融的全球化、网络化和电子化发展，金融文化对社会文化的影响发生了质的飞跃，已经成为了社会文化中的不可或缺要素，其对于金融、经济活动的促进和制约作用也愈发显著。

苏联心理学家维果茨基（L. S. Vygotsky）提出了社会文化理论，该理论强调，社会文化在人类认知功能的发展中发挥着核心作用，是调节人类生理和行为的一种重要因素。文化作为一种历史的积淀和社会意识的潮流，属于意识形态领域和上层建筑，如同政治、经济、科学技术和宗教等一样，它是一种极为强大的力量，它以智力的方式，可以潜移默化地、无时无刻地深刻影响着世界的每一个方面、每个人的生活，同样也影响着现代社会的经济和金融。

随着金融及科技的不断发展，金融活动日益广泛地渗透和应用到经济活动与社会生活的各个方面，从国家经济调控、金融资源配置到金融存贷款、投资与理财等，"金融是现代经济的核心"逐步得到社会广泛认同。由于金融交易的本质是以货币为媒介的交换，故货币关系构成了金融生态系统中的核心交换关系，并对金融交易双方的关系认知、价值认知和利益认知产生潜在而深刻的影响。

在金融交易体系中，金融价值观、金融规制观、金融伦理观和金融风险观等要素共同构成了金融生态主体的金融文化体系。金融生态主体由于处于复杂的金融生态环境中，故生态系统中各金融机构之间的金融文化因素会直接或间接决定和影响金融交易双方的交换行为，从而深刻影响金融交易关系和金融交易结果，并延伸至对社会生活、经济生活、金融秩序等产生影响。另外，金融文化的培育和体系构建，需要进行大量的组织引导、领导与员工培训、形象设计与广告宣传等资源投入，从而使企业组织的全体成员形成对知识的理解和共享，最终形成具有组织整体性的金融文化。金融文化对金融生态系统及金融生态主体的影响，实质上是金融文化要素与金融机构、金融环境之间进行能量与信息交换的一种机制，是一种系统演进的过程。

机制理论认为，"机制"是一种由个体输入向量与结果输出之间函数关系所产生的，对应于信息向量向社会决策和转化映射的信息空间分类。一个机制 M 是由 g 输出函数作用的结果，$M = M_1 \times \cdots \times M_n$ 是信息（策略）空间的复合，$g: M \rightarrow D \times IR^n$ 是输出函数，其中 D 为决策集，d 和 d' 为决策集构成要素，$d \subset D$；根据实际应用情况，决策集 D 可以是无限集，也可以为有限集；对于每一个信息变量可描述为 $m = (m_1, \cdots, m_n)$，$g(m) = [g_d(m), g_{t,1}(m), \cdots, g_{t,n}(m)]$ 表示通过 g 所产生的决策和转化结果，t 为选择函数。

故基于机制理论，可以从金融机构的组织内在联系和外在影响两个方面分析金融文化的作用传导机制。金融文化的作用传导机制由金融文化要素信息变量 M 与输出函数 g 构成，M 为金融文化要素集合，$M = M_{ct} \times M_{sp} \times M_{om} \times M_{oc}$，$M_{ct}$、$M_{sp}$、$M_{om}$、$M_{oc}$ 分别表示"金融价值观""金融伦理观""金融规制观"和"金融风险观"四个子要素子集。以 M_{ct} "金融价值观"要素子集，其子集变量为 $m_{ct} = (m_{ct1}, m_{ct2}, \cdots, m_{ctn})$ 结果函数 $g(m_{ct}) = [g_d(m_{ct}), g_{t,1}(m_{ct}), \cdots, g_{t,n}(m_{ct})]$，表示金融生态系统中的金融机构通过相应的资源投入和一系列组织学习手段，实现对金融价值观子集的变量进行有效聚合和耦合，从而产生金融文化作用传导的效果输出。

根据席酉民和尚玉钒（2002）所提出的系统论观点，任何社会经济系统（记作 S）都可视为由一组相关要素或子系统（记为 $a_i \in \Omega$，Ω 为要素或子系统集合）组成。系统在每一瞬间都会显示出一定的状态特性（记为 x），而推进系统深化的作用力主要有外力（系统外部环境对系统发展的推动或阻力）和内力（系统内部环境对系统发展的作用力，以及系统组成部分间的各种作用力）；系统在从某一状态向另一状态深化过程中，都伴随着一定的输入和产出。

故借鉴机制理论和系统论，本文构建出基于金融文化视角的金融生态系统演进模型，如图1所示。

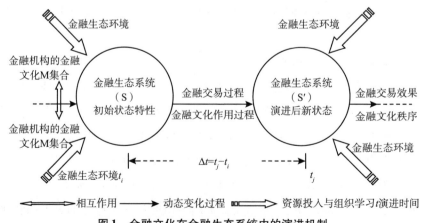

图1　金融文化在金融生态系统中的演进机制

金融文化在金融生态系统中的演进机制内涵主要包括：

（1）从金融文化传导过程来看，金融文化的传导起点是金融生态系统中各金融机构所各自拥有的金融文化要素集——金融价值观、金融伦理观、金融规制观、金融风险观等要素的集合；之后，金融交易主体根据各自的金融文化认知、秩序和规则进行金融交易活动，并在交易过程中会形成一定的金融文化冲突和碰撞；当双方达到金融文化共同认知点和平衡点，共同遵守双方约定的金融秩序后，即完成金融交易。

需要指出的是，金融文化源于持续的金融实践和金融交易过程中，通过价值观、伦理观、规制观和风险观等要素作用于金融机构组织与金融从业人员的经营管理思想、行为，而经营管理思想、行为的形成和改变，又会反过来影响金融机构与金融从业人员对金融文化的吸收、接受程度，甚至还可能对金融文化的社会文化源头产生反作用。

（2）从金融生态系统演进视角而言，处于金融交易全过程中的金融生态系统，因各金融机构的金融文化要素之间产生的相互作用，以及外部金融生态环境因素的共同作用下，而促使生态系统发生时间及状态上的迁移变化。生态系统的初始状态和新状态是相对平衡的，在出现新的金融交易过程时，这种平衡即被打破，从而金融生态系统又开始了下一个循环。不同状态的金融生态系统因为金融机构的金融文化作用、金融生态环境因素的影响，而形成系统性的金融文化。

三、金融生态的发展及其金融文化缺失问题

从微观而言，金融文化无时无刻不存在于金融生态系统中，也存在于社会生活和经济生活中，从不同程度上对金融交易行为及其过程、金融交易动机与目的、金融伦理与金融道德产生影响作用。从宏观而言，金融文化体现了一国政府、监管机构对于金融、金融模式的理解和认知，也是一国金融实践、金融模式和金融制度的集中体现，具有国家特色、地区特色和区域特色。符合国家利益要求和社会文化准则的金融文化，是保障和推进一国金融发展的软实力和"血液"，而错误或不良的金融文化则会影响

金融生态系统的健康成长，从而"生病"甚至出现严重危机。

（一）新常态下金融生态的发展

金融生态理论是在借鉴英国生态学家坦斯利（Tansley，1935）的生态系统（Ecosystem）基础上提出的。周小川（2004）将生态学概念系统地引申到金融领域，强调用生态学的方法来考察金融发展问题，他认为金融生态即为微观层面的金融环境，金融环境包括诸如社会信用体系、会计与审计准则、中介服务体系、市场体系、银企关系及法律制度等方面的内容，其中法律制度环境是金融生态的主要构成要素。

金融行业专家霍学文（2015）在《新金融，新生态：互联网金融的框架分析与创新思考》一书中用公式表达了金融的基本要素——金融＝制度＋技术＋信息。该公式中，他认为制度是金融的基础，而技术则是金融发展的动力，信息是金融的载体。在金融制度方面，互联网金融的跨界性和多变性在倒逼监管制度创新，甚至改变此前熟悉的金融规则，如比特币重新定义货币；在金融技术方面，移动互联，云计算和大数据的运用在推动金融更加高效、透明、普惠和个性化；在金融信息方面，社交方式的丰富，数据的可获得性提升，互联网带来的信息大爆炸，使得互联网征信等更好评估风险，开展金融创新服务的方式成为可能。

由于金融产品性质的独特性、风险度量方法的差异性、金融系统关联性强化及金融资产定价的特殊性，使得金融市场成为一个自组织、自演化的复杂性系统；金融生态正处于高度复杂的系统和环境之中，多元化的互联网金融参与主体、竞争主体、监管和管理机构，以及复杂多变的监管环境、社会环境、市场环境对金融生态施加多重非线性影响。任何微观和宏观因素的变动都有可能对金融生态的经营活动产生冲击和影响。

在互联网技术、信息技术作为支撑发展的"互联网＋金融"的新型金融市场及金融生态环境中，由多元化、相互作用影响的金融参与主体（包括传统金融机构、互联网企业及其关联企业、金融监管机构、金融消费者等）、互联网金融客体要素（包括互联网金融平台、互联网金融资产、互联网金融产品与互联网金融服务等交易工具和交易对象），以及金融环境要素（经济发展环境、金融监管环境、法律法规环境、科技发展环境、社会文化与征信信用环境等）等共同构成的交叉式、网状关系的复杂金融生态网络形成了新型金融生态系统。如图2所示。

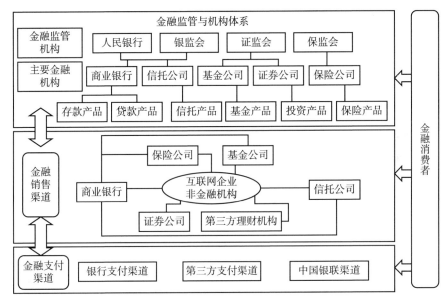

图2 互联网金融生态系统结构

在新型金融生态系统中，各类金融参与主体在金融信息处理和交易技术方面广泛应用了大数据分析、云计算、物联网等新型的互联网技术等，通过互联网平台及智能终端、网络终端等技术实现无中介、无中心的资金融通对接，实现与客户之间的充分开放、互动反馈和无缝对接，延伸覆盖了传统金融服务所未完全惠及的金融长尾市场客户；同时，还实现了以大数据信息收集和云处理为基础的个性化、定制化金融产品和金融服务，具有极强的生命力和良好的发展前景。在新型金融生态系统中，多元金融主体之间在进行金融客体交易时，共同形成了紧密关联的复杂网状关系，从而形成了金融生态链，如图3所示。

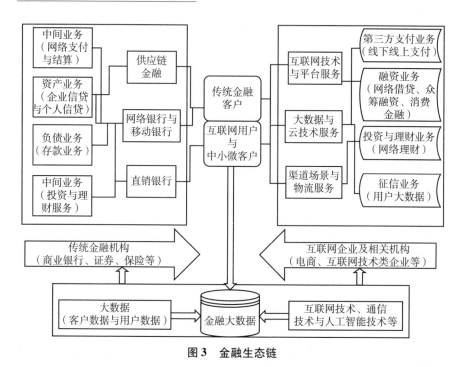

图 3　金融生态链

与此同时，互联网技术有机应用于传统金融业务后，一定程度上重构了传统金融业态的结构和边界，极大降低了金融业务的参与门槛，使得金融领域的业务经营呈现显著的混业交叉性、多样化态势，现代金融的参与主体、业务模式等呈现多元化、复杂化的趋势。同时，由于互联网技术创新的未知性、网络的开放性、技术创新的快速性和交易的虚拟性，金融生态环境日益呈现复杂性，金融生态环境因素对金融体系的影响作用和影响路径也更为复杂，也使得互联网金融较之传统金融具有更为复杂的金融风险。

（二）金融生态系统中的金融文化建设问题

随着互联网、信息通讯、人工智能、区块链等先进科技在金融中的持续深度应用，我国金融生态系统的构成及金融生态环境发生了结构性变化，出现了具有金融脱媒特征的网络借贷平台（P2P）、众筹平台、互联网证券与保险等新型金融模式。新型金融模式在促进金融创新、提升金融效率的同时，也出现了诸如 P2P 跑路、网络支付欺诈、超高利率现金贷等乱象，而乱象的背后恰恰是金融文化导向功能的缺失。这些问题客观上说明金融文化的影响和作用在金融生态系统的折射过程和传导结果。

当前，金融生态系统发展过程中，金融文化建设面临的主要问题表现如下：

1. 金融文化内涵认知深度欠缺，全员认同性不足

多数金融机构认为金融文化即金融机构的企业文化、金融企业 CI 系统，即主要内涵包括企业形象宣传、企业形象设计、企业感观设计和企业风格统一等方面，关注经"包装"后的企业给外部以何种形象与感观、感受，从而让社会、客户、用户来了解企业。甚至，还存在部分金融机构将"金融文化"同工会的文化娱乐工作等同的认知情况。

金融机构普遍对金融机构的内涵、层次、特点理解不够、认知不足，对于金融文化的构成要素、传导作用与功能等理解得不够清晰。另外，金融机构认为金融文化属于金融组织层面的行政统一和文化统一，而对员工个体所客观存在的"文化差异"重视不足。诸多风险事件和损失事件的发生，恰恰都是由于员工个体层面的意识、认知出现差异或错误导致。如何充分考虑个体层面的思想、情感、价值观因素，从组织层面、个体层面将金融文化有机融合，形成全员认同的金融文化观，是金融机构实施金融文化建设的重要工作。

2. 金融文化体系建设投入不足，重外在形象、轻内在积累

金融机构普通存在着重视业务经营、风险管理等方面，但在系统性建设金融文化体系方面却存在耐心不足和热情欠缺的现象，加之金融机构的各层级领导换位频率较高，导致金融文化体系的建设投入资源严重不足，并缺乏长远的目标和规划。

另外，金融机构在金融文化体系建设方面，更注重和集中于"物质表现层"以及"行为表现层"两个层面的工作，如金融机构 CI 中的社会形象宣传、口号设计、LOGO 设计，物理网点或办公场所的设备设施配置风格、员工服装服饰、服务用语等方面。这两个层面更加容易被人看得见、摸得着，产生更为直接的印象和影响效果。而在"精神核心层"方面中如何去正确培育和树立正确与健康的价值观、伦理观、规制观、风险合规观、职业精神观等方面则考虑不足，在这方面的培训和引导、内化和统一等资源投入相对较少，但精神核心层恰恰是金融文化中的核心层，它也是金融机构需要用"慢功"才能出的"细活儿"，需要用时间的积累和文化的传导扩散来发挥其作用，统领机构及其员工的内心认知。

3. 金融文化建设缺乏系统性，创新性

对于金融机构而言，金融文化建设是一个系统性的工程，它不仅包括组织层面的企业文化建设工作，经营文化、管理文化、规制文化、内控与合规文化、风险文化、企业 CI 等方面的建设工作，还包括金融机构员工个体层面的健康价值观、职业意识、职业态度与职业精神、合规意识、风险意识、绩效意识等的培育引导工作。

但目前多数金融机构普遍注重企业文化建设方面的工作，尤其在企业CI、规制文化等方面会更多的倾斜和强调，重点通过出台各类文件制度方式，来实现各层级组织机构、企业员工在物质层面的一致性、行动层面的统一性。而实际上，这种"金融文化"的依托是金融"制度"的硬性规定作用，而非金融"文化"的内在影响作用。故这种"金融文化"方式的系统性和创新性不足，吸引力不强。

四、基于"金融文化"的金融生态治理建议

金融文化对我国金融生态系统的发展与演进，具有重要的推动和导向能动作用。在新常态下，我国金融系统在实现稳定、健康发展目标时，除了要构建良好的金融生态环境外，更重要的是应培育和形成健康的金融文化，并不断传播和推广之。

金融生态治理则是金融治理和社会治理的重要构成，它是一个体系化、长效化的治理过程，需要以政府层次为主导，金融监管、行业组织和金融消费者共同参与的系统治理过程，从而实现互联网金融生态的净化，提升金融生态系统的自组织能力和系统修复能力。金融文化建设与金融生态的"文化"治理的双管齐下，将是我国金融生态系统的健康、持续发展的有力保障。

在进行金融生态治理中，可从以下方面充分加强金融文化建设，充分发挥其影响与作用。

（一）构建以诚实守信为基础的金融生态环境

金融生态主体之间实现交易过程、达到交易目的的基础是信任度。信任度是金融生态主体之间建立起来的以诚实守信为基础的践约能力，信任度直接决定生态主体之间、生态主体与生态环境之间的信任与秩序，并影响主体的理性和非理性行为，信任度的高低具体体现在金融生态主体之间的相互信任关系、社会信用秩序。而信任度的基础则是金融市场主体的信用。

金融监管部门需要通过多种方式来强化金融市场主体的信用观念和信用意识、正确价值观，促使金融主体能够严格遵守信用规则，共同创造良好、平等的金融市场环境。社会信用体系建立固然需要法律体系和必要的制度安排，但信用的基础在很大程度上是基于社会主体之间的信任度和诚信理念、信用道德规范维系的。无论是法人主体或是公民个人，讲信用应成为社会经济生活中的一种基本公德；引导全社会都应树立守信的形象，信用意识和理念是要通过各种宣传、教育、典型示范来进行的，通过加强全社会范围内的信用教育和培养来实现。

另外，建议金融监管机构、政府机构、互联网企业及相关关联企业中的企业征信数据、个人征信数据进行横向打通，不断完善和健全企业、个人的征信数据库及征信体系，并将个人及企业的交易数据、过程数据、特征数据和互联网数据等大数据引入征信画像和授信评级中，从而为金融生态系统中金融参与主体提供更为客观、全面、准确的征信数据，并可监督互联网企业诚信经营，引导金融消费者理性投资，从而促进金融生态系统整体的良性健康发展。

同时，还需要制定较完善的信用管理法律制度，加强信用方面的立法和执法（如制定公平使用信息法，完善商业银行法和反不正当竞争法，修改保密法等），参照发达国家对市场进行信用规范的经验。加强企业征信、个人征信方面的立法，加强规范商业信用和消费者信用行为的立法，规范金融机构授信行为的立法和规范信用中介服务行为的立法等；同时，建立和完善失信惩罚机制，明确失信的法律边界和程度，失信后制裁程度和形式，来加大企业或个人失信的成本，迫使其行为趋向守信；强化企业内部信用管理，减少企业违约现象，提高我国金融市场交易信用程度。通过以上措施，来实现和体现金融文化中有关信用、公平竞争的作用和功能。

（二）构建金融文化全覆盖的金融生态系统

要充分运用金融文化的引导及作用功能，培育金融生态系统中金融监管主体、金融交易主体、金融消费者主体三方共有的全方位金融文化体系，并形成金融生态系统的金融文化。

对于金融监管主体而言，需要采用监管规制、监管技术，结合严格的法律制裁等多方位的监管手段，确保各交易主体能够树立起良好的价值观和信用观念，督促各交易主体能实现自觉按照金融市场规律和金融秩序办事，并加大对金融欺诈、失信行为的严厉打击和曝光力度，努力营造良好的金融监管文化，切实维护好金融交易主体、金融消费者的合法权益。

对于金融交易主体而言，需要遵循金融文化中关于金融价值观、金融伦理观、金融规制观、金融风险观等要求，根据自身经营管理的特点，形成具有自身特色的"金融文化"，并在交易过程中与对方交易主体共同遵循社会普遍和共同认可的金融文化秩序，从而达到金融交易文化的共同认知点和平衡点，实现有效金融交易。

对于金融消费者而言，要对个人的"信用"产生敬畏感，本着"信用即价值"的原则理性进行传统金融产品及互联网产品的金融消费、金融投资与理财、合法合规借贷，应树立起健康的金融消费观念和科学的风险意识，理性进行投资理财、合法合规借贷，并需要学会利用法律手段维护自身合法权益，从而为金融生态系统的健康发展创建金融消费文化。

我国金融生态系统的有效治理，需要构建起具有诚实守信和良好有序的金融监管、法律规制、科技创新、行业竞争与社会征信等环境，充分发挥这些生态环境要素的正向耦合传导作用；同时，要注重金融文化的实践性、创新性，实现金融文化在金融生态系统中的全覆盖，确保金融生态系统主体在进行金融交易时的规则性和安全性，从而为我国金融体系的总体稳定安全奠定基础。

五、结束语

金融文化是金融生态系统中的"生命血液"，是金融机构的"内在气质"和"外在形象"的有机融合体。金融文化通过价值观、经营与管理理念、规制理念、合规理念和风险管理理念等重要构成要素，对金融机构及其从业人员的价值观、思想和行为产生影响。故基于金融文化视角，分析其对金融生态系统的影响与作用，提出具有针对性的金融生态治理措施和"金融文化"治理路径，对实现金融生态系统的有效监管具有重要的参考价值。

主要参考文献

［1］Matthew O. Jackson. *Mechanism Theory*, *Optimization and Operations Research*［M］. Edited by Ulrich Dregs, in the Encyclopedia of Life Support Systems, EOLSS Publishers：Oxford UK［http：//www. eolss. net］，2003.

［2］蔡晓明，蔡博峰. 生态系统的理论和实践［M］. 北京：化学工业出版社，2012.

［3］长春金融高等专科学院与吉林省金融文化研究中心. 金融文化研究［M］. 北京：经济科学出版社，2013.

［4］苗文龙. 互联网金融模式与风险［M］. 北京：经济科学出版社，2015.

［5］席酉民，尚玉钒. 和谐管理理论［M］. 北京：中国人民大学出版社，2002.

［6］周小川. 完善法律环境，打造金融生态［N］. 金融时报，2004. 12. 07.

［7］霍学文. 新金融，新生态：互联网金融的框架分析与创新思考［M］. 北京：中信出版社，2015. 05.

Strengthening the Construction of Financial Culture and Promoting Financial Ecological Governance

Liang Lijun　Chen Qian

Abstract：Firstly, based on the characteristics of financial system and social and cultural theories, the connotation of financial culture is analyzed, and the definition of relevant connotation is given. Four important components of financial culture-financial values, financial ethics, financial regulation and financial risk, three aspects of the concept of it—the layer of spiritual core, the layer of behavior, and the layer of material expression—are elaborated, and the connotation boundary of financial culture is clearly defined from a broad perspective and a narrow perspective. Secondly, using the system theory and mechanism theory to construct a financial ecosystem evolution model based on the perspective of financial culture, and analyze the role of financial culture in the financial ecosystem. Thirdly, it studies the composition and development of China's financial ecosystem under the new normal economy, analyzes the complexity of the financial ecosystem in the financial ecosystem, and the main problems faced by financial culture in the financial ecosystem. Finally, it proposes a two-pronged approach from the construction of an honest and trustworthy financial ecological environment and a financial ecosystem that covers the entire financial system.

Keywords：Financial Culture　Emerging Financial Model Financial Ecological Chain　Financial Ecological Governance

文旅特色小镇开发运营中
金融产品配置策略研究

王贤军[*]

【摘要】文化旅游特色小镇的开发运营需要结合其资源禀赋及产权特性，借助政府资金、社会资本、商业资本、股权投资基金等多种资金渠道，盘活特色小镇的产业发展，形成产业布局科学合理、投融资规划系统性配套的总体运营模式，实现所在地政府、开发机构、社会资本多方共赢的格局。本文依据国家有关文件的精神，对文旅特色小镇开发运营的空间范围、运营类型、开发所需的基本条件、地域禀赋的关键性要素配置进行分析，在借鉴国内文旅特色小镇成功的和国外文旅小镇经典的特色类型的基础上，提出了文旅特色小镇开发运营中8种不同金融产品的配置策略，充分利用政策性和商业性金融机构的金融产品创新金融服务，助力文旅特色小镇的快速、规范发展。

【关键词】文化旅游　特色小镇　金融产品

文化旅游特色小镇作为特色小镇的一种经典模式，得到许多因地制宜的成功运营，在大力发展乡村旅游的同时，将当地文化元素融入其中，加快了民俗文化和旅游的融合，带动了农业现代化和农民就近城镇化。文化旅游特色小镇，作为一个全新概念，不再是一种行政区划，而是一个集产业、文化、旅游和社区之功能于一体的一个新型禀赋资源积聚，是以文化产业为核心，以旅游项目为载体，集生产、生活、生态旅游相融合的一个

---

* 王贤军（1971年~ ），男，山西五台人，国家高级理财规划师，研究生学历，北京富国中企财务顾问有限公司总经理。主要研究方向为产权交易。

特定区域，对扎实推进乡村旅游富民工程，加强边远乡村精准扶贫，带动贫困地区脱贫致富，提升当地农民的收入水平等方面具有可持续发展和重大的战略意义。

一、文旅特色小镇模式是国家政策支持的成果

自 2014 年 8 月 21 日《国务院关于促进旅游业改革发展的若干意见》、2016 年 2 月 6 日《国务院关于深入推进新型城镇化建设的若干意见》、2016 年 12 月 2 日《国务院关于印发"十三五"脱贫攻坚规划的通知》、2016 年 12 月 26 日《国务院关于印发"十三五"旅游业发展规划的通知》、2017 年 1 月 24 日《国务院关于印发"十三五"促进民族地区和人口较少民族发展规划的通知》等系列文件的出台，各地政府依托当地区位条件、资源特色和市场需求，在乡村旅游和文化特色小镇项目中采取各种运营模式挖掘文化内涵，发挥生态优势，突出乡村特点，开发出一批形式多样、特色鲜明的乡村文化旅游特色小镇。这种因地制宜、突出特色、创新机制，充分发挥市场主体作用，推动小镇发展与疏解大城市中心城区功能相结合、与特色产业发展相结合、与服务"三农"相结合的新型发展模式应运而生。在国家政策精神的推动下，各地积极实施特色民族村镇和传统村落、历史文化名镇名村保护与发展工程，大力发展特色文化旅游，发展贫困人口参与并受益的传统文化展示表演与体验活动等乡村文化旅游，托当地民族特色文化、红色文化、乡土文化和非物质文化遗产，打造辐射带动贫困人口就业增收的风景名胜区和特色小镇。在少数民族地区，积极开展非物质文化遗产生产性保护，鼓励民族传统工艺传承发展和产品生产销售；支持农村贫困家庭妇女发展家庭手工旅游产品，开辟农村富余劳动力创收；鼓励各类资本和大学生、返乡农民工等参与贫困村旅游开发；鼓励开发建设休闲农庄、乡村酒店、特色民宿以及自驾露营、户外运动和养老养生等乡村旅游产品，一批金牌农家乐、A 级旅游景区、中国风情小镇、特色景观旅游名镇名村、中国度假乡村、中国精品民宿等应运而生。

二、国家多部委助力文旅特色小镇的发展

住建部、国家发改委、财政部三部委《关于开展特色小镇培育工作的通知》要求，到 2020 年，全国将培育 1000 个各具特色、富有活力的休闲旅游、商贸物流、现代制造、教育科技、传统文化、美丽宜居等特色小镇。国家旅游局、国家林业局根据国务院下发《"十三五"旅游业发展规划》，提出将建设一批旅游风情小镇、森林小镇、低空旅游特色小镇。

农业部根据国务院下发的《关于进一步促进农产品加工业发展的意见》中提出，要求农业部、国家发展改革委、质检总局等负责推进，加快建设农产品加工特色小镇，实现产城融合发展。并于 2013 年出台《关于开展"美丽乡村"创建活动的意见》，其中涉及小镇建设内容。工业和信息化部、财政部为了贯彻落实《中国制造 2025》，弘扬工匠精神，推动中国制造向中国创造转变，发布了《关于推进工业文化发展的指导意见》，该《意见》提出，将结合区域优势和地方特色，打造一批工业创意园区和工业文化特色小镇，有序推进工业文化城市、园区和企业试点示范。国家中医药管理局等单位发布的《中医药发展战略规划纲要》和《中医药健康服务发展规划》等，都对中医药健康旅游做出了规划部署，鼓励中医药企业开发健康旅游产品，打造一批特色鲜明、优势明显的中医药文化小镇。

三、文化旅游特色小镇空间范围和运营类型

（一）文化旅游特色小镇开发的空间范围

文化旅游特色小镇有一定的空间范围，这个空间范围一般在 3 平方公里左右，不超过 5 平方公里，与所在的城市空间相对独立，但旅游功能和文化要素要高效互动。文化旅游特色小镇要有明确的产业属性，也即围绕一个具有特色、占位高端的文化产业主题形成产业生态，包括经典传统文

化产业、新兴导入的文化产业、功能提升的产业。同时，文化旅游特色小镇功能组合要完善，需要拥有完整开放的产业功能、居住空间与社区、商业设施、公共服务、基础设施等。此外，文化旅游特色小镇要有独特的文化标识。

住房城乡建设部办公厅《关于做好第二批全国特色小镇推荐工作的通知》中提出了明确的推荐要求：第一，已编制的总体规划、详细规划或专项规划达到了定位准确、目标可行、规模适宜、管控有效4项要求；第二，现有规划未达到定位准确等4项要求的已启动规划修编工作；第三，实施了老镇区整治提升和发展利用工程，做到设施完善、风貌协调和环境优美；第四，引入的旅游、文化等大型项目符合当地实际，建设的道路、公园等设施符合群众需求。

（二）文化旅游特色小镇开发的基本条件

从文化旅游特色小镇开发的总体情况来看，一般需要具备以下几个基本条件。

1. 产业有优势

一定的产业优势和产业基础，在产业规模、市场份额和特色方面具有明显的优势，能够推动产业创新和转型升级，发挥产业的集聚效应和叠加效应，吸纳就业，带来长足的发展。

2. 风貌有特色

注重风貌、文化、旅游等多维要素的有机融合，以及地域独特文化的挖掘与传承，将文化元素植入小镇的风貌建设，指引建筑、街区、空间、环境等多维度的风貌建设，坚持特色发展。

3. 发展有成效

成效是必备条件之一，文旅特色小镇的开发要成为创新发展的引擎和排头兵，首先自身需要有良好的发展基础，且能够带动周边地区的协同发展，在短期内快速见成效；同时在发展路径、发展模式上能成为条件相似小镇开发的典范。

4. 动力有保障

文旅特色小镇开发会成为一个发挥市场主体作用和吸纳社会资本投资的新风口。选择动力有保障的小镇，处理好政府与市场的关系，注重可持续发展。政府重在搭建平台、提供服务，为企业创业提供条件，让小镇运营在提升社会投资效率、推动经济转型升级方面发挥重要的作用。

（三）文化旅游特色小镇开发中的关键性要素配置

1. 产业要素

一是要具备产业基础；二是产业的增长势头要良好，并且经济社会带动作用明显；三是产业的优势要明显，就是说产品市场占有率和产品知名度要高，利润率和装备水平要有相当的优势，并且要注重研发的投入；四是主导产业的定位要符合国家产业政策要求，有独特性，注重采用新技术和推动传统产业的改造升级；五是产业环境要优良，有支持特色产业发展的鼓励政策。

2. 宜居环境要素

要注重自然山水，避免人工打造，景观多用自然，不套用城市的处理手法；风貌要突出地域、民俗、时代的特征，要注重地域材质、符号的应用，避免过度的欧式；要尊重地域文化，找到文化自信。沿街的建筑要协调统一，保持乡土特色和田园风光，特别是周边有美丽乡村的特色小镇。新建建筑的体量要适宜，要与已有的建筑相协调。整体上的风貌要和谐统一，能够彰显特色小镇的文化内涵。

3. 传统文化要素

特别强调的是要传承独特的文化类型，保护文化遗存，跟非遗和民俗有关的要展开非遗的文化活动。

4. 设施服务要素

一是对外交通，对外交通路面等级要在二级以上，并且路况良好；二是道路、公用设施，绿化配置率要高，公用设施建设水平要达到一定水平，给水管网要符合国家相关标准，且保障全覆盖；三是污水管网要实现全覆盖；四是小镇里面最好有一些医疗、教育和商业的功能，可满足多元化需求。

5. 体制机制要素

体制机制要符合小镇开发自身的发展规律。注重多规合一和蓝图绘制的统一战略规划，在建设管理方面实现多规协调，设立专门的规划管理机构，健全管理制度，力求规划的管理数字化。整体社会管理服务水平要高，基础的行政管理要适度下放，在机构人员、购买服务、财政收支、人才培养等方面有突破性创新。

（四）文化旅游特色小镇的开发类型

文旅特色小镇从开发的角度来说大致分为两类：一是依托历史遗存，比如古镇、古村、历史文化街区，进行产品整合，业态升级，统一规划、整体升级的文旅特色小镇；二是依托一定的历史遗迹、自然景观、故事或者民俗，通过将资源转化为产品，产品转化为项目，平地起新城的文旅特色小镇。特色小镇的基因决定了它的盈利模式，这也是开发特色小镇的前提。文化旅游特色小镇开发类型中有代表性的有：

1. 文旅景区型

乌镇是文旅景区型的典范，由于其运作团队为旅游行业资深人士，因此它可以按照一个景区的方式去打造。目前乌镇的四大盈利点是门票、酒店、车船和会务，这个对运营团队的专业运营能力和管理能力要求比较高。

2. 庭院地产型

蓝城的桃李春风是典型代表，它是一个颐乐生活小镇，区位距离杭州半小时，开发者坚持精品理念。其主要市场定位是杭州市的中产阶级和中老年人。其地产盈利模式主要是创新性开发的 11 种户型的优质别墅，庭院面积和建筑面积近 1:1，拥有 360 度景观视野，还有多进式的庭院以及可供耕种的菜园。产品设计上还充分考虑了老年人的需求，如紧急呼叫按钮、安全扶手等细节设计得非常的周到。

3. 饮食功能型

典型代表是袁家村，以做关中美食功能为主的小镇，把旅游要素中的饮食文化做到了极致，区位距离西安市的 65 公里，本地资源是关中风情和美食。现在平日客流量已经达到了一万人，节假日也达到了数万人，一年加上其他收入基本上超过了 10 亿元。因模式运作较为成功，目前各商家已经在做品牌输出了。

4. 渔港产业型

定海的远洋渔业小镇是典型代表，因为它的本地资源就是有"百年渔港"的传承历史，人文底蕴深厚，是舟山和浙江渔业振兴史的缩影。区位距离定海中心城区 16 公里，地理优势比较明显。整个布局核心区为渔都风情湾区，其次是远洋的健康产品加工区、健康产品物流区、生活配套区、健康休闲体验区和综合保障区。

四、国外经典文旅特色小镇类型的借鉴

（一）历史标志型特色小镇

英国的温莎小镇是具有历史标志型的文旅特色小镇，位于伦敦近郊，以温莎古堡闻名，温莎小镇建于 1070 年的温莎古堡，是威廉一世为了防止英国人民的反抗，在伦敦郊区选址建造的，温莎小镇是英国最著名的王室小镇，历经历代君王的扩建，如今拥有近千个房间，是世界上最大的一座尚有人居住的古堡式建筑。

（二）艺术人文型特色小镇

意大利的波西塔诺小镇是艺术人文型特色小镇的经典，波西塔诺小镇的特别之处，在于从海边顺着悬崖而上的小巧白房子以及变幻的海景，阿马尔菲海滩被誉为欧洲最美丽的海滩，其海岸线旁散布了许多如画的小镇，波西塔诺堪称其中最漂亮的一个。吸引了一批学者、名人、艺术家安居在此，包括毕加索、伊丽莎白·泰勒以及那不勒斯亲王等，形成了浓浓的艺术色彩和人文环境，更有一种梦幻气质。诺贝尔文学奖得主约翰·斯坦贝克曾赞许说，"波西塔诺是一个梦乡"。波西塔诺小镇是风景秀美，名

流汇聚，艺术氛围浓郁的特色小镇。

（三）度假享受型特色小镇

法国的依云小镇是度假享受型文旅特色小镇的经典，依云小镇因世界知名的依云矿泉水而闻名，依云水的来源是阿尔卑斯山上的高山融雪和山地雨水，其珍贵之处在于要经过长达15年的天然过滤和冰川砂层的矿化，号称是世界上唯一天然等渗性温泉水，其 pH 值几近中性，对皮肤很有益处，因而用珍贵的温泉水疗养，就成为游人趋之若鹜的向往之处。此外，依云小镇上的鲜花也开得格外灿烂、景色如画。位于莱蒙湖畔的依云大师高尔夫球场也是小镇上的地标，它是法国历史最悠久的球场之一。因为地理位置得天独厚——脚下是面积224平方公里的莱蒙湖，背面是终年积雪的阿尔卑斯山脉，小镇吸引了许多夏天来疗养、冬天来滑雪的游客。

（四）娱乐运动型特色小镇

瑞士的因特拉肯小镇是娱乐运动型特色小镇的经典，该小镇位于图恩湖及布里恩茨湖之间，是游览阿尔卑斯山少女峰的必经之地，因观光而兴起，以明媚清新著称，是瑞士著名的度假胜地，小镇上还建有许多中世纪的建筑和堡垒，漫步其中，既有童话般的风景，也可体会到古老而时尚的氛围。因特拉肯也是有名的运动胜地，精彩活动几乎全年无休——夏季可在此进行山间游览以及冲浪、帆船、游泳、网球、高尔夫球等户外运动，到了冬季，越野滑雪、冰上滑石、轮鞋溜冰等自然也少不了。因特拉肯小镇是娱乐运动和观光旅游的天堂。

五、文旅特色小镇运营中的金融产品配置

文化旅游特色小镇的建设是以特色产业为引擎、为发力点，以金融为动力、为先导、为支撑，借助政府资金、政策性资金、政策性补助专项基金、社会资本、开发性资本、商业资本、政策性银行贷款、商业性银行贷款、股权投资基金等多渠道资金，多维度对特色产业和资本进行融合，需

要结合特色小镇的资源禀赋及产权特性，创新型开发适合特色产业小镇运营的金融产品，确保允足的资金支持，从而盘活小镇特色产业的发展，激活特色小镇的魅力和活力，形成产业布局科学合理，投融资规划系统性配套的总体运营模式，实现所在地政府、开发机构、社会资本多方共赢的格局。

根据文化旅游特色小镇的不同产业特性，有八大金融产品以供其配置，开发商可依据开发项目的实际情况和资源禀赋，选择一种或多种融资产品组合使用。

八大融资策略分别为：融资租赁、信托融资、银行贷款、债券融资、股权基金、PPP 融资、资产证券化、供应链金融融资。

（一）融资租赁

融资租赁（Financial Leasing）又称设备租赁、现代租赁，是指实质上转移与资产所有权有关的全部或绝大部风险和报酬的租赁。融资租赁集金融、贸易、服务于一体，具有独特的金融功能，是国际上仅次于银行信贷的第二大融资方式。融资租赁有三种主要方式：（1）直租模式：即直接融资租赁，可以大幅度缓解特色小镇建设期的资金压力；（2）设备融资租赁，可以解决购置高成本大型设备的融资难题；（3）售后回租，即购买"有可预见的稳定收益的设施资产"并回租，这样可以盘活存量资产，改善企业财务状况。

特色产业小镇的运营机构一般都有配套的融资租赁公司，在获得银行的授信后，能增加资金的杠杆。近期融资租赁、保险公司、典当行由商务政府机构调整为地方政府金融办（局）管理，如此更进一步激活地方政府支持特色产业小镇的力度。具备条件的运营机构可注册或收购融资租赁、保险公司、典当行等类金融机构，参股或控股地方性商业银行，如农村商业银行，城市商业银行，形成特色小镇产业板块与金融板块的有效对接，形成新型的产融并行发展的新型战略布局。

（二）信托融资

特色小镇产业运营公司委托信托公司向社会发行收益权信托计划，募集资金投向特色小镇产业项目，以项目的运营收益、政府补贴、收费等形成委托人收益，信托公司给收益人提供项目约定的收益外，由于对项目提供资金而获得相应的融资收益。信托计划可以根据特色产业小镇项目情况设计成集合信托计划和单一信托计划。

（三）银行贷款

特色产业小镇在获得政策性资金支持的同时，可以争取政策性银行和商业性银行的贷款。政策性资金是指国家为促进特色产业小镇发展而提供的财政专项资金，明确支持范围包括以转移农业人口、提升小城镇公共服务水平和提高承载能力为目的的基础设施和公共服务设施建设，为促进小城镇特色产业发展提供平台支撑的配套设施建设。特色产业小镇可利用已有资产或收益权进行抵押或质押贷款是最常见的融资模式，如所运营项目纳入政府采购目录的项目，则可获得政府采购融资模式获得项目贷款，进入贷款审批"绿色通道"，而延长贷款期限即可分期、分段还款。政策性银行贷款可争取国家的专项基金贷款支持，国家的专项基金是国家发改委通过国开行，农发行，向邮储银行定向发行的长期债券，特色小镇专项建设基金是一种长期的贴息贷款，是贷款期限长，融资成本低的贷款。商业性银行贷款式特色产业小镇可利用已有资产进行抵押或质押贷款，商业性银行贷款可选择小镇所在地的农村商业银行、城市商业银行、村镇银行等。

（四）债券融资

特色产业小镇运营公司可以在符合发行债券的情况下，在不同的市场中发行不同的债券。（1）发行企业债和项目收益债。按流程申报，经国家发改委核准发行企业债和项目收益债。（2）发行公司债。在上海证券交易所、深圳证券交易所公开或非公开发行公司债。（3）发行项目收益票据和短期融资债券。在中国银行间市场交易商协会注册后，可以发行项目收益票据、中期票据、短期融资债券等债券融资和项目收益债。

（五）基金融资

在特色产业小镇开发运营中，政府资金在特色小镇的融资渠道中起着引导和牵头作用，政府在发挥资金杠杆，以较少资金来撬动庞大的社会资本方面有着举足轻重的地位。在股权基金的设立方面，政府可参与设立政府引导基金、参股产业投资基金、发起城市发展基金等，同时特色产业小镇运营公司，可以与政府一起作为双 GP 共同管理和运营基金。政府参与设立三种不同基金的特点：

1. 产业投资基金

根据国务院在《关于清理规范税收等优惠政策的通知》的有关文件规定，产业投资基金具有明显的导向性，其特点为：产业投资基金具有产业政策导向性；产业投资基金更多的是政府财政、金融资本和实业资本参与；存在资金规模差异。

2. 政府引导基金

政府引导基金是指由政府财政部门出资并吸引金融资本、产业资本等社会资本联合出资设立，按照市场化方式运作，带有扶持特定阶段、行业、区域目标的引导性投资基金。政府引导基金具有以下特点：（1）非营利性，政策性基金在承担有限损失的前提下让利于民；（2）引导性，充分发挥引导基金放大和导向作用，引导实体投资；（3）市场化运作，有偿运营，非补贴、贴息等无偿方式，充分发挥管理团队独立决策作用；（4）一般不直接投资项目企业，作为母基金主要投资于子基金。

3. 城市发展基金

城市发展基金是指地方政府牵头发起设立的，募集资金主要用于城市建设的基金。其特点如下：牵头方为地方政府，通常由财政部门负责，并由当地最大的地方政府融资平台公司负责具体执行和提供增信；投资方向为地方基础设施建设项目，通常为公益性项目。例如，市政建设、公共道路、公共卫生、保障性安居工程等；还款来源主要为财政性资金；投资方式主要为固定收益，通常由地方政府融资平台提供回购，同时可能考虑增加其他增信。

（六）PPP 融资

在特色产业小镇的开发运营过程中，政府与选定的社会资本可以运用 PPP 融资的方式解决项目的资金问题，通过政府购买一体化服务的方式移交政府，社会资本退出。采取的方式为：政府与选定的社会运营机构签署《PPP 合作协议》，按出资比例组建 SPV（特殊目的公司），并制定《公司章程》，政府指定实施机构授予 SPV 特许经营权，SPV 负责提供特色小镇建设运营一体化服务方案，在特色小镇建成后，社会机构退出股权实现收益。

（七）资产证券化

资产证券化（ABS）是指以特定基础资产或资产组合所产生的现金流为偿付支持，通过结构化方式进行信用增级，在此基础上发行资产支持证券（ABS）的业务活动。特色产业小镇建设涉及到大量的基础设施、公用事业建设等，将权属清晰、能够产生持续现金流的基础性资产进行证券化，也是一种创新的金融工具。

（八）供应链融资

特色产业小镇运营公司可以整合相关资源，对相关产业经营户、种养户、农业龙头企业等上下游配套的企业，进行供应链金融融资。供应链融资是把供应链上的核心企业及其相关的上下游配套企业作为一个整体，根据供应链中企业的交易关系和行业特点制定基于货权及现金流控制的整体金融解决方案的一种融资模式。在特色产业小镇融资中，可以运用供应链融资模式的主要是应收账款质押、核心企业担保、票据融资、保理业务等进行融资，供应链融资可以减低融资成本，提高核心企业及配套企业的竞争力。

六、创新金融服务，助力文旅特色小镇发展

创新金融服务，充分利用政策性和商业性金融机构的金融产品配置，助力文旅特色小镇的发展。文旅特色小镇开发中，要充分利用好国家开发银行加大对特许经营、政府购买服务等模式的信贷支持力度，特别是通过探索多种类型的 PPP 模式，引入大型企业参与投资，引导社会资本广泛参与。发挥开发银行"投资、贷款、债券、租赁、证券、基金"综合服务功能和作用，在设立基金、发行债券、资产证券化等方面提供财务顾问服务。发挥资本市场在脱贫攻坚中的积极作用，盘活贫困地区特色资产资源，为特色小镇建设提供多元化金融支持。

从宏观上说，金融可以通过优化市场结构、提高资源配置效率来促进特色小镇的发展；而特色小镇的发展又可以通过产业平台的扩大，促使市场主导型资本形成机制的建立，进而提升金融促进水平。在文旅特色小镇的建设过程中，财政投入不可避免，但是随着政府负债规模日益加大，以财政性拨款持续支持特色小镇的发展，显然是不现实的。因此，各级地方政府应充分发挥财政投资的杠杆作用，通过贴息、信贷、减税和 PPP 模式等方式来吸引社会资本，参与特色小镇的建设和投资。从国内外成功的产业集群和特色小镇的建设经验来看，无论采取何种形式、何种发展模式，金融活动在助推建设和发展过程中，都发挥了不可替代的作用。因此，要进一步优化金融市场结构，推行股权基金、信贷资金、资产证券化、供应链融资等金融产品组合配置，是市场经济持续发展的需要，也是文旅特色小镇发展的必然趋势。引入市场机制配置相关资源，由此获得的长期经济效益显然要比单纯的政府负债、招商引资等传统方式好得多，因此，必须重视建立文旅特色小镇运营企业主体的融资体系，为特色小镇的长远发展提供稳定和可靠的融资渠道。

政府要根据特色小镇的自身禀赋资源，搭建利于投融资服务的商业生态环境，做好各类金融机构的不同金融产品与文旅特色小镇建设中的不同时期相匹配的金融服务有效对接，满足文旅特色小镇运营主体在运营不同

时期的不同金融需求，以市场化开发和文旅特色小镇融资需求为导向，以优质服务和特色服务为核心，多方面、多形式提供和完善个性化的金融服务方案，不断满足特色小镇的发展与持续经营的需要，为文旅特色小镇量体裁衣地提供一条龙的金融服务体系。

主要参考文献

［1］王贤军，王泽华．特色产业小镇八大融资策略分析［N］.企业观察网，2017.9.15.

［2］国家发展改革委，国家开发银行．关于开发性金融支持特色小（城）镇建设促进脱贫攻坚的意见，2017.

［3］国外最经典四大类文旅小镇，［EB/OL］http：//www.sohu.com/a/160824629_720180，2017.9.29.

［4］前瞻产业研究院．国内文旅地产的四大类型，［EB/OL］https：//f.qianzhan.com/wenhualvyou/detail/180528－f7efd2af_2.html，2018.5.28.

［5］东北中原之声．十类特色小镇及其经典案例赏析（一）、（二）、（三），［EB/OL］https：//news.centanet.com/dss/zyzs/6078.html，2018.5.7.

Research on Financial Product Allocation Strategy in the Development and Operation of Cultural Tourism Characteristic Town

Wang Xianjun

Abstract: The development and operation of the cultural tourism characteristic town needs to combine its resource endowment and property rights characteristics, and use the various funds channels such as government funds, social capital, commercial capital and equity investment funds to revitalize the industrial development of characteristic towns, form a scientific and rational industrial layout and investment and financing planning system-supported overall operation mode to achieve a win-win situation for local governments, development agencies, and social capital. Based on the spirit of relevant national documents, this paper analyzes the spatial scope, operation type, basic conditions for development, and key elements of regional endowment for the development and operation of the characteristic towns, puts forward the allocation strategies of 8 different financial products in the development and operation of cultural tourism characteristic town, making full use of policy and commercial finance, institutional financial products and innovative financial services to help the rapid and standardized development of the cultural towns based on the successful characteristics of the domestic small towns and the classic types of foreign travel towns.

Keywords: Cultural Tourism　Characteristic Town　Financial Products

城镇文化市场

文化品牌管理：医疗联合体的整合重构*

陈子敏　董蓬玉　何国忠**

【摘要】随着深化医改进入攻坚、啃硬骨头时期，医疗卫生资源与人民健康需求的矛盾日益升级。医院间通过重新整合、实施重组建立联盟或组建医疗联合体，已成为缓解供需矛盾、合理配置卫生资源、医疗卫生机构可持续发展的重要举措。目前，我国已有上万家医疗卫生机构实施了医院重组，优秀的人才、技术、管理模式被共享，各类资源得到了优化整合，对减少卫生资源浪费、提高运作效率发挥了积极的作用。但不同医院间的管理模式、发展理念、工作风格等方面的文化冲突是导致相当一部分医疗卫生机构重组失败的一个重要因素。本文经过深入研究分析，提供一套以文化为纽带的医疗机构之间文化整合策略，指出学习型组织为医疗联合体的发展提供了方向。因此基于学习型组织的三阶段原理，借鉴"五项修炼"方法，系统分析构建学习型医疗联合体的构建和实施策略，为医疗联合体的文化品牌建设提供参考。

【关键词】医疗联合体　医院文化　学习型组织

一、医院文化和文化整合

医院文化是社会文化与组织管理实践相融合的产物，是医院全体员工

* 基金项目：2013年度中国自然科学基金项目（编号：71363001）。

** 陈子敏（1972年~　），女，湖北咸宁人。华中科技大学管理学博士，教授，主要研究方向为卫生保障、卫生政策。

董蓬玉（1993年~　），女，江西上饶人。昆明医科大学健康研究所（硕士攻读），主要研究方向为卫生管理。

何国忠（1973年~），男，云南临沧人。复旦大学公共管理博士后，研究员，主要研究方向为宏观政策评价与变革研究，区域发展战略价值创新。

所遵循的职业道德、行为规范和管理准则的总和，具有共同的价值理念和独特的表现形式，是医院核心竞争力的重要组成部分。医院文化在医院的发展历程中具有延续性的特征，可以形成深厚的文化沉淀，在医院的可持续性发展中具有重要的作用。

医院文化是医院的灵魂，创建成熟的具有独特品质魅力的医院文化已是医院成长进步、永续发展的核心动力。建设医院文化的作用很多，最终是提高员工的素质，提高医院的综合竞争力，让患者得到优质的医疗卫生服务。

医疗联合体做强做优，核心战略是文化，因此，文化整合将在医疗卫生机构重组中扮演重要的角色。应用文化建设铸造特色品牌，需要在组建医疗联合体的过程中，对多种医院文化做出相应的调整，在尊重各成员单位原有文化的基础上，对原有文化予以融合、兼并、吸收、互补，并逐步形成一种新文化的过程。文化整合不是多种文化的简单相加，而是精华的凝练和境界的提升，其过程面临着人员思想的差异和矛盾冲突现象，而矛盾冲突的解决取决于思想差异缩小、消除的程度，即文化整合的程度。医疗联合体在各成员医院各自文化特征的基础上具备了许多新的多元文化特征，因此，医疗联合体的文化整合较为困难和复杂，文化冲突解决的好坏、文化整合成效的优劣是医疗联合体组建成功与否的重要原因。

二、我国医疗联合体内文化整合存在的问题

通过医疗联合体的构建，联合体内的各医疗卫生机构实现了资源的集成共享，形成了优势互补的发展格局。但一些医疗联合体也如同企业的兼并重组一样，充满着较多的不确定因素。美国麦肯锡咨询公司曾做过一项对企业并购的调查，调查结果显示，并购 10 年后只有近 1/4 的公司获得成功。究其原因，文化不能较好地实现融合是一个重要因素。实践证明，要使重组的医院盈利能力增强、创造更多价值，不仅需要对资产进行重组，还要实现医院文化的整合。我国医疗联合体在实施文化整合的过程中，存在着一些较为突出的问题，概括起来，主要表现在以下几个方面：

（一）片面追求形式整合，忽视文化内涵建设

医院文化包括深层次的精神文化、中层次的制度文化、浅层次的行为文化和表层次的物质文化。精神层是医院文化的核心和灵魂，是物质层、行为层和制度层的思想内涵；制度层制约和规范着物质层和行为层的建设，是精神层的保障，没有严格的规章制度，医院文化建设也就无从谈起；物质层、行为层是医院文化的外在表现，是精神层和制度层的物质载体。医院文化的四个层面浑然一体，不可分割。然而，在医疗联合体文化重组实践过程中，管理者们更多地关注物质层面和实践层面的重组，把工作的重心放在成员单位有形资产的重组和成员单位的工作安排上，忽视了对思想方式、情感认同、价值观念、规章制度等制度文化和精神文化的整合，从而导致医疗联合体文化表里不一、文化重组不畅等困难。

（二）文化整合方式呆板，缺乏灵活创新能力

通常情况下，核心医院在形式上选择直接全面兼并下一层级的成员医院，在文化整合上，选择吸纳式整合模式，强迫被兼并方放弃原有的价值理念和行为方式，接受核心医院的组织文化，从而使核心医院获得对组织的控制权和话语权。但是，文化整合的目的是通过重组、兼并，催生出适合于医疗联合体可持续性发展的新的文化体系，并由此产生强大的发展驱动力。单一的吸纳式文化整合模式，忽视了医院层次多样、所有制形式各异、跨行政区划、发展多元化的特点，遏制了医疗联合体新生文化的创新。联合体内不同层次成员医院的文化背景、功能定位、目标患者各不相同，员工的文化背景、价值理念、行为规范和能力特点也存在着明显的差异。如果机械式地选择单一的吸纳式文化整合模式，势必对不同层次医院员工的文化容忍度带来一种冲击，并由此可能引发"文化震动"等问题。

（三）职工思想存在差异，呈现矛盾冲突现象

医疗联合体内的各成员单位在重组之前，由于隶属关系不同、发展进

度不同、技术水平不同、管理模式不同，员工间存在着思想认识、心理状态上的差异，对其他成员单位的文化也存在着不认同的现象。文化整合过程必然面临着职工思想差异和矛盾冲突现象。具体而言，一是在适应现行工作方式和管理模式方面存在差异和冲突。二是在主人翁意识和团队意识方面存在差异和冲突。三是在服务意识和竞争意识方面存在差异和冲突。医疗联合体内职工存在的这些思想差异和矛盾冲突，是医疗联合体内文化整合的重点，也是难点。这些问题处理得当，将会推进医疗联合体的稳步、健康发展；处理不当，则会影响到整个医疗联合体发展的成效，甚至会使医疗联合体的组建走向失败。因此，医疗联合体内的文化整合问题必须得到高度地重视。

三、医疗联合体品牌构建中文化整合实施策略

实施医疗卫生机构重组，构建医疗联合体，是当前医疗卫生行业发展的一个重要趋势。医疗卫生机构重组后有效实施文化整合，顺利化解不同文化的矛盾冲突，实现不同文化的有机融合，形成以文化为纽带的联结机制，是医疗联合体必须面对和解决的根本性问题。

（一）全面评估，深入诊断不同成员单位间的文化差异

文化是长期形成的、具有本单位特色的价值观念、行为规范、管理模式、规章制度等方面内容的总和。医疗联合体内的各成员单位由于发展背景不同、发展理念不同、管理模式不同，从而形成了各自不同的文化特征。实施医疗卫生机构间的重组，构建医疗联合体，要对重组成员的文化现状进行全面详实的评估分析，综合运用定性分析与定量分析相结合的方法，权衡文化整合的侧重点，深入诊断不同成员单位间的文化差异，找出影响文化整合的关键因素，客观审视不同成员单位的核心价值观，如各方员工认同的文化价值观念是什么、原有单位的发展目标是什么、员工愿意为实现这一目标付出多大努力、员工的工作方式及行为习惯有何差异、联合体能够为各成员单位带来多大收益等等。通过评估分析，找出文化差异

中的最大"公约数"，为清除文化障碍、解决文化摩擦、实现文化融通筑牢基础。

（二）深度思考，切实采取行之有效的文化整合模式

实施医疗联合体内的文化整合，要依据客观实际，对各成员单位的文化特征进行深度思考、理性观察，重点分析多元文化整合的关键环节，根据医疗联合体发展的整体规划和各成员单位的认同度，切实采取行之有效的文化整合模式，释放 1 + 1 > 2 的放大效应。文化整合主要有以下 4 种模式：

1. 吸纳型模式

吸纳型模式指核心医院完全获得联合体的控制权，使其他成员全盘接受核心医院的文化价值体系，在整个文化整合过程中有一个强力型的核心文化起主导和推动作用，如图 1 所示。

图 1　吸纳型模式

2. 并存型模式

并存型模式指各成员单位仍保持原有文化的相对独立性，基本无改动，运用这种模式的前提是各方均具有优良的文化体系，如图 2 所示。

图 2　并存型模式

3. 渗透型模式

渗透型模式指各成员单位的文化相互融合、渗透并发展创新，形成各方共同认可的新文化，在一些关键性的文化纬度上可以形成共识，如图 3

所示。

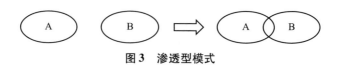

图 3　渗透型模式

4. 新设型模式

新设型模式指各方原有的文化体系消失，引入并形成一种全新的文化体系，这种模式适合于各成员单位在文化上均存在较大不足和缺陷，如图4所示。

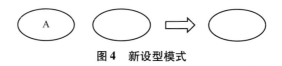

图 4　新设型模式

（三）充实内涵，着力构建理念、行为、视觉三大识别系统

医疗联合体内的各成员单位在长期的发展过程中逐渐形成了自身的文化特色，具有特殊的文化印记。文化的整合同任何变革一样，同样离不开全局的观念、开阔的视野、前瞻的思维和创新的举措。医疗联合体在实施文化整合时，要在继承各成员单位优秀文化的基础上，实施创新、突出特色，特别是对于具有较强生命力、发展力、凝聚力的组织文化要大力弘扬、强化借鉴、注重吸收，并充分征求员工的意见，发挥员工的主观能动性，尊重人的价值，重视人的需要，切实按照医疗联合体统一的发展理念、工作思路、行为导向对联合体内各成员单位的文化要素进行优化配置、合理再造，不断充实文化内涵建设，精心打造 CIS 识别系统，着力构建基于理念、行为、视觉三大识别系统于一体的医疗联合体文化体系，形成独具特色的文化风格，实现内化于心、外化于行、固化于制的整合效果。

（四）找准基点，理顺联合体内各成员单位的利益关系

医疗联合体的构建，涉及原有利益格局的重新调整，关系着各成员单位的切身利益。如何找准联合体内各成员单位利益共享的基本点，妥善协调、理顺各成员单位的利益链，是医疗联合体有效实施文化整合的一个关键性问题。部分医疗联合体尽管在形式上完成了重组，但却未能理顺各方面的利益关系，过分注重核心医院的利益所在，而忽视了基层医疗卫生机构的利益诉求，以致给重组带来了文化障碍，最终仍然走向了解体。因此，医疗联合体应最大限度地保障各成员单位的共同利益，避免歧视行为，杜绝厚此薄彼，平衡、协调好各方的利益关系，兑现做出的承诺，履行应尽的义务，着力增强员工对整个医疗联合体文化的认同感和归属感，充分调动员工参与重组的主观能动性，让员工应有的、合法的权益融入到医疗联合体的各个层面，构建起医疗联合体内利益共享、合作共赢、和谐稳定的发展格局。

（五）强化导向，明确联合体内文化整合的工作坐标

医疗联合体应强化对各成员单位及员工的文化导向作用，重构发展愿景、统一价值观念、塑造组织精神，大力弘扬文化兼容、行为趋同、目标同向的和谐理念，明确联合体内文化整合的工作坐标。医疗联合体如不尽快确定发展愿景、价值观念、组织精神等文化内涵方面的内容，各成员单位及员工就难于认知联合体的发展目标和行为主张，就容易迷失发展方向，更加难以适应联合体发展的要求。医疗联合体应在共同的发展愿景指引下，以各方原有的价值观念为基础，吸收精华，摒弃糟粕，进行价值观念的整合，并不断加大联合体内的宣传教育力度，倾听员工心声，汇聚发展力量，积极营造起良好的舆论氛围和工作氛围，最终形成既适应于医疗联合体发展，又能被各成员单位及员工所共同认可、共同奉行的具有旺盛生命力的组织精神，从而切实增强医疗联合体的感召力、向心力及凝聚力。

（六）实时监测，畅通联合体内的信息反馈渠道

文化整合不是静态的事件，而是一个动态的过程。对于这个过程，需要进行仔细、谨慎、实时的跟踪、监测和管理，加强各层级、各单位间的信息传递和沟通交流，畅通信息反馈渠道，加大沟通交流力度，逐步让全体员工认知、理解、接受和认同新构建的联合体文化，并自觉转化为行动。医疗联合体内的信息反馈渠道，主要分为正式和非正式两种，正式的信息反馈渠道是遵循权力系统而形成的自下而上的垂直型网络，依据一定的组织原则所进行的信息传递与交流，如组织内的公函来往、文件传达、信访接待等形式；非正式的信息反馈渠道不受组织的监督，不受权力等级的限制，自由选择信息反馈的渠道，如网络留言、电话告知、员工聚会等形式。医疗联合体内的文化管理，应将正式的与非正式的信息反馈渠道相结合，对文化整合的成效进行及时、有效的反馈，实施科学合理的评价，如图 5 所示。

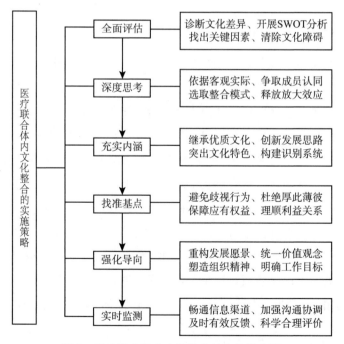

图 5　医疗联合体内文化整合的实施策略图

文化整合是一个循序渐进、逐步演变的过程，需要经过一定的磨合期，从全局角度，开阔视野，采用前瞻的思维和创新的举措，从多个方面进行。文化整合侧重找出不同文化之间相互融合的切入点，理顺相关利益关系，从而重构发展愿景、塑造组织精神。整合是基础，重构文化则是整合基础上的升华和发展。所以说，文化整合是医疗联合体文化品牌管理的第一步和基础，重构和发展新型文化则是医疗联合体文化实现良好发展和运营的持久动力。

整合基础上重构文化关系到医疗联合体是发展的命脉。全国先后有许多医疗机构都进行了创建学习型组织的有益探索和实践。学习型组织倡导终身学习，注重多元回馈和开放发展的学习系统构建，具有实现共同愿景的持久学习力，积极营造学习共享与互动的组织氛围，强调工作学习化能够使成员活出生命意义、学习工作化能够使组织不断开拓创新的发展理念。与传统组织的比较，学习型组织更符合经济社会发展和技术创新所提出的要求，能激发团队的智慧，提升团队的实力，跨越妨碍组织成长的障碍，保持医疗联合体可持续性发展。因此，构建以"学习型组织"为特点的医疗联合体重构文化是未来发展方向。

四、学习型医疗联合体的内涵特征

学习型医疗联合体是通过培养整个医疗联合体崇尚学习的环境，充分发挥医疗联合体内各成员单位、内部管理人员及医护人员的创新性思维能力而建立起来的一种有机的、高知识更新速率的、横向网络式的、符合人性的可持续发展的医疗联合体，其系统构成包括学习子系统、组织子系统、人员子系统、知识子系统。学习型医疗联合体的内涵特征包括以下几个方面：

（一）强调以共同愿景为基础的文化内涵建设

牛继舜（2005）指出，共同愿景是被组织成员所接受和认同的组织的愿景，"是组织成员共同勾画出的组织未来发展的远大理想和蓝图，是组织中个人愿景的交集部分。"学习型医疗联合体作为一个整体，其成员单位之间、员工之间存在着直接或间接的关系，既有共同之处，又有各自特点。医疗联合体内以共同愿景为基础的文化内涵建设，能够加深员工之间的互相交流、团结合作以及各成员单位之间的协调配合，凝聚发展合力，发挥整体效应，为医疗联合体的可持续性发展不断注入活力，从而有效提升医疗联合体的整体品质。

（二）注重以能力概念为核心的学习团队建设

学习型组织的学习包括个体学习和组织学习两个层次。陈国权（2005）、王华斌（2006）先后认为，"建立学习型组织的关键在于培养组织持续学习的能力，而组织学习必须运用恰当的学习方法。"学界曾提出"单环学习"和"双环学习"两种组织学习方法。单环学习属于操作层次上的学习，是关于"怎样做"的范畴，即如何做好某些事情，讲求的是效率，但也容易造成思维定势，而"双环学习"属于"为什么"的范畴，即处理事务背后的理论假设，讲求的是效能，重点在于说明为什么要这么做，明确什么是正确的事情。

团队学习的重要性，在于团队的力量大于个人的力量，团队的智慧高于个人的智慧。学习型医疗联合体注重以能力概念为核心的学习团队建设，倡导全员学习、终身学习、全过程学习，营造积极向上的学习氛围，不断提升团队的发展能力，并能够根据外部环境的变化，适时调整发展战略，实现可持续性发展，具有综合绩效高于个人绩效总和的特点。学习型医疗联合体倡导的能力概念可以界定为学习力、创新力、凝聚力、协调力、应对突发事件的处理能力等一些决定医疗联合体发展的持久品质和显著特征。

（三）坚持以和谐发展为原则的互动机制建设

学习型医疗联合体坚持以和谐发展为原则，切实推动员工与成员单位、员工与联合体、成员单位与联合体之间的互动机制建设，不仅关注联合体的整体发展效益，而且关注各成员单位的切身利益，关心员工学习环境和工作条件的改善，统筹协调内部各利益要素及关系。在学习型医疗联合体构建过程中，员工不再是为了抽象的联合体利益而牺牲自己，而是自身利益得到联合体的充分尊重，具有职业自豪感和使命感，愿意把自己的思想、感情、行为与联合体的发展紧密联系在一起，最终形成良性互动的发展格局。

五、医疗联合体构建学习型组织文化的阶段

根据陈国权（2008）关于学习型组织文化的阶段划分的观点，分为如下三个阶段。

（一）第一阶段：创建学习型医疗联合体

以自上而下的学习、宣传、借鉴、应用为主阶段，通过理论与实践的探索，初步构建起符合实际情况的学习型医疗联合体的框架结构。在这个阶段，要首先启动组织功能体系中的"团组学习模块"，引入五项修炼等学习型组织理论和方法，并通过对组织本身内外环境的分析，在组织中确立学习型医疗联合体的目标。在团组学习模块的基础上，着手建设"组织文化模块"，通过团组学习的深化，组织成员共同打造学习型医疗联合体创建的内涵，并通过将五项修炼原则融入组织文化，建立开放、开拓、和谐、创新的组织文化。

在第一阶段的后期，即团组学习已成制度、新的组织文化已成气候时，应启动"组织评价模块"，通过外部评价看自己，用科学、客观的评价标准对医疗联合体自身进行评价，这将使我们对学习型医疗联合体创建的进展和不足有清醒的认识，有利于进一步的创建活动。

（二）第二阶段：知识管理集合

初步创建学习型医疗联合体之后，基本的学习型医疗联合体价值判断标准和方法、组织学习制度初步形成，创建工作要进一步深入，必须对医疗联合体中的个人进行深层的改变。第二阶段谓之"知识管理集合"阶

段，需要实现"从营造环境来影响人"到"发挥人的潜能来影响环境"的转变，由自上而下地推行学习型医疗联合体的理念转变为上下协调、深入理解、身体力行，从而达到塑造"学习化个人"的目的。

该阶段可以重点推行"绩效考核模块"。绩效考核模块包括人才概念重塑、个人生涯设计、员工职业化三部分内容，其中个人生涯设计是引导员工进行职业生涯设计，实现个人轨迹和医疗联合体愿景的结合；员工职业化要求员工以职业的态度去承担责任、开展工作。人才概念重塑是其中最核心的部分，是一种新的绩效考核和人力资源管理的方法，通过精心设定的员工指标体系，并与激励挂钩，来从各方面引导员工向符合学习型医疗联合体要求的方向发展。本阶段包括塑造学习化个人、团队、组织和知识管理集合两个主要内容，医疗联合体的制度和文化氛围的初步建立和形成，学习化个人的塑造初步完成，员工学习和创造的热情大大提高了，个体有学习的愿望，也按照组织共同愿景的方向开展学习。这时，组织中与知识创造、共享、应用相关的知识管理、集合管理、协同能力将成为三种内核力建设的关键因素。

在这个阶段，首先要建设起知识管理集合的措施。知识管理集合就是要通过各种方法（比如网上知识共享、模板库、案例库、客户信息等），挖掘和提升组织与个人中的知识潜能，使隐形知识显性化，个人知识组织化，组织知识编码化，编码知识系统化，知识管理持续化。知识管理集合的最终目的不是为了知识，而是为了管理，所以知识管理一旦初具基础后，应该通过知识管理的有效集合增强各种知识协同与协调，达到持续发展的目的。

（三）第三阶段：系统化战略决策

本阶段是在前期阶段工作的基础上，利用系统思考方法对学习型医疗联合体从整体上进行深层次的思考，并进行系统化的战略决策。随着学习型医疗联合体创建的推广，对学习型组织理念的庸俗化理解阻碍了创建的健康发展，许多人把学习型组织理解成学习（形式）表征而非管理理论，在推广过程中也存在推广多，深入少；定性多，定量少；借鉴多，创造少；关注理念多，着手实践少的普遍现象。本阶段的建设模块"系统化战略决策"，即通过培养一批技术和管理精英，建立一个学习事业部对意欲创建学习型组织的人员进行培训，将学习型组织的理念正确无误地推广宣传到医疗联合体内的各个领域；为创建单位提供系统化战略决策的建模与咨询，从而达到深入推行学习型医疗联合体，建立一个学习型医疗联合体网络体系的最终目的，如图6所示。

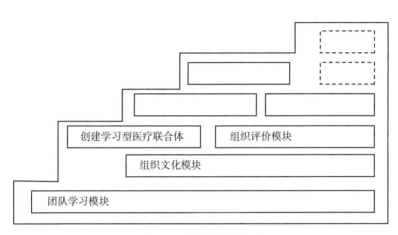

图6　三阶段创建模式图

随着时代的发展，更多的前进阶梯在等待组织去发现和征服，"三阶段创建模式"也将进化为"n阶段创建模式"。学习型医疗联合体的成长和发展没有尽头，组织学习成为组织中永无止境的深层循环是学习型组织构建的本质。

六、医疗联合体文化整合、构建学习型组织的实施策略

文化是管理的基础。构建学习型医疗联合体，应全员、全方位、全过程地开展学习型组织文化建设，按照"五项修炼"的要求，系统思考，整体把握，凝聚共同愿景，注重团队学习，强化良性循环，浓厚文化氛围，完善激励机制，培育和构建起适应医疗联合体发展实际的优秀文化。如

图 7 所示。

（一）以共同愿景为先导，凝聚发展合力

共同愿景对于创建学习型医疗联合体至关重要，具有汇聚力量的作用。医疗联合体由于组建成员较多，共同愿景对于其自身发展格外重要。医疗联合体应从整体出发，对联合体的发展战略、核心精神、价值理念进行深入思考，构建起符合联合体实际的共同愿景。杭州邵逸夫医院的"最大可能地促进人类的身心健康"、南京鼓楼医院的"我们愿与世界各地的宾朋好友携手奋进，共创人类医学的美好未来"等都是良好愿景的典范，不仅体现了自身价值内涵和精神品质，还引领带动着医学人才的进步成长和医院的蓬勃发展。

（二）以团队学习为关键，构建学习堡垒

根据张兆芹（2006）、吴宇彤（2009）等的共同观点，学习型医疗联合体的创建，应整体把握、全面统筹、系统思考，发挥团队作用，倡导团队学习，形成一个合作式、互通式、交融式的学习堡垒。在学习型医疗联合体里，员工可以互相交流、共享信息、激发创新、共同提升，群策群力地推动医疗联合体的发展，实现医疗联合体的发展目标。团队学习的关键是提升学习力，这包括三个要素：动力、能力和毅力。动力的重点是目标，需求决定了行为的动力；毅力的重点是意志，认知决定了行动的毅力；能力的重点是学习，知识和实践提升人的能力，也是团队学习最可操作的环节。创建学习型医疗联合体，应为联合体内各成员单位的员工提供平等的条件，搭建一个有利于共同发展的平台，坚持以人为本，创新学习载体，通过内部培训、业务进修、远程教育、标杆管理、医患交流、员工协作等学习方式，促进知识、信息、经验、技术在联合体内的传播、共享，最终提升医疗联合体的团队学习力。

（三）以良性循环为途径，优化学习模式

创建学习型医疗联合体需要科学有效的学习途径，既真实"单环学

习"，又重视"双环学习"。吴宇彤（2008）、任文杰（2014）等一致认为，单环与双环学习的两个模式是通过行动的结果是改变管理变量还是行动策略来区分。在"单环学习"中，结果的修正影响了组织的行动策略，但没影响到基本的关于行动假设的变量。在"双环学习"中除了行动策略之外，管理变量也发生改变，因此"双环学习"不仅需要更多的创新性，也具有更多的风险性。前者是一种解决问题的逻辑，后者是对深层次的行为动因予以审视，反思采取行动的心智模式。医疗联合体应以积极、开放、坦诚的姿态对待新的发展形势，摒弃现行的不适合的认知模式和做法，建立以领导班子为学习中心、以专业骨干为学习枢纽、以全体员工为学习基础的一体化学习机制，树立终身学习的理念，倡导创新性学习，实现学习工作化和工作学习化，形成有效的学习循环。

（四）以文化环境为基础，浓厚学习氛围

良好的文化环境能够对人的心理状态、情绪反应、行为方式产生积极而又重要的影响和作用。医疗联合体创建学习型组织，需要构建文化土壤、文化空气和文化阳光一体化的文化生态系统，形成有利于员工学习、员工发展的文化氛围，包括以学习设施为主的硬件建设和以学习机制为主的软件建设；围绕组织学习目标，构建起各成员单位之间、个体成员之间、上下级之间、联合体与外部公众之间多条顺畅便捷的学习渠道；发挥高层次专业人才的引领带动作用，激发全体员工主动学习的积极性；通过信息管理、远程会诊、远程教育等信息化系统的构建，促进员工快速获取最新的专业知识和学习信息，拓展专业技能，开发创新能力，从根本上提升医疗联合体的核心竞争力。

（五）以激励机制为保障，激发创新活力

激励机制是鼓励先进、鞭策落后、激发员工学习动力和学习热情的最直接有效的管理方法，也是推进整个医疗联合体持续学习的保证。激励可以变压力为动力，学习力的保持离不开激励机制的驱动。杨莉（2008）、郭洁（2013）等建议，建立学习型医疗联合体的激励机制（如图7所示），一方面要对为建立学习型医疗联合体做出贡献的员工给予肯定，使他们得到相应的利益；另一方面要进一步激励员工从医疗联合体的长远发展出发。激励机制的建立，主要包括物质激励和精神激励。物质激励应着眼于拉开不同知识层次和工作能力报酬档次，在薪酬待遇、职务晋升、职称评定等方面给予一定区分，调动员工学习创新的积极性和主动性。精神激励可以通过倡导鼓励学习、崇尚学习的文化理念，使员工认识到学习的重要性，并给予员工信任、理解、尊重，提供继续学习和发展的机会，帮助员工实现自我超越。医疗联合体通过建立有效的激励机制，为构建学习型组织、培育学习型组织文化提供有力的制度保障。

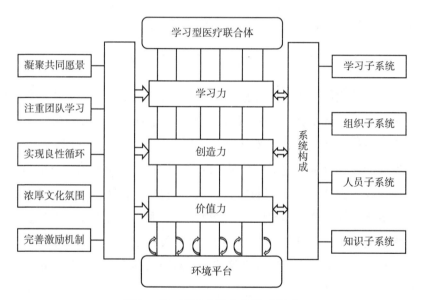

图7　学习型医疗联合体模型总图

总之，学习型组织的构建只有起点、没有终点。医疗联合体核心竞争力的培育，不是一个短期的、孤立的、简单的组织学习行为，而是一个长期的、系统的、整合的学习型组织构建的过程。在新的发展时期，医疗联合体应以发散的思维、创新的精神、广阔的视野，探索创建学习型组织的新路子，把医疗联合体的文化建设与学习型组织的构建进行有机的结合，努力营造有利于学习型组织发展的文化氛围，引导员工把学和做、知和行进行有机结合，坚持工作学习化、学习工作化，不断创新，探索出更加有效的创新发展模式，有效增强医疗联合体的凝聚力、向心力和发展力，从根本上推进医疗联合体的不断发展、进步。

主要参考文献

［1］王吉鹏．并购企业的文化整合与融合［M］．企业管理出版社，2013．

［2］关兵，张军，李泽．医院重组中文化整合的理性思考［J］．中华医院管理杂志，2005，21（2）．

［3］丁义涛．大型公立医院推行医联体的创新与实践——南京鼓楼医院宿迁模式十年经验总结［J］．中国医院，2014（1）．

［4］王珊珊，刘兰祥．以全员培训为载体的学习型医院建设探讨［J］．中国医院管理，2013，33（12）．

［5］彼得·圣吉．第五项修炼——学习型组织的艺术与实务［M］．上海：1998．

［6］陈国权．学习型组织整体系统的构成及其组织系统与学习能力系统之间的关系［J］．管理学报，2008，5（6）．

［7］牛继舜．共同愿景的构成要素及其作用［J］．现代管理科学，2005（6）．

［8］陈国权，郑红平．组织学习影响因素、学习能力与绩效关系的实证研究［J］．管理科学学报，2005，8（1）．

［9］王华斌．学习力＝竞争力［M］．金盾出版社，2006．

［10］张兆芹．个体学习、组织学习与学习型组织之辨析［J］．比较教育研究，2006，27（8）．

［11］吴宇彤，罗涛．以团队培训为起点创建学习型医院［J］．中华医院管理杂志，2009，25（4）．

［12］吴宇彤，李瑞，李雪芬．创立医院培训文化的探讨［J］．中华医院管理杂志，2008，24（12）．

［13］任文杰．我国医疗联合体文化整合存在的问题及对策探讨［J］．医学与社会，2014，27（2）．

［14］杨莉，裴丽昆，贺蓓．医院中层干部培训效果评估［J］．中华医院管理杂志，2008，24（5）．

［15］郭洁，张晨．浅谈建设学习型医院对提升员工满意度的影响［J］．中国卫生产业，2013（25）．

Cultural Brand Management: The Integration and Reconstruction of Medical Consortium

Chen Zimin   Dong Pengyu   He Guozhong

Abstract: As the deepening of medical reform has entered a critical and tough period, the contradiction between medical and health resources and people's health needs is escalating. By reintegrating, reorganizing, establishing alliance or forming medical union among hospitals, it has become an important measure to alleviate the contradiction between supply and demand, rationally allocate health resources, and maintain the sustainable development of medical and health institutions. At present, tens of thousands of medical and health institutions in China have implemented hospital reorganization, excellent personnel, technology and management modes have been Shared, and various resources have been optimized and integrated, which has played a positive role in reducing waste of health resources and improving operation efficiency. However, the cultural conflict between different hospitals in management mode, development concept, work style and other aspects leads to the failure of the reorganization of a considerable number of medical and health institutions. Through in-depth research and analysis, the paper provides a set of cultural integration strategies between medical institutions with cultural links, point out the learning organization being a direction for the development of medical consortium. Therefore, based on the three-stage principle of the learning organization and referring to the method of "five disciplines", this paper systematically analyzes the construction and implementation strategies of the learning medical consortium, providing reference for the construction of cultural brand of medical consortium.

Keywords: Medical Association   Hospital Culture   Learning Organization

我国电视产品流通渠道结构失衡的原因与治理研究

——基于营销渠道理论视角

贾美霞[*]

【摘要】我国电视产品流通渠道结构失衡，存在市场寻租、片款拖欠、盗版等严重问题。本文借用营销渠道理论，对电视产品流通渠道权力失衡的机理进行分析发现：渠道成员之间，处于分散状态的民营制作主体，相对于具有制作权、审查权与播映权的电视台，具有明显的净依赖性；同时，由于中国消费者权利保护协会的维权意识较弱，个体受众的退出对电视台的威慑力远远不够。因此，在治理路径上，要树立合作理念，促进渠道内成员之间的和谐发展；订立渠道关系准则，规范渠道成员行为；提高组织化程度，提高弱势成员群体的话语权。另外，传统媒体与新媒体各取所长，实现渠道间的融合发展；制播分离，建立现代企业制度，辅以规范和约束流通主体行为的政策引导与法律监督。只有这样才能营造自由公平的渠道竞争环境，最终实现多元、平稳、畅通的电视产品流通渠道。

【关键词】电视产品　流通渠道　权力结构　营销渠道理论

　　电视产品流通渠道的结构合理性是指电视产品流通主体，包括制作商、代理商、播出机构、受众有机的联结在一起，形成稳定利益共享机制，实现渠道共同利益最大化。电视产品流通渠道中各成员之间相互依存，如果渠道共同利益最大化而非成员利益最大化，受这种利益矛盾驱

---

　　* 贾美霞（1981 年~　），女，河北省元氏县人。经济学博士，北京交通大学产业安全研究中心博士后，北京工商大学嘉华学院教师（本文作者署名第一单位），主要研究方向为文化产业安全、文化产业管理。

使，一旦渠道成员之间的权力失衡，必然容易导致利益分配不公平，影响渠道的稳定性。因此分析电视产品流通渠道权力结构，理顺渠道成员关系，也是文化产业研究的重点所在。

一、我国电视产品流通渠道现状与问题

（一）我国电视产品的流通渠道现状

我国电视产品流通渠道随着电视产业的市场化改革不断推进，从计划时期的自制自播到制播分离，再到新媒体的产生，已经形成了一个网络。如图1所示。

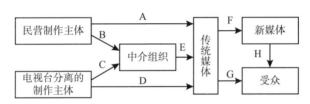

图1　电视产品流通渠道网络结构

注：在流通渠道中，传统媒体一方面指的是播出机构，应与新媒体并列，但由于电视节目在发行过程中，受牌照限制，电视节目产品仍优先发行传统媒体，新媒体最多只能与传统媒体同步发行，因此在本结构图中将新媒体置于传统媒体之后。另一方面，传统媒体仍具有制作功能，尤其在娱乐节目产品制作方面仍具优势，因此在渠道间权力结构中与制作主体比较中代表着制播一体化的电视台制作主体，在与新媒体的比较中代表着传统的播出机构。

在这个渠道网络中，不同的路线代表不同的流通渠道结构，共十种。在这十种渠道类型中，既有渠道间的相互竞争，又存在渠道内的相互竞争。渠道间的相互竞争，是指不同渠道中相同环节的流通主体之间的权力比较；渠道内的相互竞争，指的是同一渠道中不同环节的流通主体之间的权力比较。不过，根据这些相互存在竞争的组织与渠道类型，可将这十种类型简单归纳为三类，其相互竞争情况如表1所示。

表1　　　电视产品流通渠道三种类型的渠道间与渠道内相互竞争汇总表

种类	渠道间	渠道内
第一种	传统媒体—新媒体	传统媒体—受众 新媒体—受众
第二种	传统媒体—新媒体 民营制作主体—电视台分离的制作主体 传统媒体—民营制作主体 传统媒体—电视台分离的制作主体	传统媒体—受众 新媒体—受众 制作主体—新媒体 制作主体—传统媒体
第三种	传统媒体—新媒体 民营制作主体—电视台分离的制作主体 传统媒体—民营制作主体 传统媒体—电视台分离的制作主体	传统媒体—受众 新媒体—受众 中介组织—新媒体 制作主体—中介组织 中介组织—传统媒体

资料来源：根据电视产品流通渠道流通组织间竞争关系整理而得。

　　第一种是制播一体化结构，指电视台自己制作自己播映，受众被动接受的一种流通结构，如图1中的渠道G与渠道F—H。这种类型中，渠道间的竞争主要是传统媒体与新媒体之间的竞争；渠道内的竞争是媒体与受众之间的权力对比。

　　第二种是制播分离结构，指制作主体制作的电视节目，发行到电视台，再由电视台播出，被受众接受的一种流通结构；这时的制作主体与电视台属于不同组织，制作主体与电视台之间是供需关系，如图1中的A→G；D→G；A→F→H；D→F→H；在这种类型中，渠道间的相互竞争主要是民营制作主体与电视台分离的制作主体之间的竞争、传统媒体与新媒体之间的竞争；此外渠道间的竞争，还包括与第一种渠道类型间的竞争，因此还包括传统媒体与民营制作主体之间的竞争、传统媒体与电视台分离的制作主体之间的竞争。渠道内的竞争是制作主体与传统媒体之间的竞争、制作主体与新媒体之间的竞争、传统媒体与受众、新媒体与受众两个组织之间的权力比较。

　　第三种是带有中介组织的流通渠道结构，制作主体将电视产品委托给中介组织或代理商，由代理商发行到电视台，然后被受众接受的渠道结构，如图 1 中的 B→E→G；C→E→G；B→E→F→H；C→E→F→H；这种渠道类型中，渠道间的相互竞争主要包括民营制作主体与电视台分离制作主体之间的竞争、传统媒体与新媒体之间的竞争两种形式；此外渠道间竞争还包括该类渠道与上两种渠道之间的竞争，即传统媒体与民营制作主体之间的竞争、传统媒体与电视台分离的制作主体之间的竞争。渠道内的相互竞争主要是制作主体与中介组织间的权力对比、中介组织与媒体之间的权力对比、媒体组织与受众组织之间的权力对比。

（二）我国电视产品流通渠道中存在的问题

我国电视产品流通渠道中存在的问题主要有三种，即：市场寻租、购买方片款拖欠以及盗版。

1. 流通渠道不畅通，存在市场寻租现象

电视产品流通渠道中存在的问题主要是流通渠道不畅通，电视台凭借其自身的垄断优势，使得既得利益者在市场交易中，容易暗箱操作，利益寻租。2015 年 11 月开庭审理的安徽广播电视台原台长张苏洲贪污受贿案，充分揭示了电视剧购销背后的"秘密"。张苏洲利用职务之便，通过挂名"发工资"、"吃回扣"等形形色色的手段受贿金额高达 1139 万元，而这种购销腐败行为也早已成为业内熟知的"潜规则"[1]。

2. 购买方拖欠片款问题严重

据国家广播电影电视总局发展研究中心的调查数据显示，在被访的 80 家民营制作公司中，80.9% 的企业都有债务拖欠情况，在这些有拖欠情况的企业中，75% 的拖欠是由购片方造成的，仅有 5.9% 的企业选择是制片方原因造成的。由于电视剧的播出平台受限，目前国内电视剧市场交易中存在明显的不平等现象，生产、流通、播出三方的利润比例一般为 2∶2∶6[2]，这种不合理的利益分配方式在一定程度上制约了民营企业的发展。

---

① http://news.xinhuanet.com/newmedia/2016 - 01/21/c_135031824.htm.
② 国家广播电影电视总局发展研究中心. 中国广播电影电视发展报告，2013，2014，2015.

3. 盗版行为屡禁不止

由于电视产品的准公共产品属性，随着数字传输技术的快速发展，电视产品的拷贝与流通变得更加容易，更加快捷，盗版行为屡禁不止，尤其是网络盗版问题严重影响到了电视产品流通运营方式，不仅中国，数字版权问题已经成为世界性难题。

二、我国电视产品流通渠道内的权力结构分析

（一）电视产品流通渠道权力结构的理论基础

1. 渠道权力来源

西方学者对流通渠道的研究领域包括渠道结构与渠道行为两个领域，前者关注渠道的设计、成本以及功能差异问题，后者关注渠道成员对渠道关系的感知与处理，这种处理被称为渠道行为理论。在安妮·T. 科兰的《营销渠道》论著里，渠道权力意味着渠道成员的潜在影响力，即渠道成员 A 要求渠道成员 B 去做他原本不愿意去做的事情的能力。渠道权力源于奖赏权、强制权、专长权、合法权与感召权 5 种类型。其中，①奖赏权是指渠道成员因改变行为而得到另一个成员给予的利益补偿，即利益增长的体会和条件的能力。②强制权又叫负面的奖赏权，指的是渠道成员不给予或不兑现奖赏权的权力，包括恶意强制权与善意强制权两种；恶意强制权会使被强制成员利益受损，善意强制权会使被强制成员受益。③专长权是指某渠道成员拥有其他成员不具有的某种特长（包括知识和能力）。④合法权是被影响者有义务接受影响者所提的要求，这种权力符合明文规定的法律法规或者约定俗成的行为规范。⑤感召权是渠道成员具有吸引其他成员与之建立渠道联盟的能力。另外还有学者（夏春玉，2009）认为信息优势也是权力来源，表现为一个渠道成员提供某种有价值信息的能力。

2. 渠道依赖关系

渠道权力结构形成的基础是渠道成员之间的依赖关系。分工的出现，使得渠道成员都专业化于他们具有比较优势的功能上，便有了渠道成员之

间的相互依赖。这种依赖关系就要求他们在运营中只有以渠道整体利益为出发点，才能保证个体利益的持续稳定实现。渠道成员间依赖程度的测量有两个指标：一是对其他渠道成员提供效用大小的能力；二是对其提供效用的稀缺性进行评估。效用大小主要是评估效用提供方提供的效用在其渠道伙伴的销售额和利润额中的所占的比例，这个比例越高，则后者对前者的依赖越大。而稀缺性的评估有两个方面：一是可以提供类似服务和利益的竞争者的多少；二是渠道伙伴转向竞争对手的难易程度，竞争者越少，渠道伙伴的转换成本越高，渠道伙伴对效用提供者的依赖度就越大。

3. 渠道权力结构

渠道权力结构是影响渠道稳定性的关键因素，可用渠道成员依赖关系分析，通常包括 4 种情况。如图 2 所示。

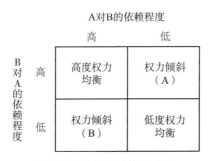

图 2　渠道权力结构四分图

在这 4 种渠道权力结构图中，①左上角的高度权力均衡结构中，A 与B 之间彼此高度依赖，双方都拥有高度权力，任何一方都需要另一方有价值的资源为对方提供高效用。②右下角的低度权力均衡结构中，A 与 B 之间都缺乏对对方的权力，这种市场竞争比较充分，替代性产品或资源容易获得，渠道关系的重置成本低。③权力倾斜 A 结构中，渠道成员 A 对 B的依赖程度小于 B 对 A 的依赖程度，渠道权力向 A 倾斜，处于不均衡状态。④权力倾斜 B 结构中，则是 B 对 A 的依赖程度小于 A 对 B 的依赖程度，渠道权力向成员 B 倾斜。

此外，由于电视产品流通组织特性所具有的资产专用性特征，使得电视产品流通渠道受流通组织资产专用性市场化程度的影响。另外，电视产品流通渠道权力还与渠道组织化程度紧密相关，组织化程度越高，谈判力越强。渠道环节以及渠道成员的选择方式（主动选择还是被动选择）也是重要的影响因素。

（二）我国电视产品流通渠道内的权力结构状况

1. 渠道成员

（1）供应商。理论上讲，供应商包括制作商和分销商。而电视产品制作商包括民营制作公司与从电视台分离的制作公司两种，但从电视台分离出来的制作公司与电视台之间仍存在一定的"血缘关系"，表现为电视产品不愁销路，所以本质上仍属于国有制作主体。另外，我国的电视产品分销商多由有实力的民营制作公司兼任，如唐龙国际。因此这里主要的供应商主要讨论的还是民营制作公司。

（2）播出机构。电视台是电视节目产品的主要播出平台，其播出方式主要通过地面光线网络传输信号，地面高塔发射传输信号和通过卫星传输信号。除电视台外，还有各种新媒体电视主要包括手机电视、网络电视。

（3）受众。受众是电视节目产品流通渠道的终端消费者。在目前电视节目产品的交易市场中，收视率仍是广告商选择是否投资交易的重要参考标准。在这种情况下，受众的注意力资源或者说所承担的时间成本，就成了播出机构争夺的对象。

2. 电视台与民营制作公司之间的渠道权力状况

电视台与民营制作公司之间存在明显的渠道权力倾斜状况。见表2。

表2　　　　民营制作公司与电视台的渠道资源状况与依赖性强弱

		民营制作公司		电视台	
		状况	依赖性	状况	依赖性
渠道资源	类型	电视产品货源供给	—	资源垄断	—
	稀缺性	低	强	高	弱
渠道资源重要性		竞争市场替代产品多	强	渠道资源由国家控制	弱
组织化程度		缺分销商，组织化程度低	强	国家和广电局统一管理	弱
所处位置与态势		渠道上游，处被动态势	强	渠道下游，处主动态势	弱

　　首先，在电视产品流通渠道权力结构中，民营制作公司对电视台具有净依赖性。20 世纪 90 年代后期，电视产品制作开始向民营资本开放，民营制作公司纷纷兴起，至 2014 年底全国民营制作企业已达 6058 家，约占总量的 84%[①]，已经形成竞争性的供给市场。然而，在国有电视台掌握绝对采购权的情况下，民营制作主体仍受电视台制作主体的排挤，民营制作公司掌握的电视产品可替代性强、资源重要程度弱、稀缺性低在流通交易中处于被动态势。另外，民营制作公司组织化程度低，降低了他们与电视台讨价还价的能力。

　　其次，电视产品播出机构的渠道资源主体是电视台，替代性弱，稀缺性高。表现在：我国的电视台归国家所有，不允许民营资本与外资进入，几乎垄断着电视产品流通渠道中的播出资源，截止到 2015 年底，我国电视综合人口覆盖率高达 98.8%，互联网覆盖率为 50.3%，而网络视频覆盖率仅约为 28%[②]。同时，受电视播放牌照的政策限制，其他新媒体电视无法与之抗衡。目前我国电视台拥有量超过了 200 座，而拥有互联网电视运营商截止到目前仅有 5 家，分别是湖南广电、央视国际（CNTV）、上海文广、杭州华数和南方传媒，也就是说制作方必须与其中任意一家合作，才能推出互联网电视产品。因此，电视台对民营制作公司的依赖性明显小于民营制作公司对电视台的依赖性。

　　最后，电视台无论在政策还是资源占有方面都具有明显优势，表现为：电视台同时具有播出权、终审权以及制作权，三权合并即为垄断权。为了保证国家的意识形态安全，政府政策往往向电视台统一倾斜。同时电视台必然安排自己制作的节目或带来巨大利益的节目在黄金时间播出，很少有机会留给民营制作机构的节目。另外，电视台一般不用现金直接交易，而是采用贴片广告形式，将风险转移到民营制作公司身上。相对于制作平台的开放，播出平台仍然具有强势垄断地位，这就是电视产品流通渠

---

　　① 中国广播电视年鉴编辑部. 2015 中国广播电视年鉴. P43.
　　② 由中国互联网信息中心发布的第 38 次中国互联网络发展状况统计报告（新华网：ht-tp：//news. xinhuanet. com/tech/2016－08/04/c_129203749. htm）与艾瑞咨询调查数据（新华网：http：//www. 199it. com/archives/360427. html）整理而得。

道中存在的寻租现象，债务拖欠问题的根源所在。

3. 电视台与受众之间的渠道权力结构

电视台与受众之间的渠道资源状况与依赖性比较，如表3所示。

表3　　　　　　　电视台与受众之间的渠道资源状况与依赖性比较

		电视台		受众	
		状况	依赖性	状况	依赖性
渠道资源	类型	接受平台，提供服务	—	选择权和观看时间	—
	稀缺性	低	强	较高	较弱
渠道资源的重要程度		竞争激烈重要程度相对较弱	对集体受众依赖性强；对个人家庭依赖性弱	单个个体重要程度差；团体行为重要程度强	可以在多个频道之间选择
组织化程度		由政府与广电总局统一管理	对电视产品的主动选择性强	分散的家庭和团体组织	对观看内容没有决定权，只有选择看与不看的权力
渠道中的位置与态势		被受众选择	强	具有主动选择权	弱

在电视产品流通渠道中，就电视台与受众而言，电视台拥有的渠道资源是提供电视节目信息与服务的播出平台。随着卫星电视、有线电视甚至无线电视的发展，同一区域内（边远山区除外）的电视频道即使在农村也能接受至少7个频道，城市可接受的频道至少50个；因此对于受众来讲，单个电视台拥有的渠道资源可替代性较高，稀缺性较低。同时电视台位居渠道上游处于被动态势，且其在评价电视节目产品时，唯收视率是瞻，因此对受众有正向的净依赖性。

与此对应，受众拥有的渠道资源是注意力资源和选择权。在充分竞争的买方市场中，从总体上来讲，消费者注意力资源就成了有限资源，资源重要程度较高，众多电视台展开对受众市场的争夺，加重了受众选择权的稀缺程度。但是，受众选择权分散在全国各地的家庭当中，个别家庭观看的进入与退出对电视台总的收视率影响程度微乎其微。只有当这些家庭以群和团体的方式进入或退出时，才能对电视台的收视率形成正向或反向的冲击。因此，受众的组织化程度是影响电视台行为的重要因素。只有当受众以集体的形式行动时才具有渠道资源优势。这种集体形成有两种方式：一种是人为的组织，如消费者协会、受众联盟，俱乐部等；另一种是无意识形成的，如某节目（戏曲）吸引某种相同欣赏偏好的受众（戏迷）不约而同地观看。

三、我国电视产品流通渠道间的权力结构分析

根据前文所述，我国电视产品流通渠道间权力包括四种结构即：传统媒体与新媒体之间、民营制作主体与电视台分离的制作主体之间、传统媒体与民营制作主体之间、传统媒体与电视台分离的制作主体之间的权力机构。在这四种情况中，从电视台分离出的制作主体与电视台之间多有合作少有竞争，是唇齿相依关系，据此，可以断定民营制作主体与传统媒体之间的关系等同于民营制作主体与电视台分离的制作主体的关系。因此，研究电视产品流通渠道间的权力结构就只有研究传统媒体与新媒体之间、民营制作主体与电视台分离的制作主体（国有制作主体）之间的权力结构两种情况。

（一）传统媒体与新媒体之间的权力比较

传统媒体与新媒体之间的权力比较从四个方面进行。

第一，在用户资源上，传统媒体具有明显规模优势。传统媒体主要指电视台，新媒体主要是指网络视频用户和手机视频用户，两者的覆盖率之比约为7:2，因此传统的电视媒体仍具有规模优势，是提供个性化服务的新媒体所不具备的。

第二，受互联网牌照限制，传统媒体优势明显。目前我国共有4000多家制作机构，获得互联网电视运营牌照的只有五家，其他制作主体仍旧

只能向电视台发行为主。

第三，受内容与资本制约，新媒体视频发展处于临界点。新媒体发展强劲，尤其在电视剧领域也想而且有望分得播出市场一杯羹。中国互联网信息中心早在 2014 年的调查数据就显示，66.5% 的网络视频用户喜欢在网上看热播剧，远远大于通过电视观看的 24.7%。然而，现行的新媒体视频多为免费业务，新媒体发展所需的资本支持在免费观看的态势下难以为继，新媒体视频有意发展付费视频节目，根据艺恩第三方机构的《2015中国付费研究报告》，截止到 2015 年底，国内视频网站付费用户为 2200万，占整个网络视频人数的 5.2%。另外，新媒体视频内容仍旧来自传统电视媒体，内容资源受限。新媒体视频发展处于临界点。

第四，新媒体的播出不受区域限制，在受众市场具有明显优势。我国电视台区域分割，各自为战，这种行政格局不利于业内资源的有效配置，也不利于供需双方的信息沟通，无法展开营销活动，难以形成统一的流通大市场。而新媒体网络视频均为全国性市场，不受区域限制，在市场范围方面有明显优势。

（二）民营制作主体与电视台分离的制作主体之间的权力结构

民营制作主体与电视台分离的制作主体（国有制作主体）之间的权力不平衡，国有制作主体具有明显权力优势。体现在以下三个方面：

首先，从政策上来看，政府对民营资本的限制一直保持审慎态度，尽管国家 2001 年就允许民营资本进入电视制作机构，随后又对外资限制性的开放，但制作范围仅限于电视剧、综艺类、专题类、动画类节目。同时，政府政策对于民营制作机构的发展方向定位模糊，如何保证两种制作主体之间的公平竞争等均未有明确规定，民营制作主体渠道权力较弱。

其次，从风险角度来看，电视台委托子公司制作节目，可以通过控制子公司的资本注入控制其经营决策。而对于独立的民营制作公司，则是以契约或合同的形式签署双方的责任、权利、目的范围。为了降低违约风险，电视台首先会选择自己的子公司，民营制作主体地位无法得以保障。

最后，民营制作主体当前仍处于粗放型发展阶段，与国有制作主体的差距体现在产品质量、资金、人才等方面。其中在产品质量上，民营制作公司为追求收视率，缺乏对目标市场的细分，不惜以节目庸俗、粗制为代价，一窝蜂似的挤向娱乐节目产品制作，节目产品同质化严重，版权难以得到保护。而在融资方面，民营制作主体能力受限，其所需的资本大多来自个体积累，很难融得大笔资金。在人才选拔和培养方面，民营制作公司老板将公司等同于一般商业公司，追求商业利润忽视文化品位，缺乏既懂市场又懂电视的高级管理人才。因此民营制作主体相对于国有制作主体仍处劣势地位。

四、电视产品流通渠道结构不平衡的治理

根据上述对电视产品流通渠道间与渠道内的权力分析，其结构不平衡的治理也从这两个方面展开。

（一）渠道内权力不平衡的治理路径与实施策略

渠道内的治理路径为：树立合作理念，促进渠道内成员之间的和谐发展；订立渠道关系准则，规范渠道成员行为；提高组织化程度，提高弱势成员群体的话语权。

1. 树立合作理念，促进渠道内成员之间的和谐发展

电视产品流通渠道的畅通无阻必然要求渠道成员的和谐发展，渠道成员行为受其理念支配，因此电视产品流通渠道改革在即，也要理念先行。其中，民营制作公司的职责是提供市场需求的电视产品，所以它的合作理念必然包括创新意识和精品意识，做到人无我有，人有我优。这样既能提高自己的产品竞争力，又能提高其制作的资产专用性，提高电视台对其依赖性。而对电视台来讲，合作意识意味着转变经营理念，公平对待民营与国营制作公司，择优选择适合消费需求与文化需求的电视产品，并安全快捷的呈现在受众面前。受众的合作意识就是要选择健康的电视产品，拒绝低俗，拒绝盗版产品。

2. 订立渠道关系准则，规范渠道成员行为

根据上述分析，电视产品流通渠道中电视台具有垄断资源优势，这种优势的滥用或强制使用导致渠道成员之间交易不公平，供应商处于被动地位。因此需要尽快出台《广播电视法》，规范约束渠道成员各方的行为权力。如在政策或法律上规定各电视台播映的民营制作公司的节目比例、债务拖欠不得超过一定比例、贴片广告交易标准、变更排版标准要征得制作公司同意等。同时还要建立监管机制，监督渠道成员之间的市场行为，对于各种不法行为予以严格制裁。此外通过完善立法实现政府管理角色的转变，由主办者变为间接管理者，市场由人治转向法治。最重要的是要完善版权保护法，建立价格补偿机制，切实维护好制作主体的合理利益。电视产品定价使用边际成本定价法，降低正版产品价值是排除盗版的有效方式之一。因为电视产品的准公共产品属性，一部需要巨额制作成本的故事片，只需很少的附加支出就可非法翻录，电视产品的非排他性使得电视产品不能被一次性消费完成，且非法复制电视产品通过租赁与出售收益相当丰厚，盗版才变得如此有利可图。但是盗版的吸引力将受到正版成本对非法版本成本的比率的影响，如果这个比率为3:1而不是20:1的话，很少有人会涉足非法市场。近几年市场出售的录像带大幅度减价，可以被看作是抵制盗版的一个有效举措。

3. 提高组织化程度，增强弱势成员群体的话语权

前述分析证明电视产品流通渠道权力不平衡体现在制作主体的组织化程度低，缺少讨价还价能力；受众的维权意识相对较弱，单个消费者的退出对电视节目收视率无关痛痒，对电视台构不成威胁。因此提高制作主体与受众的组织化程度，增强弱势群体的话语权，是平衡电视产品流通渠道权力的根本措施。单个的制作主体不足以与电视台抗衡，建立制作主体之间的行业协会组织，或者建立电视产品专门的区域分销商，各区域分销商之间形成连锁形式，功能类似美国的电视节目辛迪加。这种形式中，制作主体将制作的电视产品统一发行到该组织，供应商以资源共享的联盟方式存储与销售电视产品，既能协调相互之间的竞争又能增加与电视播出机构之间的谈判筹码，降低交易风险，增加流通收益。另外，发展中介组织或

连锁形式的代理商还有助于建立整个电视产品流通渠道标准。目前，制作主体与电视台之间的合作规则多由电视台支配，在交易模式、贴片广告交易、播出时间等方面均未形成规范，这种中介组织联盟能以代理的方式促进并强化这一规范，如美国节目交易合同均由辛迪加节目商向市场投放产品前制定，任何供应商一视同仁，电视播出机构不得随意更改，实现了供需之间的平等交易。另外，政府应当支持和帮助消费者权益协会建立健全消费者（受众）合作组织机构，提高消费者的维权能力；同时具有相同爱好的受众之间还可以通过互联网或者社区等，建立具有相同爱好的各种自发性的联盟组织、论坛等，通过信息交流与自由意见反馈达成一致同盟，这种同盟达到一定程度后，所形成的意见将对电视播出机构威胁，电视播出机构将适当做出调整，受众利益得以维护；同时这种意见还可以进一步反馈到制作主体，制作主体根据受众意见制定更多更好更符合市场需求的电视产品，流通渠道联盟就此达成，流通渠道效益整体得以提高。

（二）渠道间权力不平衡的治理路径与实施策略

渠道间的治理路径是：传统媒体与新媒体各取所长，实现渠道间的融合发展；制播分离，营造自由公平的渠道竞争环境。实施过程中还要加强政策引导，最终实现多元化的电视产品流通渠道。

1. 传统媒体与新媒体各取所长，实现渠道间的融合发展

传统媒体的优势显然在于其规模经济，传统媒体因其简单的操作、低廉的价格吸引着社会层次较低、文化程度较低且接受新事物能力较差的人群。而新媒体的优势在于其个性化供给，不同需求偏好的受众可以随时点击观看，没有时间限制，互动性强，吸引了年轻一代消费者。但是新媒体的内容仍旧主要来自传统媒体，新媒体只是传统媒体的网络数据库；传统媒体参与到新媒体也不过是将已有的产品资源粘贴复制到新媒体，成本低收益也差，因此没有改进的动力。因此，不难看出，两者优势互补，融合发展才是实现双赢的有效措施。

首先，提高对新旧媒体融合的认知度。目前我国网站大约有三百万家，但赢利的很少。即使这样仍有投资公司投资热情不减，追加投资积极性高。原因就是融合的趋势是投资者共同的看法。因此新媒体也要正视与传统媒体的合作，理性使用传统媒体资源，消除敌对情绪，重点提升网络电视的发展水平，中国网络电视台要发挥带头作用，做大做强。

其次，改变运营模式。数字化时代，传统播出机构已由统管生产与播出的身份转变成为购买者和播出者，许多电视产品已不再由播出机构制作，而是要到市场购买。电视产品不再是为单一渠道而生产制作，目前是要多渠道流通。传统媒体要针对新媒体受众的需求特性，利用资源优势深度挖掘，不断创新，有目的投入到新媒体中，进行衍生品开发，开拓更多经营渠道等。

最后，加强政策引导，实施强化人才战略。加强政策引导和支持，推进电视融合，丰富产品内容、扩大用户规模、着力创新流通机制，按照现代企业制度要求，建立健全网络视频组织的法人治理结构。另外，要在观念上明确人才是资本，可采用社会联合培养的方式或引进方式选拔人才，但一定要坚持人才素质标准。

2. 制播分离，营造自由公平的渠道竞争环境

制播分离，将从电视台分离的制作主体彻底的与电视台分离，使制作主体之间地位平等，渠道间的竞争公平合理。

首先从政策与法律上给予支持。国家对于制播分离的态度总体上是支持的，但是在制订政策方面要更加明确，可操作性强。同时还要加大对民营制作企业的扶持力度，可以借鉴美国制播分离的发展经验。20 世纪 70 年代，为促进制播分离的发展，美国制定了《黄金时间机会条例》规定电视网在黄金时间不能播放自己制作的节目，《财政利益和辛迪加规则》规定电视网不能做发行，并约束了电视网播映时的利润分成，通过细化法规，维护了流通主体间的利益分配关系，促进了流通市场的发展壮大，到 20 世纪 90 年代流通市场足够繁荣时取消了规定，真正实现了市场的充分、自由、公平竞争。

其次，建立多元化的融资机制。制播分离的真正实施必须要解决融资瓶颈。①政府要规范资本市场，认真审核融资资本，制定明确的政策条例确定资本的归属体系、运作方式，将国有资本、民营资本与外资有效融合。②民营制作公司不发展，制播分离就是一句空话。要改变民营资本融资难的问题，加大政策倾斜力度，为民营资本以及外资进入电视产品制作公司扫除政策障碍。③民营制作机构要尽快摆脱传统观念与体制的束缚，鼓励金融机构对其实行信贷业务，按照民营企业的信用评级或者鉴定担保协议，开展相应的信贷额度；还可以采用内部外部融资、债券股权融资等方式，实现融资多元化发展，增强资本利用率。

主要参考文献

［1］Stern, Louis W., Torger Reve. Distribution Channels as Political Economics: A Framework for Comparative Analysis ［J］. Journal of Marketing, 1980 (44).

［2］［加拿大］考林·霍斯金斯，斯图亚特·迈克法蒂耶. 亚当·费恩. (Colin Hoskins, Stuart Mcfadyen, Adam Finn) 张丰海，张慧宇译. 全球电视和电影产业经济学导论［M］. 北京：新华出版社，2004 (1).

［3］［美］安妮·T. 科兰，艾琳·安德林，路易斯·斯特恩，阿代尔·I. 艾－安瑟里著. 蒋青云，孙一民译. 营销渠道［M］. 北京：电子工业出版社，2003.

［4］周殿昆. 连锁公司快速成长奥秘［M］. 北京：中国人民大学出版社，2006.

［5］夏春玉. 流通概论［M］. 大连：东北财经出版社，2009.

［6］周鸿铎. 传媒经济学［M］. 北京：中国书籍出版社，2011.

［7］李旦. 台网融合：深层推进全媒体化［J］. 中国广播电视学刊，2012 (1). 转引自：庞井君. 中国视听新媒体发展报告 (2011)［R］. 社会科学文献出版社，2011.

Causes and Countermeasures of Imbalance in Distribution Channel Structure of TV Products in China

—Analysis Based on Marketing Channel Theory

Jia Meixia

Abstract：The distribution channel structure of TV products in our country is out of balance, and there are serious problems such as market rent-seeking, film arrears, piracy and so on. Based on the marketing channel theory, this paper analyzes the mechanism of power imbalance in TV product distribution channels and finds that among channel members, the decentralized private producers are obviously net dependent on TV stations with production rights, censorship rights and broadcasting rights. At the same time, due to the weak awareness of the Chinese consumer rights protection association in safeguarding human rights, the withdrawal of individual audiences is far from enough to deter television stations. Therefore, in the path of governance, we should establish the concept of cooperation and promote the harmonious development among members in the channel. To establish guidelines on channel relations and regulate the behaviors of channel members；Improve the degree of organization and enhance the voice of vulnerable member groups. In addition, the traditional media and the new media take advantage of each other to realize the integration and development between channels. Separation of production and broadcasting, establishment of a modern enterprise system, supplemented by policy guidance and legal supervision to regulate and restrict the behavior of circulation entities. Only in this way can we create a free and fair channel competition environment and finally realize diversified, stable and smooth channels of TV products circulation.

Keywords：Television Products　Circulation Channel　Power Structure Marketing Channel Theory

合肥等五大创新型城市评价分析[*]

合肥等五大创新型城市评价分析[*]

朱云鹃　　汪夏兵　　赵　旭　　江文君[**]

【摘要】合肥创新型城市建设研究，对于合肥保持在区域内聚集、整合以及推动持续的创新有着积极的作用。本文整合前人的研究，按照各项指标出现的频次，整理出创新型城市建设评价指标体系的十大核心指标（其中两项指标由于部分城市严重缺少数据，故频次较少的两项指标依次补位）。根据合肥与南京、武汉、成都以及杭州等城市在创新型城市建设方面的对比分析，本文认为创新型城市建设是一种全方位、全社会参与、全过程联动的城市创新行为。

【关键词】创新型城市　持续创新　评价指标体系

随着经济全球化的程度不断深化，世界经济也越来越显示出区域化特征。在新起的一些区域里，城市作为增长极已渐渐凸显出重要地位，发挥着独一无二的作用。合肥创新型城市建设研究，对于合肥保持在区域内聚集、整合以及推动持续的创新有着积极的作用。在经济全球化的背景下，深入分析合肥市与杭州、南京等发达城市和武汉、成都等周边城市在创新型城市建设方面

＊　基金项目：2017 年合肥市发改委项目，合肥市创新型城市建设研究项目。

＊＊　朱云鹃（1962 年~ ），女，安徽省淮南人。安徽大学商学院教授、硕士研究生导师，安徽大学创新管理研究中心主任，主要研究方向为技术创新管理。

汪夏兵（1992 年~ ），女，安徽省铜陵人。安徽大学商学院技术经济及管理专业硕士研究生，主要研究方向为技术创新与知识经济。

赵旭（1994 年~ ）女，安徽省巢湖人。安徽大学商学院技术经济及管理专业硕士研究生，主要研究方向为技术创新与知识经济。

江文君（1995 年~ ），女，安徽省潜山人。安徽大学商学院技术经济及管理专业硕士研究生，主要研究方向为技术创新与知识经济。

的优势和差距所在，对各级政府积极治理城市有着重要的指引作用。同时，有利于促进合肥市健康发展，为完善合肥创新型城市建设起到积极推动作用。

一、比较对象选取和数据来源

合肥是安徽省会城市，是中部城市，也是长三角城市群的重要城市。2014 年国务院通过的《长江三角洲城市群发展规划》，将合肥与南京、杭州并列，定位为长三角世界级城市群副中心、全国性综合交通枢纽、全国内陆经济开放高地，在长三角经济带中，合肥又是内陆开放高地重要节点城市。有关理论和经验表明，由于科技创新的知识溢出、人力资本流动等往往具有一定的空间取向性特征，即存在空间聚合现象和距离衰减现象。因此，跨区域科技创新合作的空间相互作用更加具有地方化特征，距离接近的创新中心相互间的竞争越是激烈，彼此影响也越大。因此，本研究根据城市地位和特点，选取与合肥竞争关系程度高、影响大的南京、杭州、武汉、成都等国家创新型城市试点作横向比较，对推动合肥建设创新型城市有十分显著的参照、启示意义。

根据《建设创新型城市工作指引》所列出的指标体系（22 个二级指标），并考察各地应用和统计情况，横向比较主要采用 2012~2016 年的数据①。由于部分数据缺乏，根据综合评价的共识理论，这里以 10 个共识度最高的创新指标来做横向比较的测量。

二、创新型城市评价指标的选取（基于共识性的核心指标确定）

20 世纪 90 年代以来，为应对城市衰退和全球化，国外不少学者开始研究创新型城市问题，国内"创新型城市"的提法开始于 21 世纪初，尤其是 2006 年全国科技大会提出建设"创新型国家"的宏伟战略后，许多重要城市积极跟进，相继提出创新型城市的建设目标，对创新城市的评价

---

① 本研究数据来源于 2012~2016 年上述各城市的统计年鉴数据、国民经济和社会发展统计公报等。

和相关创新指数的发布也成为各地关注热点。尹继佐（2003）在《世界城市与创新城市：西方国家的理论与实践》一书中对创新城市进行了这样的界定："创新城市是指创新意识成为市民思维不可分割的一部分，城市能够将创新想法付诸实施，并将创新实践和成果不断宣传、传播，维持城市不断进行新的创新过程。它是一种全方位、全社会、全过程的创新，是城市实现跳跃式发展的途径"。

在创新型城市评价方面，国内外学者从不同角度给出了自己的观点，从创新型城市建设实践和理论研究看，人们倾向于从城市创新能力的角度来评价创新型城市。其中代表性的有：

国外 OECD 和 EU 为代表的国际组织及学术机构专门针对创新型城市目标实现程度的测度研究成果不多，主要有 4C 创意指数、城市创新指数、城市创新活力、创新力指数、创新驱动力和知识竞争力指数、硅谷指数等。①创新力指数，理查德·弗罗里达（Richard Florida）开发了 3T 指标（Technology、Talent 和 Tolerance），该指数由创造性劳动力、高科技、创新、多样化等排名构成，运用于对美国 50 万人口以上的 81 个大都市和 50 个州的评价。②知识竞争力指数，罗伯特·哈金斯协会 2002 年起开始发布"全球知识竞争力指数"（WCI）由"知识资本""人力资本""金融资本""知识支持""经济产出"等 19 个指标组成。③英国从事创新型城市研究的权威机构 Comedia 的创始人查尔斯·兰德里（Charles landry，2000）提出创新城市由 7 个要素组成：富有创意的人、意志与领导力、人的多样性与智慧获取、开放的组织文化、本地身份强烈的正面认同感、城市空间与设施和网络机会。④波特（Porter，1990）以及福尔曼（Forman et al.，2002）将创新能力的决定因素分为三大类指标，第一大类指标是一般基础条件（括制度、资源投入、创新支持政策等），第二大类指标是产业集群特有的微观环境（投入要素状况、相关支持产业以及需求状况等），第三大类指标是前两者相结合的质量。

国内主要代表观点有：①北京方迪研究所认为，创新型城市的内涵广泛，科技创新是核心，可以从科技创新能力、对外辐射能力、产业升级和创新环境等四个方面来评价创新型城市的建设现状，主要指标包括 R&D

占 GDP 的比重、专利申请及授权情况、企业 R&D 投入占地区投入比重、自主知识产权高新技术产品产值比重、技术市场交易情况等。②深圳市综合设计了《自主创新型城市评价指标体系》，着力于从"创新主体""创新环境"和"创新绩效"三大领域评价城市的自主创新能力，由 12 类共 60 个代表性的指标所组成，其中包括"风险投资占中小企业融资比例""机场航线数""行业协会数量""注册创业资本额占全国注册创业资本额的比重""每十万人专利申请数""万元 GDP 综合能耗"等细化指标。③张江创新指数。2005 年 11 月，上海市正式发布了科教兴市指标体系，具体包含 180 个指标，分别设计了研发投入强度、高技术产业比重、自主知识产权、企业创新等 22 个指标，其中核心指标共 10 项。④中关村指数，评价北京市高新技术产业发展状况、发展水平与变动趋势，主要由经济增长、经济效益、技术创新、人力资本和企业发展五个分类指数共 15 个指标构成。⑤唐炎钊（2004）、毛佳、张文雷、姜照华等学者分别从不同角度展开了研究。

从现有研究来看，对于创新型城市的内涵和评价指标体系没有完全一致的结果，总体上大同小异。关于创新型城市的界定，国内外研究归纳起来有两种主要观点，一是倾向于从必要的构成要素出发，所谓系统角度，二是倾向于从产出成果出发，所谓评价角度。"从创新型城市建设实践和理论研究看，人们倾向于从城市创新能力的角度来评价创新型城市，仅有少数学者从狭义的技术创新角度进行指标体系的创建"①。在多数的创新型城市能力评价文献中主要有全面指标评价和核心指标评价，多数采用的是常用的综合评价方法②。由于综合评价的非一致性始终存在，相对于全面指标评价，核心指标评价在数据采集、评价成本、共识性达成等方面具有显著的优势。为此，本次研究选取收集了近期相关研究成果 35 篇，基于"共识性"的理论观点，运用指标出现频率的统计方法，确定创新型城市评价的 10 大核心指标。统计结果表明，全社会 R&D 经费支出占地区 GDP 比重（%）、万人发明专利拥有量（件/万人）、科技公共财政支出占

---

① 朱孔来，张莹等．国内外对创新型城市评价研究现状综述［J］．技术经济与管理研究，2010.6：pp. 7 – 12.

② 主要有 AHP 法、模糊评价法、BP 神经网络法、主成分法、因子分析法等。

公共财政支出的比重（％）、万元 GDP 综合能耗（吨标准煤/万元）、每万名就业人员中研发人员（人年）、国家和省级重点实验室、工程实验室和工程（技术）研究中心数量、技术市场成交合同金额占地区 GDP 比重（％）等是普遍共识的核心指标，见表1。

表1　　　　　　　基于共识的核心评价指标及排序

二级指标	应用频数	排序	一级指标
全社会 R&D 经费支出占地区 GDP 比重（％）	27	1	创新要素集聚能力
万人发明专利拥有量（件/万人）	25	2	综合实力和产业竞争力
科技公共财政支出占公共财政支出的比重（％）	21	3	创新政策体系和治理架构
万元 GDP 综合能耗（吨标准煤/万元）	19	4	创新对社会民生发展的支撑
每万名就业人员中研发人员（人年）	13	5	创新要素集聚能力
国家和省级重点实验室、工程实验室和工程（技术）研究中心数量	11	6	
技术市场成交合同金额占地区 GDP 比重（％）	11	7	创新创业环境
全员劳动生产率（万元/人）	6	10	综合实力和产业竞争力
高新技术企业数及占规上工业企业数量比重	4	12	
高新技术企业主营业务收入占规上工业企业主营业务收入比重（％）	4	13	

注："科技进步率"出现的频率较高，但该指标数据缺乏，各种测算应用方法不同又有很大的应用局限性，因此舍弃；"国家和省级科技企业孵化器、大学科技园在孵企业数"出现的频率也较高，但数据缺乏，因此也舍弃。

三、合肥等五大创新城市核心指标比较分析

根据表1确定的10大核心指标对合肥等五大城市进行评价比较，分别从三个角度进行分析，一是指标总量，二是指标平均值，三是指标增长率。关于增长率的计算，统计学中关于增长率主要分为同比增长率，环比增长率以及定基增长率。本研究根据需要，主要采用了同比增长率和同比年均增长率。

计算公式：同比增长率 $(a_n) = \dfrac{报告期水平 - 去年同期水平}{去年同期水平} \times 100\%$ ；

$$同比年均增长率 = \frac{a_1 + a_2 + \cdots + a_n}{n}$$

（一）每万名就业人员中研发人员数

2015年合肥市的每万名就业人员中研发人员数在五大城市中排名第三，杭州市排名第一，是合肥市的近7.5倍。从增长速度来看，2012~2015年合肥市同比年均增长率为8.52%，在五大城市中排名第三。2012~2015年，合肥等五大城市每万名就业人员中研发人员数变化如图1所示。

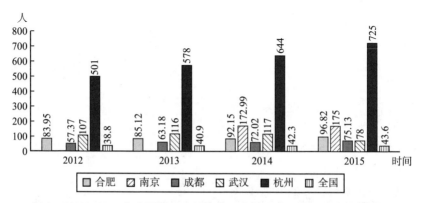

图1　2012~2015年合肥等五大城市每万名就业人员中研发人员数情况

注：南京缺2012年、2013年的数据。

资料来源：2012~2017年《中国统计年鉴》《中国科技年鉴》《中国火炬统计年鉴》《中国环境统计年鉴》和各地的统计年鉴、相关统计公报等。

从图1中的总量数据可以看出，五大城市近年来每万人就业人员中研发人员数均呈现增长趋势，截至2015年，合肥市每万人就业人员中研发人员数量为96.82人，南京为175人，成都为75.13人，武汉为78人，杭州高达725人，杭州是合肥的近7.5倍。合肥市的研发人才的投入与排名第一的杭州差距很大。

从均值来看，五大城市每万人就业人员中研发人员数的均值均高于全国平均水平，杭州市以绝对优势位居第一，南京市第二，武汉市第三，合肥市第四，仅高于成都市。

从增长速度来看每万名就业人员中研发人员数，2012~2015年，合肥

市同比年均增长率为 8.52%，位列第三；武汉市同比年均增长率为
9.48%，位列第二；成都市同比年均增长率为 -8.02%，位居第五；杭州
市同比年均增长率为 13.12%，位居第一。

（二）全社会 R&D 经费支出占地区 GDP 比重

2015 年合肥市的全社会 R&D 经费支出排名第二，成都市排名第一，比
合肥市同比高 1.35%。2012~2015 年，合肥市同比年均增长率排名第一。[①]

合肥等五大城市的全社会 R&D 经费支出占地区 GDP 比重均呈现上升趋
势，均显著高于全国同期平均水平，但增幅较小，速度较平缓，见图2。

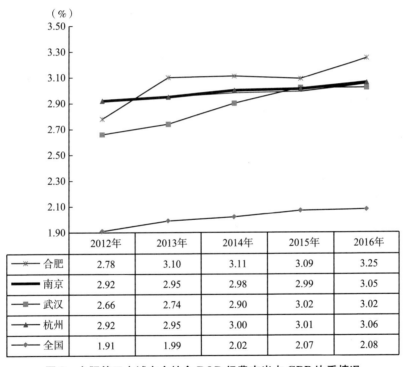

	2012年	2013年	2014年	2015年	2016年
合肥	2.78	3.10	3.11	3.09	3.25
南京	2.92	2.95	2.98	2.99	3.05
武汉	2.66	2.74	2.90	3.02	3.02
杭州	2.92	2.95	3.00	3.01	3.06
全国	1.91	1.99	2.02	2.07	2.08

图2　合肥等五大城市全社会 R&D 经费支出占 GDP 比重情况

注：因缺少数据，图 2 中 2016 年合肥市的全社会 R&D 经费支出占 GDP 的比重 3.25% 用的是
计划数，故加 * 以作区分。成都市缺少 2013 年、2014 年、2016 年的数据，无法进行有效的比较。

① 2016 年按照政府计划目标，合肥市的全社会 R&D 经费支出占 GDP 比为 3.25%，排名第
一位。

截至 2015 年，全社会 R&D 经费支出占地区 GDP 比重合肥市以 3.09% 位居第一，同期明显高于其他省会城市，武汉市第二，南京、杭州分列第二到第四名。2016 年，合肥市全社会 R&D 经费支出占地区 GDP 比重最高，其次是武汉，杭州、南京分别位列第二到第四。

从全社会 R&D 经费支出占地区 GDP 比重增长率情况来看，2012～2016 年，五大城市同比年均增长率高低依次为合肥 4.09%，位居第一。南京市同比年均增长率为 0.61%，杭州市同比年均增长率为 3.25%，杭州市同比年均增长率为 0.76%。具体见表 2。

表 2　　　　2012～2016 年五大城市全社会 R&D 经费
支出占地区 GDP 比重同比年均增长率

	合肥	南京	武汉	杭州	全国
全社会 R&D 经费支出占地区 GDP 比重	4.09	0.61	3.25	0.76	2.05

表 3 为合肥等五大省会城市的社会 R&D 经费支出占地区 GDP 比重的平均水平。

表 3　　2012～2016 年全社会 R&D 经费支出占地区 GDP 比重的平均水平

	合肥	南京	武汉	杭州	全国
全社会 R&D 经费支出占地区 GDP 比重	3.066%	2.978%	2.868%	2.976%	2.014%

R&D 经费占比是重要的创新体现指标，体现了各大城市对科技研发的重视，表 3 表明合肥市 2012～2016 年的 R&D 经费支出占地区 GDP 比重的平均水平稳定在 3% 左右，高于全国平均水平约 1.052 个百分点，位居第二位。

（三）国家和省级重点实验室、工程实验室和工程（技术）研究中心数

1. 国家重点实验室、工程实验室和工程（技术）研究中心数

从数量上来看，截至2015年，合肥市拥有国家级研发机构总数（包括重点实验室、工程实验室和工程（技术）研究中心）共19家，低于南京市和武汉市，位列第三，增长速度排名合肥第一。

2012~2015年国家出资筹建的国家级研发机构数量呈现上升趋势，合肥、南京、武汉的数量变化见图3。

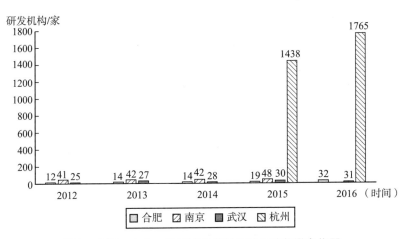

图3 合肥、南京、武汉国家级研发机构的数量变化图

注：成都缺数据，杭州缺少2012~2014年数据。

资料来源：2012~2017年度《中国统计年鉴》《中国科技统计年鉴》《中国火炬统计年鉴》《中国环境统计年鉴》《四川省统计年鉴》《成都市统计年鉴》《合肥市统计年鉴》《武汉市统计年鉴》《杭州市统计年鉴》《南京市统计年鉴》以及五个城市统计公报等。

从图3可见，合肥、南京、杭州、武汉等城市的国家级研发机构的数量均呈现上升趋势。截至2015年，杭州的国家级研发机构数量达到了1438家，位居第一，2016年杭州的这个数字是1765家；南京是48家位居第二位，武汉30家，位列第三，合肥市以19家位居第四位，合肥与杭州差距较大，国家级研发机构的总数杭州是合肥的7.5倍以上，南京是合

肥的 2.5 倍。

另一方面，合肥市研发机构的数量增长迅速，2016 年合肥市拥有国家级研发机构的数量为 32 家，相较于 2012 年新增 20 家，占全国国家级研发机构数量的比重也从 2012 年的 4.51% 上升至 2016 年的 12.55%；南京市从 2012 年的 41 家增加到 2015 年的 48 家，占国家级研发机构数量的比重也从 2012 年的 15.41% 上升至 18.82%；武汉市从 2012 年的 25 家增长至 2016 年的 31 家，占国家级研发机构数量的比重也从 2012 年的 9.40% 上升至 2016 年的 12.16%。从占国家级研发机构数量的比重来看，合肥市增长速度排名第一，由此可见，合肥市的整体科研实力正在逐步增强。

2. 省级重点实验室、工程实验室和工程（技术）研究中心数

从数量上来看，截至 2015 年，合肥市拥有省级研发机构总数（包括重点实验室、工程实验室和工程（技术）研究中心）282 家，高于武汉，低于杭州和南京，位列第三，从 2012~2015 年省级研发机构数量的增长率来看，合肥市同比年均增长率排名第三。

2012~2015 年省级研发机构的数量呈现上升趋势，合肥、南京、武汉、杭州的数量变化见图 4。

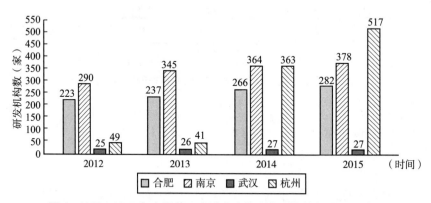

图 4　2012~2015 年合肥等四大城市省级研发机构的数量增长情况

注：成都市缺数据。

资料来源：2012~2017 年度《中国统计年鉴》《中国科技统计年鉴》《中国火炬统计年鉴》《中国环境统计年鉴》《四川省统计年鉴》《成都市统计年鉴》《合肥市统计年鉴》《武汉市统计年鉴》《杭州市统计年鉴》《南京市统计年鉴》以及五个城市统计公报等。

从图4可见，合肥、南京、武汉、杭州等城市的省级研发机构的数量整体上呈现上升趋势。截至2015年，杭州市省级研发机构的数量在达到了517家，位居第一，南京378家，位列第二，合肥市以282家位居第三位，仅高于武汉。

从增长速度来看，合肥市研发机构的数量增长迅速，2015年合肥市拥有省级研发机构的数量为282家，相较于2012年新增59家，同比年均增长率为8.18%；南京市从2012年的290家增加到2015年的378家，同比年均增长率为9.44%；武汉市从2012年的25家增长至2016年的28家，同比年均增长率为2.62%；杭州市从2012年的49家增加到2015年的517家，同比年均增长率为270.49%。由此可见，杭州市省级研发机构的数量增长速度最快，南京第二，合肥第三，高于武汉。

（四）全员劳动生产率

截至2015年，合肥市的全员劳动生产率在五大城市中排名第五，武汉市排名第一，是合肥市的1.6倍，从增长速度看，2012～2015年，合肥市全员劳动生产率的同比年均增长率位居第五。

就全员劳动生产率来说，截至2015年合肥市的全员劳动生产率虽然整体上呈递增趋势，但仍低于其他城市，具体见图5和图6。

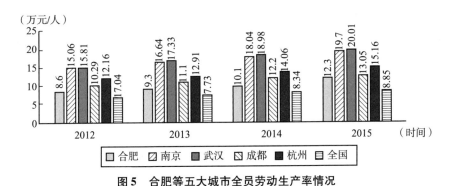

图5　合肥等五大城市全员劳动生产率情况

资料来源：2012～2017年度《中国统计年鉴》《中国科技统计年鉴》《中国火炬统计年鉴》《中国环境统计年鉴》《四川省统计年鉴》《成都市统计年鉴》《合肥市统计年鉴》《武汉市统计年鉴》《杭州市统计年鉴》《南京市统计年鉴》以及五个城市统计公报等。

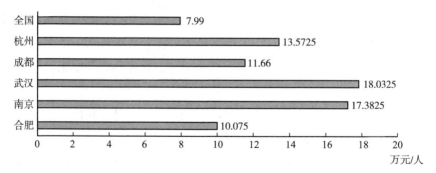

图6　2012～2015年合肥等五大城市全员劳动生产率平均水平

资料来源：2012～2017年度《中国统计年鉴》《中国科技统计年鉴》《中国火炬统计年鉴》《中国环境统计年鉴》《四川省统计年鉴》《成都市统计年鉴》《合肥市统计年鉴》《武汉市统计年鉴》《杭州市统计年鉴》《南京市统计年鉴》以及五个城市统计公报等。

从2015年的全员劳动生产率看，合肥市全员劳动生产率为12.3万元/人，在五大城市中排名第五位，排在第一位的是武汉，为20.01万元/人，第二、三、四位分别是南京、杭州、成都。全员劳动生产率是反映全社会的劳动效率，也是间接反映科技水平的指标。合肥这一指标相对较低。从图6中可以看出，2012～2015年合肥市全员劳动生产率的平均水平为10.075万元/人，其平均水平在五大城市中位于第五名，相对较低，可以看出合肥市的劳动产出与其他城市的差距。

2012～2015年，合肥市全员劳动生产率增长了3.7万元/人，同比年均增长率为6.31%；南京市涨幅达到4.73万元/人，同比年均增长率为9.53%；武汉市涨幅达到4.2万元/人，同比年均增长率为8.19%；成都市涨幅达到2.76万元/人，同比年均增长率为8.89%；杭州市涨幅达到3.18万元/人，同比年均增长率达到7.63%。综合合肥等五大城市的全员劳动生产率的同比年均增长率来看，南京市的全员劳动生产率的年均增长率最高，成都、武汉、杭州、合肥分别位列第二至第五名。

（五）高新技术企业数及占规上工业企业数量比重

2015年合肥市高新技术企业数量在五大城市中排名第四，武汉市排名第一，比合肥市高出近21%，从2012～2015年高新技术企业数量的同比年均增长率来看，合肥市增长速度排名第三。

高新技术企业的数量在一定程度上代表了地区技术创新水平，近年来，合肥市高新技术企业数呈现递增趋势，占规模以上企业数量比重也在逐年增加，具体数据参见图7。

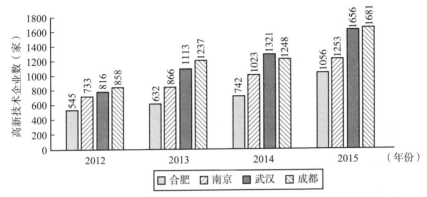

图7　2012~2015年合肥等五大城市高新企业数量的变化情况

注：杭州市缺数据。

资料来源：2012~2017年度《中国统计年鉴》《中国科技统计年鉴》《中国火炬统计年鉴》《中国环境统计年鉴》《四川省统计年鉴》《成都市统计年鉴》《合肥市统计年鉴》《武汉市统计年鉴》《杭州市统计年鉴》《南京市统计年鉴》以及五个城市统计公报等。

截至2015年，成都市高新技术企业数总数达到1681家，位列第一；武汉市高新技术企业总数达到1656家，暂居第二；南京市高新技术企业总数达到1253家，位列第三；合肥市虽然高新技术企业总数没有南京、武汉、成都等发达城市多，但在2015年突破1056家，位列第四（不含杭州）。合肥市虽整体呈现增长趋势，但是与发达城市相比，仍然存在较大差距。

从高新技术企业数量增长情况来看，合肥市高新技术企业数从2012年的545家增长至2015年的1056家，同比年均增长率为25.23%；南京市从2012年的733家增至2015年的1253家，同比年均增长率为19.58%；武汉市从2012年的816家增至2015年的1656家，同比年均增长率为26.82%；成都市从2012年的858家增至2015年的1681家，同比年均增长率为26.59%。其中，武汉市同比年均增长率最高，成都第二，合肥第三，仅高于南京。

图8是合肥等五大城市高新技术企业数占规上企业比重的变化情况，

从中比较可以看出，武汉市高新技术企业占规上企业的比重最大，2015 年为 65.07%，2016 年高达 86.6%，位居五大城市首位。2015 年成都47.46%，位居第二位；南京 46.16%，位居第三，合肥 44.10%，位居第四位；杭州位居第五位。这五大城市的高新技术企业数占规上企业的比重均大大高于全国平均水平。

从增长趋势来看，武汉、合肥、南京和成都均呈快速增长态势，杭州增速趋缓。

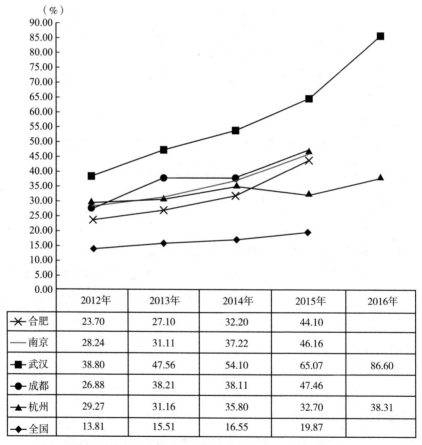

	2012年	2013年	2014年	2015年	2016年
✕ 合肥	23.70	27.10	32.20	44.10	
— 南京	28.24	31.11	37.22	46.16	
■ 武汉	38.80	47.56	54.10	65.07	86.60
● 成都	26.88	38.21	38.11	47.46	
▲ 杭州	29.27	31.16	35.80	32.70	38.31
◆ 全国	13.81	15.51	16.55	19.87	

图 8　合肥等五大城市高新技术企业占规上企业比重情况

注：合肥、南京、成都和全国平均水平均缺少 2016 年数据。

资料来源：2012~2017 年度《中国统计年鉴》《中国科技统计年鉴》《中国火炬统计年鉴》《中国环境统计年鉴》《四川省统计年鉴》《成都市统计年鉴》《合肥市统计年鉴》《武汉市统计年鉴》《杭州市统计年鉴》《南京市统计年鉴》以及五个城市统计公报等。

（六）高新技术企业主营业务收入占规上企业主营业务收入的占比

截至 2015 年，合肥市高新技术企业主营业务收入占规上企业主营业务收入的占比位居第三，南京市排名第一，比合肥市高 7.05%，从增长率来看，2012～2015 年合肥市同比年均增长率为 5.22%，位居第二。

高新技术企业主营业务收入代表了产业发展水平，合肥、南京、武汉以及全国高新技术企业主营业务收入占规模以上企业主营业务收入的占比在近年来的变化趋势，具体见图 9 中的数据显示。

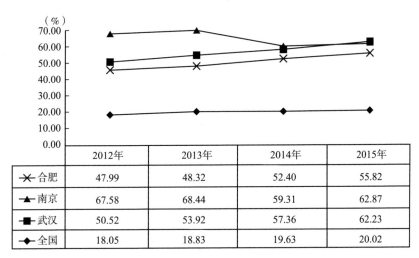

	2012年	2013年	2014年	2015年
─✕─ 合肥	47.99	48.32	52.40	55.82
─▲─ 南京	67.58	68.44	59.31	62.87
─■─ 武汉	50.52	53.92	57.36	62.23
─◆─ 全国	18.05	18.83	19.63	20.02

图 9　合肥、南京、武汉高新技术企业主营收入占规上企业主营收入的占比

注：成都和杭州缺少数据。

资料来源：2012～2017 年度《中国统计年鉴》《中国科技统计年鉴》《中国火炬统计年鉴》《中国环境统计年鉴》《四川省统计年鉴》《成都市统计年鉴》《合肥市统计年鉴》《武汉市统计年鉴》《杭州市统计年鉴》《南京市统计年鉴》以及五个城市统计公报等。

由图 9 可知，从高新技术企业主营业务收入占规上企业主营收入的占比来看，南京市位居第一，武汉第二，合肥第三，2015 年的占比数值依次为 62.87%、62.23%、55.82%，都显著高于全国平均水平 20.02%。从增速来看，合肥市高新技术企业主营收入占规上企业主营收入的占比从2012年的47.99%增长至2015年的55.82%，同比年均增长率为5.22%；南京从2012年的67.58%下降至2015年的62.87%，同比年均下降率为2.02%；武汉市从2012年的50.52%增长至2015年的62.23%，同比年均增长率为7.2%，增长最快。

（七）万人发明专利拥有量

从2015年的数据来看，合肥市万人发明专利拥有量位居第四，杭州市排名第一，比合肥市高34.47件/万人，是合肥的2.74倍。从增长率来看，合肥市2012～2015年同比年均增长率排名第一。

专利在一定程度上是创新水平的反映，图10为2012～2016年合肥及周边城市万人发明专利拥有量的发展情况。

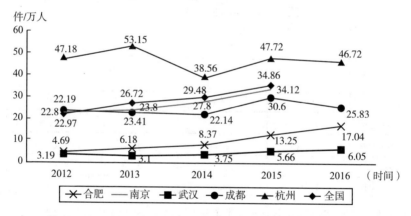

图10 2012～2016年合肥等五大城市万人发明专利拥有量情况

资料来源：2012～2017年度《中国统计年鉴》《中国科技统计年鉴》《中国火炬统计年鉴》《中国环境统计年鉴》《四川省统计年鉴》《成都市统计年鉴》《合肥市统计年鉴》《武汉市统计年鉴》《杭州市统计年鉴》《南京市统计年鉴》以及五个城市统计公报等。

因南京和全国缺少2016年的平均水平，因此，万人发明专利拥有量比较时间截止到2015年。从图10来看，2015年在万人发明专利拥有量这一指标上，杭州市47.72件/万人，稳居首位，远超全国平均水平；南京市 34.12 件/万人，位居第二；成都市 30.6 件/万人，位居第三；合肥 13.25 件/万人，位居第四；武汉市 5.66 件/万人，位居第五。从增长态势分析，合肥、南京、成都近年来的万人发明专利拥有量虽然整体呈现上升趋势，但是均低于全国平均水平。合肥市与杭州、南京、成都相比，万人发明专利拥有量的水平差距较大，不及一半，说明合肥市在创新成果产出量上水平较低。

从增长率来看，合肥市的优势比较突出。2012~2015 年，合肥市万人发明专利拥有量同比年均增长率为 43.36%，南京市同比年均增长率为 14.64%，武汉市同比年均增长率为 23.03%，成都市同比年均增长率为 11.57%，而杭州市同比年均增长率为 2.99%。合肥市的万人发明专利拥有量的同比年均增长率最高，武汉第二，南京第三，成都第四，杭州第五，说明合肥市近年的一些科技创新政策取得了成效。

（八）技术市场成交合同金额占地区 GDP 比重

从 2016 年数据来看，武汉排名第一，合肥排名第二，武汉是合肥的近 2 倍，从 2012~2016 年同比年均增长率来看，合肥市位居第一。

技术市场成交合同金额占地区 GDP 比重可以反映创新创业环境指标。该指标说明在该地区生产总值中由技术市场成交合同贡献的部分，从侧面说明了该地区对技术市场的重视程度和活跃程度。从合肥市近年来该指标数据可以看出，技术市场成交合同金额占地区 GDP 的比重逐年增多，从 2012 年的 1.01% 一直上升到 2016 年的 2.56%，从 2015 年开始超越邻居南京市。武汉市该指标比重较大，2012 年为 2.12%，2016 年达到 4.75%。南京市指标数据较平稳，从 2012 年的 1.96% 到 2016 年的 2.06%，全国平均水平是从 2012 年的 1.19% 到 2016 年的 1.44%，指标数据参见图 11。

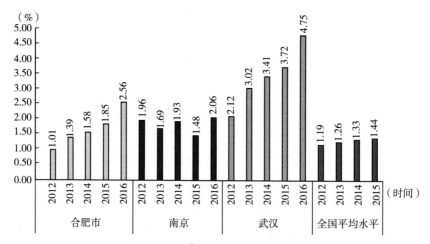

图 11　合肥、南京、武汉技术市场成交合同金额占地区 GDP 比重情况

注：成都市和杭州市该指标部分数据缺失，故在此未标明。

资料来源：2012～2017 年度《中国统计年鉴》《中国科技统计年鉴》《中国火炬统计年鉴》《中国环境统计年鉴》《四川省统计年鉴》《成都市统计年鉴》《合肥市统计年鉴》《武汉市统计年鉴》《杭州市统计年鉴》《南京市统计年鉴》以及五个城市统计公报等。

表 4 是合肥等城市技术市场成交合同金额占地区 GDP 比重指标的同比增长率情况。从表中可以看出，合肥市 2013～2016 年依次同比增长了 37.62%、13.67%、17.09% 和 38.38%，增长率大幅度提升，尤其是 2016 年。说明合肥市对技术市场较重视，技术市场也越来越活跃，成为提升地区生产总值的重要因素。从各城市 2012～2016 年的同比年均增长率来看，合肥达到 26.69%，增速迅猛，远超南京和全国平均水平。南京的年均增长率为负值，武汉的年均增长率为 23.04%，全国平均水平的年均增长率仅有 6.57%。

表 4　　　　　　　2012～2016 年五大城市技术市场成交合同

金额占地区 GDP 比重同比年均增长率

	合肥	南京	武汉	全国
技术市场成交合同金额占地区 GDP 比重（%）	26.69	−7.63	23.04	6.57

（九）万元 GDP 能耗指标

2015 年合肥市万元 GDP 综合能耗位列第二，武汉市第一；从 2012～2015 年同比年均下降率来看，合肥市排名第三，南京市排名第一。

万元 GDP 综合能耗是创新对社会民生发展的支撑指标，表明能源消费水平和节能状况，是综合体现创新与能源利用率关系的指标，这是一个负向指标，数值越小创新绩效越好。从图 12 中的万元 GDP 综合能耗数据可以看出，2015 年武汉市 0.17 吨标准煤/万元，2016 年下降至 0.16，位列第一位，合肥 2015 年的万元 GDP 综合能耗为 0.4 吨标准煤/万元位列第二位，与武汉差距 0.23 吨标准煤/万元；杭州市 0.43，位居第三位，成都是 0.48，位居第四位，南京市 0.62，位居第五位。武汉、合肥、杭州的万元 GDP 综合能耗均远远低于全国平均水平。

各大城市近年来的万元 GDP 综合能耗都呈下降趋势，2012～2015 年，合肥市自 0.53 下降至 0.4，南京市自 0.7926 下降到 0.62，成都从 0.51 下降到 0.48，杭州从 0.54 下降到 0.43。

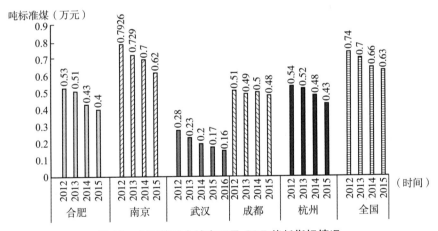

图 12　合肥等五大城市万元 GDP 能耗指标情况

资料来源：2012～2017 年度《中国统计年鉴》《中国科技统计年鉴》《中国火炬统计年鉴》《中国环境统计年鉴》《四川省统计年鉴》《成都市统计年鉴》《合肥市统计年鉴》《武汉市统计年鉴》《杭州市统计年鉴》《南京市统计年鉴》以及五个城市统计公报等。

从同比下降速度来看，参见表 5。合肥 2013 年下降 3.77%，2014 年下降幅度最大达到 15.69%，2015 年下降 6.98%。从 2012～2015 年的同比年均下降率来看，合肥市的年均下降幅度为 8.81%，位居第三位，慢于南京市的 19.70% 和武汉市的 16.24%，高于成都、杭州和全国平均水平。说明合肥市虽然能源利用率在提高，但是综合能耗降低的速度还不够快，未来还需进一步研发新技术，加速创新技术成果转化，提升创新效果和创新绩效。

表 5　　　　　2012～2015 年五大城市万元 GDP 能耗同比年均下降率

	合肥	南京	武汉	成都	杭州	全国
万元 GDP 综合能耗	8.81	19.70	16.24	1.96	7.27	5.22

（十）科技公共财政支出占公共财政支出的比重

2015 年合肥市科技公共财政支出占公共财政支出的比重位列第一，比第二名的武汉高近 1%；从 2012～2016 年同比年均增长率来看，合肥市排名第三，武汉市排名第一。

科技公共财政支出占公共财政支出的比重是创新政策体系和治理架构指标，政府公共财政支出中，科技公共财政所占比重越来越大，表明当地政府对科技创新的投入支持力度。从该指标的绝对数值来看，合肥市近年来处于逐步上升阶段，2012 年仅有 4.65%，到 2016 年比重上升到 7.50%，位列第一位，表明合肥市政府支持力度最大，参见图 13。与同期其他城市以及全国平均水平相比，南京市 2012 年为 4.55%，2015 年上升至 4.90%；武汉从 2012 年的 2.33% 上升到 2015 年的 5.10%；成都和杭州科技财政支出的比重在总公共财政中占比较小，均低于合肥；杭州最低，2012 年只有 0.05%，2016 年更低，只有 0.04%。

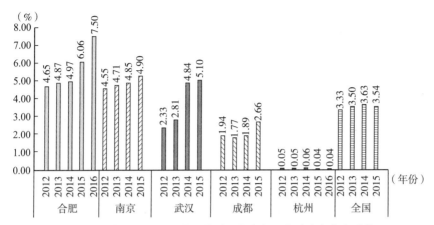

图 13　合肥等五大城市科技公共财政支出占公共财政支出比重情况

资料来源：2012～2017 年度《中国统计年鉴》《中国科技统计年鉴》《中国火炬统计年鉴》《中国环境统计年鉴》《四川省统计年鉴》《成都市统计年鉴》《合肥市统计年鉴》《武汉市统计年鉴》《杭州市统计年鉴》《南京市统计年鉴》以及五个城市统计公报等。

　　表 6 是合肥等城市科技公共财政支出占公共财政支出比重同比增长率情况。从中可以看出，合肥 2015 年和 2016 年上升幅度较大，分别达到 21.93% 和 21.82%。从各创新型城市科技投入占比 2012～2016 年的同比年均增长率的比较，可以看出有些城市同比年均增长率较快。合肥为 9.57%，低于武汉市的 32.74% 和成都市的 12.92%，高于南京市和全国平均水平。主要原因是合肥科技公共财政支出占公共财政支出比重的基数较大，其他城市如杭州、成都等科技投入基数小增长较快，合肥需要持续保持较高的科技公共财政支出占公共财政支出比重，以防这些城市超越。

表 6　　　　　　　合肥等城市科技公共财政支出占公共

财政支出比重同比增长率情况

	合肥	南京	武汉	成都	杭州	全国
科技公共财政支出占公共财政支出的比重（%）	9.57	2.51	32.74	12.92	-3.33	2.11

四、创新型城市综合评价分析

（一）专家打分法

1. 基本原理

专家评分法是一种定性描述定量化方法，它根据评价对象的具体要求选定若干个评价项目，再根据评价项目制订出评价标准，聘请若干代表性专家凭借自己的经验按此评价标准给出各项目的评价分值，然后对其进行结集。

2. 基本步骤

（1）选取创新型城市领域内的核心专家，通过专家座谈会讨论指标评分细则。

（2）制作专家评分表，每位专家根据自己的经验和专业知识判断，对创新型城市的 10 个核心指标按 1~10 分的评分标准进行打分。

（3）根据每位专家的评分，对每个指标的评分结果进行均值化处理，并由此计算得出每个指标的权重 W_j（j 代表 10 个核心指标，$0 < W_j < 1$，$\sum W_j = 1$，$j = 1$，2，…，10），具体如表 7。

表 7　　　　　　　　　　专家评分权重确定表

一级指标	序号	二级指标（10 个核心指标）	权重
创新要素集聚能力	1	每万名就业人员中研发人员（人年）	0.11
	2	全社会 R&D 经费支出占地区 GDP 比重（%）	0.11
	3	国家和省级重点实验室、工程实验室和工程（技术）研究中心数量（个，分别列出）	0.09

一级指标	序号	二级指标（10个核心指标）	权重
综合实力和 产业竞争力	4	全员劳动生产率（万元/人）	0.09
	5	高新技术企业数（家）及占规上工业企业数量比重（%）	0.10
	6	高新技术企业主营业务收入占规上工业企业主营业务收入比重（%）	0.09
	7	万人发明专利拥有量（件/万人）	0.12
创新创业环境	8	技术市场成交合同金额占地区GDP比重（%）	0.10
创新对社会民生 发展的支撑	9	万元GDP综合能耗（吨标准煤/万元）	0.08
创新政策体系 和治理架构	10	科技公共财政支出占公共财政支出的比重（%）	0.11
总权重		$\sum W_j$	1

（4）对合肥等五大城市的指标数据进行归一化处理，构造矩阵 X_{ij}（i 代表5大城市，j 代表10个核心指标），通过对各指标数据归一化处理后得到新的矩阵 Y_{ij}，具体如下：

设原始数据矩阵为 $X = (x_{ij})_{m \times n}$，进行归一化处理后的矩阵为 $Y = (y_{ij})_{m \times n}$，$m = 5$，$n = 10$，

则：$y_{ij} = \dfrac{X_{ij}}{\sum\limits_{i=1}^{5} X_{ij}}$，式中，$\sum\limits_{i=1}^{5} X_{ij}$ 为5个城市单指标的总和，$j = 1$，2，…，10。

（5）计算每个城市的综合得分及排名。根据上述计算权重和归一化后的矩阵计算第 i（$i = 1$，2，…，5）个城市最终得分 $F_i = Y_{ij} \times W_j$，以此计算合肥等五大城市的综合得分，并做出排序结果。表8是合肥等五大城市10个核心指标以及2012～2015年同比年均增长率综合得分与排名顺序。

表8　　　合肥等五大城市创新指标及同比年均增长率综合得分与排名

	杭州	南京	武汉	合肥	成都
综合得分	0.2494	0.2313	0.1837	0.1737	0.1631
排名	1	2	3	4	5
2012～2015年均增长率得分	6.07	5.4	7.87	8.04	6.37
排名	4	5	2	1	3

3. 专家综合评价

根据表8专家打分综合评价的结果，合肥市综合得分为0.1737，排名第四位，低于杭州、南京和武汉的综合得分。杭州的得分最高为0.2494，排名第一，南京综合得分为0.2313，排名第二。武汉总得分仅次于南京为0.1837，排名第三。成都市综合得分最低为0.1631。总体来看，合肥的创新性水平较高，城市创新发展较好，虽然高于成都，但与杭州、南京和武汉相比仍有差距。

但从创新指标的年均增长率综合得分来看，合肥市的综合得分最高，为8.04分，位居增速第一位，增长幅度较大，相对其他城市创新发展较好；增长速度排名第二位的是武汉，得分为7.87分，成都和南京次之，分别为6.37分和6.07分。杭州排名靠后，为5.4分。

综合两方面比较可以得出结论，合肥与其他城市相比，虽然各指标的绝对数在某些年份低于南京、武汉等城市，但增长率较快，发展速度领先于其他城市，显露超越趋势。

（二）变异系数法

理论上综合评价的权重确定主要有主观赋权和客观赋权两大类方法。变异系数法是直接利用各项指标所包含的信息，通过计算得到指标权重的一种客观赋权方法；层次分析法（AHP）在很大程度上依赖于人们的经验，主观因素的影响很大，它至多只能排除思维过程中的严重非一致性，却无法排除决策者个人可能存在的严重片面性。此外，当指标量过多时，对于数据的统计量过大，此时的权重难以确定。熵值法往往忽略了指标本身的重要程度，有时确定的指标权数会与预期的结果相差甚远，同时熵值法不能减少评价指标的维数；主成分分析法在于选取指标体系中所依赖主要指标。

各种综合评价方法各有利弊，没有最好的方法，只有相对实际情况的较适合方法。本次研究已经利用共识理论确定了需要的 10 大核心指标，所以此处不采用主成分分析法。由于专家打分的赋权方法或多或少难以克服主观因素，因此，我们再采用客观赋权的变异系数法进行综合评价，以提高评价的一致性。变异系数法计算的权重取得于指标的标准差与平均数比值，即某项指标，比较对象指标值差距越大，权重也就越大，比较对象的指标值差距越小，权重也就越小。

1. 基本步骤

（1）用 $z-score$ 方法对分指标进行无量纲化处理。

由于不同指标往往具有不同的量纲和量纲单位，为了消除由此带来的不可公度性，对评价指标进行无量纲化处理。对于正向单向指标（即指标值越大越好），就直接用下列方法进行处理，对于逆向指标（即指标值越小越好），可取该指标的倒数后再按下列方法处理。

设原始数据矩阵为 $X=(x_{ij})_{m \times n}$，标准化后的矩阵为 $Y=(y_{ij})_{m \times n}$，其中 $m=5$，$n=10$。

则：$y_{ij}=(x_{ij}-\bar{x}_j)/s_j$，式中，$\bar{x}_j$ 为第 j 个指标的平均数，$\bar{x}_j=(1/m) \times \sum^{n} x_{ij}$，$s_j$ 为第 j 个指标的标准差：$s_j=\sqrt{[1/(m-1)]\sum_{i=1}^{n}(x_{ij}-\bar{x}_j)^2}$

（2）计算客观权重。

$$v_j=\frac{s_j}{\sum s_j}, \quad (j=1,2,\cdots,10)$$

（3）分别计算每个城市的各指标的得分。

$$F_{ij}=v_j \times y_{ij}$$

2. 计算结果

根据上述步骤运用 Excel 对合肥等创新型城市建设 10 大核心指标的计算结果如表 9 所示。

表9　　　　合肥等五大城市核心指标得分/名次、综合得分、综合排名

	合肥		南京		武汉		成都		杭州	
	得分	名次	得分	名次	得分	名次	得分	名次	得分	名次
每万名就业人员中研发人员	−1131.26	4	−333.98	2	−989.80	3	−1344.39	5	3799.43	1
全社会 R&D 经费支出占地区 GDP 比重	−0.01	2	−0.02	3	−0.03	4	0.08	1	−0.02	3
国家和省级重点实验室、工程实验室和工程（技术）研究中心数量	−3431.54	3	0.01	2	−5438.72	4	−5929.32	5	11330.44	1
全员劳动生产率	−36.47	5	29.24	2	35.38	1	−24.76	4	−3.38	3
高新技术企业数（家）及占规上工业企业数量比重	−0.72	5	−0.35	3	1.80	1	−0.16	2	−0.56	4
高新技术企业主营业务收入占规上工业企业主营业务收入比重	0.08	3	2.59	1	1.00	2	−3.67	4	−9.49	5
万人发明专利拥有量	−116.10	4	46.44	2	−168.53	5	26.25	3	211.93	1
技术市场成交合同金额占地区 GDP 比重	−0.04	4	−0.02	3	0.13	1	−0.01	2	−0.06	5
万元 GDP 综合能耗	−3.24	5	3.02	1	−1.72	4	0.99	2	0.96	3
科技公共财政支出占公共财政支出的比重	0.17	1	0.16	2	0.06	3	−0.10	4	−0.29	5
综合得分	−2456.61		−252.89		−6560.43		−7275.09		15328.53	
综合排名	3		2		4		5		1	

注：为方便比较，以上指标得分是乘以 10^4 得到的。

3. 变异系数法综合评价分析

从合肥等五大城市 10 个指标的综合得分来看，杭州市以 15328.53 分的绝对优势位居第一，南京、合肥、武汉、成都分别位列第二到第五名，合肥市创新型城市建设水平与杭州、南京等发达城市仍然存在较大差距，但发展好于武汉和成都。

根据表 9，在每万名就业人员中研发人员这一指标上，合肥得分为 -1131.26，位列第四；在全社会 R&D 经费支出占地区 GDP 比重这一指标上，合肥得分为 -0.01 分，五大城市没有明显差距；在国家和省级重点实验室、工程实验室和工程（技术）研究中心数量这一指标上，合肥得分为 -3431.54，位列第三；在全员劳动生产率这一指标上，合肥得分为 -36.47，位列第五；在高新技术企业数（家）及占规上工业企业数量比重这一指标上，合肥得分为 -0.72，位列第四；在高新技术企业主营业务收入占规上工业企业主营业务收入比重这一指标上，合肥得分为 0.08，位列第三；在万人发明专利拥有量这一指标上，合肥得分为 -116.10，位列第四；在技术市场成交合同金额占地区 GDP 比重这一指标上，各城市无明显差距；在万元 GDP 综合能耗这一指标上，合肥得分为 -3.24，位列第五；在科技公共财政支出占公共财政支出的比重这一指标上，各城市得分无明显差异[11]。

五、总体评价结论

通过搜集统计 2014～2016 年间五大城市和全国平均数据（其中有的城市的 2016 年个别数据缺），并运用专家打分综合评价和变异系数法综合评价方法进行测评分析（两种方法测算结果一致），本文可以得出如下结论：

（一）合肥仍处于跟跑状态

总体来看，无论是专家评价法还是变异系数法评价，还是 10 大核心指标的直接比较，结果大体是一致的，合肥市等五大城市比较的结果，从绝对数据的单指标比较和综合得分来看，合肥与南京、杭州比有一定差距，仍处于跟跑状态，但合肥近年发展好于武汉和成都。

（二）合肥已显露超越趋势，但超越需要持续高速度

无论是专家评价法还是变异系数法评价，还是 10 大核心指标的直接比较，从增长速度的角度分析，五个城市增长速度的单指标比较中，合肥40% 的指标（2012～2016 年全社会 R&D 经费支出占地区 GDP 比重增长第一、合肥国家级研发机构占全国的比重增长速度第一、万人发明专利拥有量增长第一、技术市场成交合同金额占地区 GDP 比重增长第一）增长速度排在第一位，60% 的指标（2012～2015 年高新技术企业主营业务收入占规上企业主营业务收入的占比第二、每万名就业人员中研发人员数增长第三、高新技术企业数量增长第三、省级研发机构数量的增长率第三、万元 GDP 综合能耗下降速度第三、科技公共财政支出占公共财政支出的比重增长第三）增长速度排在第二和第三位，综合得分表明，合肥增长速度位居第一位，彰显出较为强劲的超越势头。但是从现状分析来看，合肥实现真正的超越或全国创新型城市引领的目标，必须要保持持续高速度。

（三）合肥等五大城市明显领先全国水平

10 大核心指标的比较显示，合肥市等五大城市的创新指标无论是绝对数还是增长速度，绝大多数优于全国平均水平，说明这些城市是国内创新发展的引领城市，其发展速度和水平对整个中国的创新驱动发展战略举足轻重。

（四）合肥优势在于政府支持和科技投入，创新产出处于弱势

根据 10 大核心指标的比较结果，从绝对数水平来看，（1）合肥的显著优势体现在政府支持和科技投入，政府驱动力度最大：科技公共财政支出占公共财政支出的比重（位列第一）、万元 GDP 综合能耗、技术市场成交合同金额占地区 GDP 比重以及全社会 R&D 经费支出（位列第二）。2016 年合肥科技公共财政支出占公共财政支出的比重高达 7.5%，是杭州

0.04%的187.5倍。(2)合肥的明显劣势体现在创新产出水平低:万人发明专利拥有量,高新技术企业数以及全员劳动生产率排名在五大城市靠后。(3)其他高新技术企业主营业务收入占规上企业主营业务收入的占比,国家级或省级研发机构(包括重点实验室、工程实验室和工程(技术)研究中心),每万名就业人员中研发人员数均处于中等水平。

与杭州、南京等发达城市相比,合肥市的政府科技投入力度大、科技创新产出少,主要原因是合肥市与杭州、南京的经济结构不同,合肥市的科技投入以政府支持为主,而发达城市主要是社会市场投入,因此更能调动科技创新的积极性。鉴于此,合肥在获得政府支持,加大科技投入的同时,需要大力构建研发、创新创业平台,创新人才引进手段,吸引高端人才集聚,充分调动中小企业科技创新的积极性和热情,推动发明专利等创新成果的产出和市场转化,提高创新绩效,实现良性循环的创新驱动发展。

(五)合肥起点低,与杭州的差距较大,与南京的差距次之

在创新指标的绝对数值比较上,表现在合肥起点较低,目前主要指标合肥与杭州的差距较大、与南京的差距次之。截止到2015年,每万名就业人员中研发人员数杭州是725人、合肥为96.82人,南京为175人杭州是合肥的7.5倍,南京是合肥的1.8倍;国家级研发机构的总数杭州为1438家,南京为48家,合肥为19家,杭州是合肥的7.5倍以上,南京是合肥的2.5倍;劳动生产率杭州15.16万元/人,南京19.79万元/人,合肥是12.3万元/人,杭州是合肥的1.2倍,南京是合肥的1.6倍;万人拥有专利发明杭州47.72件/万人,南京是34.12件/万人,杭州是合肥的3.6倍,南京是合肥的近2.6倍。

运用变异系数法对创新型城市建设10大核心指标计算,综合评估显示:杭州位居第一,南京、合肥、武汉、成都分别位列第二到第五名。合肥创新型城市建设与杭州、南京相比仍有较大差距,而在中部地区则处于领先位次。由于指标的绝对数值与杭州差距较大,因此合肥想要超越杭州,短期的可能性不大。

主要参考文献

［1］程东祥，陈静．创新型城市评价体系研究［J］．中国集体经济，2016．

［2］唐磊，胡艳．长三角副中心创新型城市建设的比较研究——基于合肥的视角［J］．合肥学院学报，2017．

［3］刘元凤．创新型城市的理论与实证研究［D］．复旦大学，2010．

［4］朱平芳，李世奇．长三角创新型城市建设的比较研究［J］．南京社会科学，2016．

［5］邹燕．创新型城市评价指标体系与国内重点城市创新能力结构研究［J］．管理评论，2012．

［6］何睿．创新型城市创新能力评价研究［D］．合肥工业大学，2012．

［7］吴传清，龚晨．创新型城市评价指标体系设计：回顾与展望［J］．统计与决策，2016．

［8］李高扬，刘明广．创新型城市的评价研究现状评述［J］．工程管理学报，2013．

［9］朱星宇．SPSS多元统计分析方法及应用［M］．清华大学出版社，2011．

［10］吴价宝，张勤虎．创新型城市动态评价研究［J］．工业技术经济，2013．

［11］魏亚平，贾志慧．创新型城市创新驱动要素评价研究［J］．科学管理研究，2014．

［12］倪芝青，郭战胜．创新型城市评价指标体系研究［J］．杭州科技，2010．

［13］周纳．创新型城市建设评价体系与方法探讨［J］．统计与决策，2010．

［14］周天勇．中国城市创新报告［M］．社会科学文献出版社，2013．

The Evaluation and Analysis of Innovative City on Five Major Cities Including Hefei City

Zhu Yunjuan   Wang Xiabing   Zhao Xu   Jiang Wenjun

Abstract: The innovative city research of Hefei has a positive effect for it to remain gather, integrate and promote continuous innovation in the region. According to the frequency of occurrence of each indicator, this article integrated previous researches, sorted out ten core indicators of the evaluation index system of innovative urban construction (two of which, due to the serious lack of data in some cities, followed up with less frequency). On the basis of the comparative analysis of Hefei, Nanjing, Wuhan, Chengdu and Hangzhou in innovative urban construction, we hold that innovative urban construction is a kind of behavior of urban innovation with omnibearing, all-social participation, the linkage of whole process.

Keywords: Innovative City   Continuous Innovation
Index System of Evaluation

后　记

从 2017 年 5 月的策划开始，从征稿、组稿、编撰，调整、出版，历经 1 年多的日日夜夜，在全体作者、编委们、出版社等有关工作人员的共同辛勤努力下，在安徽大学商学院、安徽大学创新管理研究中心、中合博士（后）智库科学研究院有限公司等的支持下，专家博士（后）智库丛书系列报告《中国文化产业创新发展研究报告（2018）》终于顺利完稿，付梓出版，这一集体合作的结晶是莘莘学子对祖国改革开放 40 周年的隆重献礼！

编撰一本有影响力的书，需要各个环节的有效对接和每一环节的竭诚付出，逐字逐句都凝结着作者和编者们的心血。本书的出版得到了有关部门和单位的大力支持，在此编委会一并感谢！感谢积极配合我们编委会的需要，作者们不辞辛苦的反复修改，感谢参与调研的企业及相关部门的领导和专家，感谢经济科学出版社的支持，感谢专家学者们的珍贵建议；感谢安徽大学商学院的研究生赵旭、何小飞、丁国栋、江文君、王杰、刘畅、王倩倩、汪夏兵等，他们不仅协助撰写，还负责资料的补充、修改、图形绘制、排版、校对等基础性的工作，为报告的出版做出了重要的贡献。

感谢积极参与研究撰写的博士（后）、专家们及相关研究人员，也深深感谢那些积极投稿但最终因种种原因稿件未能录入本期的作者们！

感谢广大学者们的支持，在阅读此报告的过程中，如果有好的建议、新的思想、合作意向等，请与我们联系。联系邮箱为 adxcgl@126. com。

愿《中国文化产业创新发展研究报告（2018）》能够丰富知识、启迪智慧、拓展视野，给你带来不同的人生感悟！

260

祝专家博士（后）智库丛书后继系列硕果累累，精彩不断！

人民有信仰，国家有力量，民族有希望！共建美好生活，打造文化自信，塑造民族灵魂，让我们共同为祖国伟大的未来，团结奋斗，群策群力！

《中国文化产业创新发展研究报告（2018）》编委会
2018 年 12 月 10 日